図書館情報資源概論
新訂第 4 版

宮沢厚雄 著

理 想 社

はじめに

　古く図書館のコレクションは、図書が主流でした。図書館は文字どおり「図書の館（やかた）」であったのです。17世紀に雑誌が生まれて図書館のコレクションに加わり、図書と雑誌はあわせて文献と呼ばれました。いずれも紙媒体に印刷されたものです。

　19世紀にレコード・テープ・フィルムなど、紙以外の記録物が生まれると、これらも図書館のコレクションに入って図書館資料となりました。文献には印刷資料という名称も与えられます。コンテンツの範囲は文字以外に音楽や映像も加わって広がりましたが、この時点までは、いずれの資料もパッケージ化されているものでした。それは、秩序があり体系化され全体をまるごと受容していくタイプです。図書であれば1ページから始まって最終ページまでたどるものであり、音楽であれば、レコードにしろテープにしろ、一つのコンセプトのもとに曲順が決まっていましたし、映像ではストーリーが途切れなく流れるフィルムやテープでした。

　ところが、20世紀に生まれたネットワーク情報資源は、有体物として固定化されていないノンパッケージの媒体であって、流通することにこそ、その本質がみられます。一つのところにとどまらず拡散を指向しており、そこで流れているものは部分的で断片的です。デジタルの文章であれば章・節・項ごとにバラバラに解体しページ単位でダウンロードできます。デジタルの音楽であればサビの部分だけ、デジタルの映像ならばハイライト＝シーンだけというように、こまかく分割して切り売りできるし、ほんの短い部分の視聴を済ませて全体の受容はスポイルしてしまうことも可能です。

　このような細切れの情報が盛られたネットワーク情報資源を図書館が扱い始めたことで、図書館資料とあわせて図書館情報資源なる名称が新たに生まれた

のです。

　さて、本書は「図書館情報資源概論」の教科書として編まれました。科目名の接尾辞である「概論」は「概（おおむ）ね論ずる」という意味ですから、単なる「論」よりも全体を俯瞰するニュアンスが強調されるものと理解し、情報資源の種類・生産・流通・収集・保存・特質についての大略を述べるべく務めています。

　第1章「図書館情報資源の種類」では、情報資源の種類分けを、従来の図書館資料に重点をおいて述べました。とくに肝要な図書館資料については、別途に章を立てて解説を試み、図書には三章分、雑誌には二章分、新聞に一章分、政府刊行物に一章分をあてました。

　第2章「図書（1）　構造」では、紙の特質・歴史も含めながら、図書の構造・判型・製本様式を論じました。

　第3章「図書（2）　流通」では、図書館員にとっては外部事情となる出版流通について、委託販売と再販制度の両面から説明を試みました。

　第4章「図書（3）　管理」では、図書の管理の仕方について外部事情の出版流通コードと図書館内部の装備作業との両面から論じています。

　第5章「雑誌（1）　商業雑誌」では、図書館資料のなかではあまりふれられることのない商業雑誌についての、特質・流通・広告を論じています。

　第6章「雑誌（2）　学術雑誌」では、学術雑誌の特質・歴史を論じ、図書館での扱い方を説明して、二次資料についてもふれました。

　第7章「新聞」では、新聞の特質・流通・記事・広告を論じ、図書館での扱い方を説明しています。

　第8章「政府刊行物」では、政府刊行物の特質・流通を論じ、代表例として官報・白書・法令集・判例集の説明を試みました。

　第9章「ネットワーク情報資源」では、ネットワーク情報資源を出版分野でのデジタル化のなかに位置付けて論じています。

第10章「図書館業務と類縁機関の情報資源」では、資料を扱う図書館業務の流れを説明し、類縁機関である博物館と文書館のコレクションを論じて、改めて図書館資料の特質を確認しました。

　第11章「コレクション形成（1）　収集」では、図書館資料のコレクションについて、その選定・購入・受入・登録を論じました。

　第12章「コレクション形成（2）　保存」では、図書館資料のコレクションについて、その保護・管理・評価・除架を論じました。

　第13章「学問の分野別特性と情報資源」は、自然科学・社会科学・人文学の学問特性を論ずることを試みました。

　本書「図書館情報資源概論」は、以上の章立てのもと、情報資源のあらましを述べて「概論」の意味を損なわぬよう留意しつつも、とりわけ、独自の商慣行をもつ出版事情にページをさき、「デジタル情報の時代」の事例に目配りをし、図書館におけるコレクション形成の重要性を訴えています。学術系メディアが支える研究体制や類縁機関の扱う情報資源の特徴といったことにも踏み込みました。司書資格取得のために履修すべき科目の一つであるとともに、図書館業務を鳥瞰するうえでいささかでも参考になればと願ってやみません。■

改訂版によせて

　この改訂版は、旧来の章の趣旨を尊重しつつ、大幅な加筆を施し必要な訂正を加え冗漫な表現を削っています。とくに第9章はネットワーク情報資源を中心に据えて大きく改めました。大局に立って図書館との関わりを俯瞰したいと思ったからです。もう一つの変更点は、それぞれの章末に付してあった「まとめ」を止むなく割愛するに至ったことです。いずれにせよ各章で内容の充実をはかり、分かりやすい表現にいっそう努めています。

　旧版は幸いにして読者に恵まれました。各位から貴重なご指摘もいただき本文に反映させることができました。本書の上木（じょうぼく）にひとかたならぬ尽力をたまわった理想社の社主・宮本純男氏に改めて感謝申し上げます。■

全訂第3版によせて

　今回の全訂第3版は、従来の章立てを遵守し文意を尊重しながらも、全ページにわたって必要な個所に必要な補筆を施しています。情報資源の「概論」でありつつも、図書館業務への「階梯」であり、表現媒体を俯瞰する「大全」でもあらんと努めました。旧版にもましていっそうの充実をはかったものです。■

新訂第4版によせて

　新訂第4版は、第9章「ネットワーク情報資源」をほぼ全面にわたって改稿し、他のページにも必要な文言を補綴しました。概論としての定常は、間断なく更新し続けることをもってのみ可能となります。100%の完璧さを確保することは難しくとも、100%の完璧さに至る努力を惜しむものではありません。■

目　　次

はじめに……………………………………………………………………3
　改訂版によせて…………………………………………………………6
　全訂第3版によせて……………………………………………………6
　新訂第4版によせて……………………………………………………6

第1章　図書館情報資源の種類……………………………………15
第1節　図書館資料………………………………………………15
　　1．一般コレクション・特定コレクション………………………15
　　2．灰色文献…………………………………………………………17
第2節　一般コレクション………………………………………18
　　1．図書………………………………………………………………18
　　2．逐次刊行物………………………………………………………19
　　3．静止画資料………………………………………………………20
　　4．マイクロ資料……………………………………………………21
　　5．音響資料・映像資料・電子資料………………………………22
第3節　特定コレクション………………………………………23
　　1．参考図書…………………………………………………………23
　　2．政府刊行物・郷土資料・貴重書………………………………25
　　3．ヤング＝アダルト資料・児童書・絵本・コミックス………27
　　4．ファイル資料……………………………………………………28
　　5．点字資料・録音資料……………………………………………29

第2章　図書（1）　構造……………………………………………31
第1節　紙媒体の図書……………………………………………31
　　1．紙の定義…………………………………………………………31
　　2．紙の誕生と伝播…………………………………………………33
　　3．製紙の近代化……………………………………………………34

第2節　図書の構造………………………………………………………38
　　1．表紙・カバー＝ジャケット…………………………………………38
　　2．見返し・小口…………………………………………………………40
　　3．標題紙・奥付…………………………………………………………41
　第3節　図書の判型………………………………………………………44
　　1．A列・B列規格判……………………………………………………44
　　2．菊判・四六判…………………………………………………………46
　第4節　図書の製本………………………………………………………47
　　1．折丁の作成……………………………………………………………47
　　2．折丁の綴じ……………………………………………………………49
　　3．表紙の接続……………………………………………………………50

第3章　図書(2)　流通……………………………………………………53
　第1節　図書の流通経路…………………………………………………53
　　1．図書という商品………………………………………………………53
　　2．生産者である出版社…………………………………………………56
　　3．卸売業者としての取次………………………………………………57
　　4．小売業者の書店………………………………………………………60
　第2節　委託販売…………………………………………………………62
　　1．委託販売という商取引………………………………………………62
　　2．委託期間………………………………………………………………63
　　3．委託販売の長所………………………………………………………64
　　4．委託販売の短所(1)……………………………………………………64
　　5．委託販売の短所(2)……………………………………………………66
　　6．注文品取引……………………………………………………………67
　第3節　再販制度…………………………………………………………69
　　1．再販制度という商取引………………………………………………69
　　2．独占禁止法と再販制度………………………………………………69
　　3．再販制度の見直し……………………………………………………71
　　4．再販制度の存続………………………………………………………71

第4章　図書(3)　管理　……75

第1節　ＩＳＢＮと日本図書コード　……75
1．ＩＳＢＮ　……75
2．日本図書コード　……78

第2節　ＥＡＮコードと書籍ＪＡＮコード　……79
1．バーコード　……79
2．ＥＡＮコード　……81
3．ＪＡＮコード　……82
4．書籍ＪＡＮコード　……83

第3節　図書館での装備　……85
1．販促物除去　……85
2．蔵書印　……86
3．請求記号ラベル　……87
4．バーコード＝ラベル　……88
5．磁気テープ　……88
6．ＩＣタグ　……89
7．粘着透明フィルム　……91
8．装備の意義　……92

第5章　雑誌(1)　商業雑誌　……95

第1節　商業雑誌の特質と構成　……95
1．商業雑誌の特質　……95
2．商業雑誌の構成　……97

第2節　雑誌広告　……98
1．広告媒体としての雑誌　……98
2．日本ＡＢＣ協会　……101

第3節　商業雑誌の流通管理コード　……102
1．雑誌コード　……102
2．定期刊行物コード　……103

第6章　雑誌（2）　学術雑誌　107

第1節　学術雑誌の誕生と発展　107
1．近代科学と学術雑誌　107
2．最初の学術雑誌　109
3．19世紀の学術雑誌　112
4．20世紀の学術雑誌　115

第2節　学術雑誌の特質　118
1．学術論文　118
2．査読制度　120
3．学術雑誌の種類　121

第3節　学術雑誌の構成　123
1．タイトル　123
2．刊行順序　124
3．参考文献リスト　125
4．欠号と最新号　127

第4節　学術雑誌の二次資料　128
1．抄録誌　129
2．レビュー誌　129
3．雑誌記事索引誌　130
4．引用文献索引誌　131
5．目次速報誌　133

第7章　新聞　137

第1節　新聞の機能と種類　137
1．新聞の機能　137
2．新聞の種類　139

第2節　新聞の流通　140
1．新聞販売店　140
2．新聞特殊指定　142

第3節　新聞の紙面……………………………………………………144
　　　1．紙面の構成……………………………………………………144
　　　2．紙面の印刷……………………………………………………146
　　　3．新聞広告………………………………………………………147
　　　4．ニュース＝ソース……………………………………………148
　　第4節　図書館での新聞………………………………………………150
　　　1．閲覧……………………………………………………………150
　　　2．保存……………………………………………………………151

第8章　政府刊行物……………………………………………………………155
　　第1節　政府刊行物の種類と収集……………………………………155
　　　1．政府刊行物の種類……………………………………………155
　　　2．政府刊行物の収集……………………………………………156
　　　3．地方行政資料の収集…………………………………………157
　　第2節　官報・白書……………………………………………………158
　　　1．官報……………………………………………………………158
　　　2．白書……………………………………………………………159
　　第3節　法令……………………………………………………………160
　　　1．法令の種類……………………………………………………160
　　　2．法律の成り立ち………………………………………………163
　　　3．集成法令集……………………………………………………165
　　　4．現行法令集……………………………………………………165
　　第4節　判例……………………………………………………………166
　　　1．判例……………………………………………………………166
　　　2．司法の仕組み…………………………………………………167
　　　3．公式判例集……………………………………………………169
　　　4．判例の速報……………………………………………………169

第9章　ネットワーク情報資源………………………………………………171
　　第1節　出版基盤の電子化……………………………………………171

1．出版史の節目……………………………………………………171
　　2．コンピュータの出現……………………………………………172
　　3．製作工程の電子化………………………………………………174
　　4．パッケージ型電子資料…………………………………………176
　第2節　ネットワーク環境の整備……………………………………177
　　1．インターネットの始まり………………………………………177
　　2．初期インターネットとその後の商業化………………………179
　　3．アマゾン…………………………………………………………181
　　4．グーグル…………………………………………………………182
　　5．モバイル端末機…………………………………………………183
　第3節　図書館とネットワーク情報資源（1）………………………186
　　1．書誌記述の標準化と共有………………………………………186
　　2．日本の書誌ユーティリティ……………………………………187
　　3．ウェブ＝アーカイビング………………………………………188
　第4節　図書館とネットワーク情報資源（2）………………………191
　　1．電子ジャーナル…………………………………………………191
　　2．シリアルズ＝クライシス………………………………………192
　　3．オープン＝アクセス運動………………………………………193
　　4．電子書籍の「貸出」……………………………………………196

第10章　図書館業務と類縁機関の情報資源…………………………199
　第1節　図書館業務……………………………………………………199
　　1．収集業務…………………………………………………………199
　　2．整理業務…………………………………………………………200
　　3．提供業務…………………………………………………………201
　　4．保存業務…………………………………………………………202
　第2節　博物館資料……………………………………………………203
　　1．博物館……………………………………………………………203
　　2．博物館資料………………………………………………………204
　　3．図書館資料との相違……………………………………………205

第3節　文書館資料 ··208
　　1．文書館 ···208
　　2．文書・記録資料 ···208
　　3．古文書 ···211
　　4．公文書 ···212
　　5．情報公開 ··213
　　6．公文書管理法 ···214
　　7．図書館資料との相違 ··215

第11章　コレクション形成（1）　収集 ··217
　第1節　選定 ···217
　　1．収集方針 ··217
　　2．選定基準 ··219
　第2節　図書選定の議論 ···221
　　1．価値論の継承 ···221
　　2．要求論への転換と成熟 ··222
　　3．要求論批判と価値論の盛り返し ··223
　第3節　購入 ···225
　　1．購入の手続き ···225
　　2．注文購入 ··226
　　3．現物購入 ··228
　　4．無償収受 ··229
　第4節　受入 ···230
　　1．納品と検収 ···230
　　2．登録 ··230
　第5節　会計処理からみた図書館資料 ··232
　　1．会計基準 ··232
　　2．図書館の財務諸表 ··233
　　3．有形固定資産としての「図書扱い」 ······································234
　　4．「図書扱い」とはしない図書館資料 ······································236

第12章　コレクション形成（2）　保存 … 239
第1節　資料保護 … 239
1．予防的な保存措置 … 239
2．修復的な保存措置 … 241
第2節　蔵書管理 … 244
1．書架整頓 … 244
2．蔵書点検 … 245
3．蔵書評価 … 246
第3節　除架 … 249
1．配置換え … 249
2．除籍 … 251

第13章　学問の分野別特性と情報資源 … 253
第1節　自然科学 … 254
1．自然科学 … 254
2．科学の考え方 … 255
3．科学の方法論 … 256
4．パラダイム … 257
第2節　社会科学 … 259
1．社会科学 … 259
2．社会科学の方法論 … 262
第3節　人文学 … 265
1．人文学 … 265
2．人文学の方法論 … 267
3．リベラル＝アーツ … 269
4．シントピカル読書 … 271

おわりに … 273
索引 … 277

第1章　図書館情報資源の種類

図書館情報資源（library information resource）とは、図書館において利用者からの求めに応じ提供される資料や情報をいいます。この言葉は、図書館資料にネットワーク情報資源の存在を加えて生まれた、新たな呼称です。

従来の図書館資料は、内容を何らかの記録媒体に蓄積するパッケージ型を指し示すものでした。これまでの図書館では、有線・無線の通信回線によりコンテンツを送受信するネットワーク型のメディア、あるいは利用者を特定の場所に集めて鑑賞させるトポス型のメディアは、いずれも扱うことができなかったからです。ラジオ放送やテレビ放送、あるいはコンサートや演劇は、テープやディスクに内容を収載し、繰り返して聴視できるパッケージ型へと媒体変換を行なうことで初めて図書館の収集対象となりました。

ネットワーク情報資源とは、インターネットを基盤とするコンピュータ＝ネットワークを介して利用可能な情報のことです。ネットワーク型の性格ゆえに、これまでは収集の対象から外れていたのですが、図書館施設のコンピュータ端末機でインターネットに接続できる環境が整い始めたことで、提供・利用の便が少しずつはかられています。

いずれにせよネットワーク情報資源については第9章で改めて論じることとし、この章では、図書館資料の種類を概観します。

第1節　図書館資料

●1．一般コレクション・特定コレクション

図書館資料（library material）は、図書館が収集・整理・保存し利用者からの求めに応じて提供される、パッケージ型のメディアのことです。何らかの複製技術によって大量に頒布される記録物が収集対象となります。図書館がいか

なる対象に収集・整理・提供・保存の意義を見出すかによって、あらゆる表現媒体のなかで図書館資料とそれ以外とが区分されるのです。

　本書では、図書館資料を「一般コレクション」と「特定コレクション」とに二分して考えます。一般コレクションは、資料のもつ物理的な形態や媒体の特性に着目した種別であり、特定コレクションのほうは利用者の求める便益や保存管理の必要性に注目した区分です。

　　一般コレクション　　図書・逐次刊行物・静止画資料・マイクロ資料・音響資料・映像資料・電子資料

　　特定コレクション　　参考図書・政府刊行物・郷土資料・貴重書・ヤング＝アダルト資料・児童書・絵本・コミックス・ファイル資料・点字資料

　そもそも図書館資料はすべてが一元的に書架に並ぶのが望ましいのですが、媒体特性や運用管理を勘案すると、そのことが難しいケースが生まれてきます。このために、一部の資料は本来の所在位置から外して別な場所に並べてきました。この措置を、**別置**（べっち）と呼んでいます。別置は、特定の資料群を、図書館のもっとも基本的な資料である「一般図書」の一元的な配置から離し、個別のコーナーや特定の場所を設けてとりまとめておくことを意味しています。このようにして別置された資料群のことを、図書館では慣習的に一般コレクションとか特定コレクションなどと呼んできたのです。なお、運用管理の観点からは「一般図書」をさらに細区分し、「書庫内図書」や「新収図書」、「大型本」や「小型本」といったまとまりで別置することもあります。

　ここで、文献と資料との相違を定義付けておきます。**文献**（literature）とは文字主体で紙媒体に印刷された、図書、逐次刊行物の論文・記事を意味するのに対し、資料（material）のほうは文献よりも広い概念であらゆる媒体を対象としており、紙以外のテープやディスクなどの媒体も含めて用います。

　また、図書と逐次刊行物を「印刷資料」、それ以外を「非印刷資料」と呼ぶこともありますが、このとき印刷資料と文献とはほぼイコールの概念です。

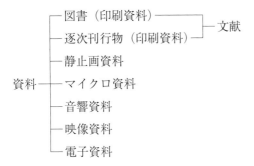

●2. 灰色文献

　図書館資料を収集するさいに、**灰色文献**（gray literature、グレイ＝リテラチャー）という考え方を導入することがあります。灰色文献は、存在を確認することが難しく、通常の出版物の流通経路には乗らない文献を指します。意図的に非公開の規制は設けていないものの、検索手段が整備されていないので刊行の事実がはっきりとはせず、入手が困難か非常に手間のかかるものです。

　市販され誰でも入手可能な一般の資料を「白」、政治・軍事上の秘密事項がしるされているためごく少数の特定者以外は非公開とする機密文書を「黒」とすれば、灰色文献の「灰色」とはその中間に位置するという意味合いとなります。

　灰色文献には、次のものが相当します。

　　①研究機関が研究成果を報告するテクニカル＝レポート（→ p.134）
　　②会議に関連して作成される会議資料（→ p.135）
　　③大学院などの審査機関に提出される学位論文（修士論文・博士論文）
　　④企業による市販しない出版物（社史・創業者伝記・社内報など）
　　⑤政府刊行物で市販しないもの（→ p.156）

　灰色文献は限られた人々を対象に配布先が限定され、刊行部数が少なく非売品で、書誌事項が不備または不統一といった特徴をもちます。ただ、貴重な内容のものも多いので図書館資料として収集対象とする必要性が生じるのです。

第2節　一般コレクション

●1．図書

図書（book）は、ひとまとまりの体系的な内容をもち、不特定多数の人々に向けて出版される、紙媒体の印刷物です。冊子体として製本され、相当量のページ数——国際標準規格 ISO 9707-1991 の定義では、オモテ表紙とウラ表紙を除き、49ページ以上——を有するものです。単独著者による、しっかりした製本の単行書が基本ですが、こんにちでは出版形態は多様化しています。

冊子体（codex）とは、同じ大きさの四角形に切った紙葉を束ね、その一辺を綴じ合わせた形態をいいます。その対義語は、紙葉を何枚もつなぎ合わせたのちに、軸芯を添えて一方の端から巻き込んだ、巻子体（volume）です。

歴史的にみれば、巻子体も図書の始源の形態であり、また紙葉に印刷されたものだけでなく、粘土板や獣皮などの媒体に刻印や筆写などの技術的手段を用いて製作されたものも、図書と位置付けられています。

なお、「図書」、「書籍」、「本」、「冊子」、「書物」、「典籍」などは、みな同義ですが、図書館では「図書」の語を用います（出版業界は「書籍」を用います）。

図書は、さらに次のような観点で細区分することもできます。

　①出版形態（単行書、多冊もの、セットもの、シリーズもの）（→ p.55）
　②使用言語（和書、洋書）
　③判型（菊判、四六判、Ａ５判、Ｂ６判、新書判、文庫判など）（→ p.44）

図書については、第2章・第3章・第4章をあてて、より詳しく論じます。

　［注記］　出版業界では、図書と雑誌の中間のような刊行物に**ムック**（mook）があります。「magazine」と「book」から綴りの一部を混成させてつくられた語で、いわば雑誌の体裁をしている図書のことを指します。基本的にはウラ表紙に書籍管理用のバーコード（書籍JANコード、→ p.83）が付いています。

●2．逐次刊行物

逐次刊行物（ちくじかんこうぶつ、serial）とは、同一のタイトルのもとで、終期を予定せずに継続して刊行される紙媒体の印刷物です。短い記事を集めて編集され、巻号次や年月次で順序付けられた連続の番号を追いながら、主に特定の読者層に向けて刊行されます。その種類には大きく、雑誌・新聞・年鑑の別があります。

雑誌（magazine、journal）は、通常では、週刊・月刊・季刊といった刊行頻度をもち、一定の編集方針のもとで複数の執筆者による記事や論文を収録しています。定期的に刊行される点を強調して**定期刊行物**（periodical）と呼ぶこともあります。図書館資料としての雑誌は、その内容にしたがって、一般大衆向けの雑誌記事を掲載して市販される**商業雑誌**（magazine）と、専門研究のための学術論文を収録している**学術雑誌**（journal）とに大別し、その他の雑誌として、官公庁の月次報告書、国や自治体の広報誌、団体・協会の会報誌、企業のＰＲ誌や社内報、同人誌などを含めます。

雑誌は、さらに次のような観点で細区分することもできます。

　①刊行頻度（週刊誌、月刊誌、季刊誌など）
　②使用言語（和雑誌、洋雑誌）
　③対象読者（女性誌、男性誌、幼児誌、成人誌など）

雑誌については、第5章・第6章をあてて、より詳しく論じます。

新聞（newspaper）は、通常、日刊に代表されるごく短い刊行頻度で定期的に刊行される出版物で、紙葉が折りたたまれたまま重ねられて綴じられていません。逐次刊行物のなかでもっとも速報性が重視されており、知られざる新しい出来事をニュースとして世の中に知らしめ、その意味するところを解説しています。新聞については、第7章でより詳しく論じます。

年鑑（yearbook）は、年に一度という長い間隔で刊行される出版物です。過去一年間に生じた変化を掲載しており、年代記としての資料価値があります。

この「鑑」という言葉は、本来は古代中国の青銅器の一つで、人の姿態や物の形状を映しみる道具、つまり鏡（かがみ）の意ですが、ここでは「ものごとの大要を反映したデータ」といった意味合いです。ある年の出来事のデータをまとめれば「年鑑」、絵や写真をデータとしてとりまとめれば「図鑑」、人物のデータをとりまとめれば「人名鑑」、「名鑑」です。

年刊の逐次刊行物には、年鑑のほか、企業や団体の活動をしるした年次報告書、政府の公式報告書である白書（→ p.159）、統計データを収録した年度版の統計書などがあります。いずれも継続して刊行されるとはいえ年一回の刊行頻度なので、図書館によっては逐次刊行物ではなく図書として取り扱い、会計上も「図書扱い」（→ p.235）の資料とすることがあります。

　　［注記１］　英語の「serial（シリアル）」は、名詞で「逐次刊行物」です。形容詞だと「（１件ずつ順を追って）連続している」という意味となり、たとえば「serial number」というと「（製造上の）通し番号」ですし「serial novel」は「連載小説」です。一方、コーン＝フレークスなど穀物加工食品のことを、日本語では「シリアル」という同じカタカナ表記をとるのですが、こちらの英語の綴り字は「cereal」で、別の言葉です。

　　［注記２］　『日本目録規則』1987年版改訂３版（日本図書館協会、2006年）では、逐次刊行物と更新資料とを合わせて「継続資料」という新たなカテゴリにまとめ「完結を予定せずに継続して刊行される資料」と定義していました。後者の「更新資料」とは「更新により内容に追加・変更はあっても、一つの刊行物としてのまとまりが維持されている資料」で、例としては加除式（→ p.166）の資料があります。

●３．静止画資料

静止画資料（picture material）は、ページ数のないシート状の一枚もので、内容を受容するときに専用の再生装置を必要としない資料をいいます。事物や

事象について、その静態の視覚的イメージを紙媒体に定着させたもので、写真・ポスター・複製絵画・紙芝居・楽譜・地図などが相当します。

　写真は、ここでは紙焼き写真を意味しており、冊子体となった写真集とは区別します。ポスターは広報・宣伝のための大判の印刷物で、施設内や市街地での掲示用です。複製絵画は観賞用や教材用で、やはり冊子体となった画集とは区別します。紙芝居は、物語を場面に分けて一枚ずつの絵に表現し、演者が口上とともに順番に見せていくもので、児童サービスには欠かせません。楽譜は、音楽を一定の記号法によって表現したものです。一枚刷りの楽譜は、専用の引き出し式ケースで保存しますが、冊子体となった楽譜集とは区別します。

　地図は、地表の形状などを記号法や縮尺といった一定の約束ごとにしたがい図形として表現した一枚ものです。海図や天体図も地図に含めます。用途を限定しない一般図のほか、特定の事象を強調した地質図・気候図・植生図などの主題図もあります。形態は一枚のシート状になったもののほか、一枚もので折り込むことのできる折りたたみ図や保管時には巻きもの状となっている掛け図があります。冊子体となった地図帳とは区別しますが、地図や地図帳に地球儀や立体模型、衛星画像や旅行案内書を含めて地図資料（cartographic material）と称し特定コレクションとすることもあります。

●4．マイクロ資料

　マイクロ資料（microform）は、書類や図面などを写真技術により縮小撮影したフィルムをいい、肉眼で読み取ることはできないので専用の画像拡大装置を必要とするものです。内容は、既存の資料の複製物であることも、オリジナルな出版物であることもあります。

　その種類は、以下のとおりです。マイクロフィルムは、個々のコマが連続して巻きもの状になったもので、35mm幅と16mm幅があり、オープン＝リールに巻き取ったものとカートリッジに収めたものがあります。マイクロフィッシュは、

複数のコマが平面上で碁盤の目のように収められて一枚のシート状になったもので、30・60・48・98・244・270などのコマ数のものがあります。アパチュア＝カードは、ロール状のマイクロフィルムのひとコマ分を切り取って、窓枠の切り抜いてあるカードに四隅を貼り付けたものです。いわばフィルム付きの情報カードです。

●5．音響資料・映像資料・電子資料

音響資料（audio material）は、音楽や話声をアナログまたはデジタル形式でディスクやテープに録音したもので、専用の再生装置を必要とします。内容は、コンサートやスタジオ演奏の音源、小説の朗読や昔話の語り、動物の鳴き声や効果音などがあり、その種類は、音楽レコード盤、音楽テープ、音楽ＣＤなどです。

映像資料（visual material）は、事物や事象について、その動態あるいは静態の視覚的イメージを、アナログまたはデジタル形式でディスクやテープに記録したもので、やはり専用の再生装置を必要とします。映画やテレビ放送の録画などが該当し、その種類には、映画フィルム、ビデオテープ、映画ＤＶＤ、ブルーレイ＝ディスクなどがあります。静止画で再生装置を必要とする、スライドやトランスペアレンシーも、この映像資料に含めます。

なお、音響資料と映像資料とを合わせて、視聴覚資料（audio-visual material）と呼ぶことがあります。

電子資料（digital material、デジタル資料）は、デジタル化されたコンテンツを蓄積した、パッケージ型の記憶媒体であって、コンピュータを再生装置とするものです。代表例はＣＤ－ＲＯＭやＤＶＤ－ＲＯＭなどの光学式ディスクです。電子辞書（→ p.176）のような、記憶媒体と再生装置が一体となったモバイル機器も、パッケージ型電子資料に含めます。

図書館法（昭和25［1950］年4月30日法律第118号）は、2008年に改正され、

第3条(図書館奉仕)の1号に「図書館資料」として「電磁的記録」が追加されました。この電磁的記録とは、本書でいうパッケージ型電子資料と同義とみなすことができます。パッケージ型の電子資料は、第9章で改めてふれます。

第3節　特定コレクション

●1. 参考図書

参考図書(reference book、レファレンス＝ブック)は、特定の項目についての「調べものをするための本」です。多くの人が必要に応じて調べものができるように閲覧のみの利用に限定され(禁帯出)、別置されています。その特徴は二つあります。

第一点は、読み通すことを見込んでいないことです。一般図書はその内容を始めから終わりまで読み通すことが基本ですが、参考図書のほうは通読する必要性を求めていません。通読よりも、一時的で部分的な参照が繰り返されることを目的としており、その記述の一部分がレファレンス＝サービスなどで参照されて典拠となります。

第二点は、項目立ての形式をもって編集されていることです。見出し項目を単位として内容が簡潔にまとめられ、繰り返しの参照に耐えうるようになっています。見出し項目は、五十音順・ＡＢＣ順・年代順・地域順・画数順などの方式にしたがって体系的に配列されており、本文中の事項に関する索引も別途に整備されて、特定箇所を参照しやすい工夫がなされています。

ただし、出版社側の「読む参考図書」といった惹句(じゃっく)にみられるように、この二つの特性が際立っていないものもあります。ある資料を一般図書とするか、それとも参考図書とみなすのかという判断は、図書館によっても異なるのです。

参考図書には下記のような種類があります。書誌・目録・索引が文献探索に用いられ、辞典以下は事項調査に使われます。

①書誌（bibliography）資料本体の書誌事項を集成したリスト。

②目録（catalog）資料本体の書誌事項を集成し、その資料の所在場所を指示する機能を付けたリスト。いわば、所蔵する資料の品目リスト。

③索引（index）構成要素を集成し、その所在場所を指示する機能を付けたリスト。本体ではなく、そのなかの構成要素（図書ならば本文中の事項、雑誌ならば収録されている論文・記事、そして論文・記事ならばそこで引用されている文献）が対象となっている。

④辞典（dictionary）言葉の意味を解説。「辞書」や「字引」も同義。国語辞典や古語辞典が相当。俗に「ことば典」と呼ぶ。

⑤事典（dictionary）事柄についての知識を解説。百科事典や人名事典が相当。俗に「こと典」と呼ぶ。なお、専門用語を扱うものは「辞典」と「事典」の使い分けが曖昧なケースもある。

⑥字典（dictionary）文字じたいを解説。書体字典や筆順字典が相当。俗に「もじ典」と呼ぶ。

⑦ディレクトリ（directory）見出し項目を文章で解説するのではなく、該当するデータを配列したリスト。人名鑑や職員録が相当。

⑧便覧（handbook）特定領域の知識を実例・諸表・図版などで実務に役立つように提示。「要覧」や「必携」もほぼ同義。

⑨図鑑（pictorial book）特定領域の知識を絵や写真で視覚的に提示。

⑩年鑑（yearbook）過去一年間に生じた変化をデータで提示。

⑪年表（chronological table）歴史上の出来事などを表の形式で提示。

⑫地図帳（atlas）地球表面などを特定の記号法や縮尺で二次元に表現。

⑬統計書（statistics）集団を構成する要素を数字で表現。

⑭その他、特許資料（patent）や規格資料（standard）など。

　ちなみに、参考図書は印刷された紙媒体だけでなく、デジタル化された電子媒体でも提供されています。そのために、参考図書のことをレファレンス資料

(reference material) と呼び改めるべきという意見もあります。さらには、ネットワーク情報資源も含めて「レファレンス＝ツール (reference tool)」あるいは「レファレンス情報源 (reference source)」といった呼称を用いることもあります。

> ［注記］「参考図書」と類似の呼称に「参考書」と「参考文献」という言い方がありますが、これら三者は明確に区別されなければなりません。
> **参考書**は、小学校・中学校・高校で利用される、教科書に対する補助教材です。対象を児童・生徒に限定して学習を助けるもので、「学習参考書」とか「学参」、「学参もの」とも呼びます。
> **参考文献**は、調査や研究のために引用したり参照したりした先行研究の文献のことです（→ p.125）。あるいは、読者の参考になるように紹介する文献という意味を込めることもあります。「引用文献」、「参照文献」もほぼ同義ですし、資料全体を対象に「参考資料」と呼ぶこともあります。

●２．政府刊行物・郷土資料・貴重書

政府刊行物（government publication）は、国が刊行した資料です。一般に政府というと、内閣あるいは内閣の統括する行政機関を意味しますが、広い意味では、行政だけでなく立法・司法を含む一国の統治機構全体を総称して用います。これら国の諸機関が著作・編集・監修・発行のいずれかを担っていれば、政府刊行物に含めます。政府刊行物については、第８章で詳しく論じます。

郷土資料（local material）は、当該図書館の所在する地域に関係した資料のことです。郷土資料に該当するのは、①地方行政資料（→ p.157）、②郷土史に関連する歴史資料で、古文書や古地図、古写真や記録フィルム、考古学標本など、③当該地域で活動する企業・団体が刊行する出版物として、地元新聞社の地方紙、地方出版社の書籍やミニコミ誌・タウン誌、地域内の商工会議所や農業協同組合の刊行物など、④当該地域に関係する記述のある資料で、市街図・

観光案内・郷土芸能ものを始め、その地域の諸問題を扱ったビジネス書やその地域が舞台となった文芸書など、⑤当該地域に関わりの深い人物についての作品あるいは居住者や出身者の著作物、といったものがあります。

　従来は郷土資料というと、歴史的な経緯を踏まえた郷土史に傾きがちでした。こんにちでは、郷土史偏重の好事家的なイメージを払拭し、地方行政資料を中核に据えることを意図して「郷土資料」の呼称を敢えて用いずに「地域資料」と称したり、その図書館の所在する地名を冠して「○○資料」と呼んだりする図書館もあります。図書館法第3条（図書館奉仕）の1号では「図書館資料」を例示しているのですが、その冒頭で「郷土資料」と「地方行政資料」とを並置して両者を別個に扱っており、地方行政資料の重視を打ち出しています。ちなみに「郷土」とは生活圏への愛着が先立つ概念、「地方」は中央集権・地方分権のように行政上での中央官庁に対置する概念、「地域」は生活圏の自治や住民への配慮を重視した概念です。

　貴重書（valuable book）は、歴史的あるいは芸術作品としての資料価値が高く希少性があり、したがって保管上の安全を必要とする資料です。保存にあたっては書庫に別置され利用にも制限が加えられています。

　貴重書には、古写本・版本・古文書・漢籍・古経巻・和本など古い時代の刊行物、あまり世間に出回っていない希書（きしょ）・稀覯本（きこうぼん）、珍しい奇書・珍本のたぐいが相当します。限定本や豪華本、地元名士の手沢本（しゅたくぼん）などを含めることもあり、貴重書の基準は図書館によって異なり一様ではありません。貴重書と博物館資料（→p.204）の境界も厳密なものではないのですが、『日本目録規則』1987年版改訂3版では、写本や手稿など手書きで作成された資料を「書写資料」、美術工芸品などの多元的形状をなす資料を「博物資料」として、それぞれ立項されており、「図書館の所蔵するもの」こそ図書館資料なのだという確固たる見識を示しています。

●3．ヤング＝アダルト資料・児童書・絵本・コミックス

ヤング＝アダルト資料（young adult material）は、主に12歳から18歳までの、児童と成人の中間に位置する利用者を対象とする資料です。場合によっては、児童を含む未成年全体を指すこともあります。中学・高校生向けに企画され販売促進が行なわれる出版物や、書き下ろしのティーンエイジャー向け文庫などが相当します。ジュブナイル小説やライト＝ノベルもここに含まれます。また、出版意図としては大人向けだとしても、そのなかで比較的に若い層でも読みやすいものや、若年層に特別な関心がもたれているジャンル（鉄道・熱帯魚・軍事など）の出版物も含みます。

児童書（children's book）は、乳幼児から小学生くらいまでの利用者の読書興味に見合った図書です。絵本を始め、創作児童文学・伝承文学・ノンフィクションなどの種類があります。公共図書館では、児童コーナーや児童室などの部門を設けて児童書のコレクションを構築し、専任の図書館員をおいて児童サービスにあたっているところも多くあります。

絵本（picture book）は、児童書に含まれるのですが、とくに着色された絵を主体に、描写の文章をともなって物語が表現されているものを指しています。民話や創作絵本など、種類もさまざまで判型も多彩ですが、いずれも絵を目で追っていくことで話の筋を読み取ることができるのが特徴です。ただし、背表紙の幅は著しく狭いものが多く、そのために請求記号ラベル（→ p.87）を貼付（ちょうふ）するのが難しく、書架上にも配置しにくい点に注意を要します。傾斜のついた専用の絵本架に、オモテ表紙を見せた面陳（めんちん）で展示しているところもあります。

コミックス（comics）、つまりマンガ本は、単純化された絵と吹き出しのセリフからなるコマが連続している絵物語です。通常はコミック誌（マンガ雑誌）での連載がまとめられてコミックスとなります。文庫本や廉価軽装版、それに上製本のものもあり、内容もあらゆる題材に及んで一つの表現ジャンルを形成

しています。図書館では長らく収集対象とはみなされなかったのですが、テレビアニメ、実写ドラマ、映画興行、テーマ楽曲、ゲームソフト、キャラクター商品、関連イベントなど、世代も国境も超えた巨大なマンガ市場が形成され、読者層が著しく広がったことから自館での選定基準（→p.220）を設けて蔵書に加えるところが多くなっています。図書館によっては別置のコレクションを形成せずに、一般図書の分類のなかに混配するケースもみられます。

●4．ファイル資料

ファイル資料（filing material）とは、散逸しやすいパンフレット・リーフレット・クリッピングのたぐいを再構成した資料のことです。再構成の方法は、フォルダーに挟んだり、バインダーに綴じ込んだり、クリア＝ファイルに入れたり、ファイル＝ボックスに収納したりして、書架上などに配します。

パンフレット（pamphlet）は、数ページから数十ページ程度（ISO 9707-1991 の定義では表紙を除いて、5ページ以上で48ページ以下）で、簡易な方法で綴じてある非定期刊行の印刷物です。一般には仮綴じの小冊子を、図書と区別してパンフレットと呼んでいます。

リーフレット（leaflet）は、一枚ものの紙を1回折って4ページ相当にした印刷物をいいます。折り目が平行になるように2回以上折り込んだものも含めますが、そのときの折り方には、蛇腹状に折りたたんだ経本折り、内側に巻き込むように折った両観音折りや片観音折りといった種類があります。

クリッピング（clipping）は、新聞や雑誌などから特定のテーマのもとに選択された切り抜き資料を意味します。クリッピングは台紙に貼られるか、クリア＝ファイルに収納されて保存されます。

ファイル資料の内容は、時事的なもの、行政関連のもの、出版社の刊行情報、特定施設の案内情報など多岐にわたりますが、それぞれの図書館の利用状況に合わせて独自に収集・編成がなされ、更新されています。

●5. 点字資料・録音資料

　点字は、縦3個×横2個、計6個の点を配し、その凸点の有無を組み合わせて文字を表現しており、視覚障害者が指の腹でさわりながら読み取ります。点字に対し普通の印刷された文字のことは、墨字（すみじ）と呼んで区別します。

　点字資料（braille material）には、かな文字だけで構成された「点字図書」以外に、絵の線上に塩化ビニールを貼り付けた「点訳絵本」や、布を使って絵本にした「さわる絵本」があります。点字資料は、厚めの紙に突起をつけているので、印刷された資料に比べてかなり大判で肉厚となっており、密着した状態では保存に適しません。

　弱視者（低視力者・高齢者）向けの資料として、一般的な書籍の3～5倍大の文字で印刷されている「大活字本」を揃えている図書館もあります。ルーペや拡大読書機といった視覚補助機器を揃えたり、黒地に白い文字とすることで字を見やすくした「白黒反転本」の普及を試みたりしている例もあります。

> ［注記］　点字の歴史は19世紀初頭にさかのぼります。1820年ごろ、フランス軍砲兵大尉だったシャルル＝バルビエ（Charles Barbier）は、紙に文字を浮き出させて刻印することで夜間でも触覚だけで理解できる暗号用文字を考案。このバルビエの考えに盲人の立場から改良を加えたのが、ルイ＝ブライユ（Louis Braille）です。ローマ字を縦3点・横2点で表わす6点式の点字を考案し1829年に解説書を出版しました。点字のことを英語でブレール（braille）と呼ぶのは、考案者の名前の英語読みに由来します。
>
> 　このローマ字6点式点字が日本に紹介されるのは1887年。東京盲唖学校（現在の筑波大学附属 視覚特別支援学校、同じく聴覚特別支援学校の前身）の教員だった石川倉次（いしかわ　くらじ）が、ひらがなに翻案した6点式点字を考案し、1890年11月1日に正式に日本語点字となりました。

　点字の触読（しょくどく）には習練が必要で、歳をとるほど身につけるのは困難となります。このため、朗読を収めた音響資料――「録音資料」と一般的に

は呼ばれています——のほうに視覚障害者の根強いニーズがあります。

　ＤＡＩＳＹ（デイジー、digital accessible information system、当初は digital audio-based information system）は、デジタル録音の国際標準規格です。1990年代にスウェーデンで開発が始まり、1996年結成のＤＡＩＳＹコンソーシアムが維持・普及に努めています。各国の図書館協会の連合組織である、ＩＦＬＡ（イフラ、International Federation of Library Associations and Institutions）も、1997年に録音資料の規格として採択しました。

　ＤＡＩＳＹ形式の資料は、ＣＤ－ＲＯＭを媒体に製作されており、再生には専用のプレイヤーかパソコン上で動作する専用のソフトウェアが必要です。

　録音資料である「音声ＤＡＩＳＹ」に加えて、音声と文字と画像とを同期させて再生のできる「マルチメディアＤＡＩＳＹ」も開発され、ディスレクシア（dyslexia、読字障害）など学習障害のある人の読書に有効とされています。文字のみの「テキストＤＡＩＳＹ」は、合成音声による読み上げソフトと組み合わせて使われます。

　なお、視覚障害者情報 総合ネットワーク「サピエ」は、社会福祉法人 日本点字図書館がシステムを管理し、特定非営利活動法人 全国視覚障害者 情報提供施設協会が運営するもので、視覚障害者の暮らしに役立つ情報を提供しています。このなかの「サピエ図書館」では、点字資料・録音資料の検索や、ＤＡＩＳＹ形式の音声データがダウンロードできるサービスを行なっています。

　2016年４月から、障害者差別解消法（平成25［2013］年６月26日法律第65号、正式名称「障害を理由とする差別の解消の推進に関する法律」）が施行され、図書館でも障害者へのより一層の配慮が実践課題となっています。

　本章は、田中徹二著『不可能を可能に：点字の世界を駆けぬける』（岩波書店、2015年）、野口武悟ほか編著『図書館のアクセシビリティ：「合理的配慮」の提供へ向けて』（樹村房、2016年）を参照しました。■

第2章　図書（1）　構造

　図書は冊子体として製本された資料ですが、広く解釈して一枚ものまで含めると、古代以来、亀甲・獣骨・粘土板・石材・パピルス草・竹片・木板・羊皮・山羊皮・犢皮（とくひ、仔牛の獣皮の意）など実にさまざまな材料を用い、刻印・筆写・印刷といった技術的な手段で製作されてきました。ただし、図書に使われた媒体のなかでもっとも発達普及したのは、紙です。

　ここからは三章にわたって図書を論じます。この第2章ではオブジェとしての図書の構造を概観しますが、まずは紙——その用途は三つのW、すなわちwrite（書き記す）、wrap（包み込む）、wipe（拭き取る）だといわれています——を論ずるところから始めます。

第1節　紙媒体の図書

●1．紙の定義

　紙（paper）は、植物繊維が水素結合により接着して薄く平らな膜状になったものです。水素結合とは隣接する分子間の酸素原子と水素原子のあいだにできる化学結合をいいます。

　植物を細かく砕いて繊維を切断し、水のなかに分散させて懸濁液としたうえで、これを簀（す）や網（あみ）といった濾過材のうえに薄く広げて濾水し、圧搾・乾燥の操作を経て、紙をつくります。繊維分散液が乾燥するときに隣接する繊維と接触していると、水素結合を生じて膠着し合い強度のある薄層となるというのが、紙製造の本質です。

　紙の原料となる植物には、①茎幹を使うものとして、大麻（hemp）・苧麻（ramie）・黄麻（jute）・亜麻（flax, linen）・コウゾ・ガンピ・ミツマタ・甘蔗バガス・エスパルト・藁（イネわら・ムギわら）、②葉では、マニラ麻・アバ

カ・芭蕉・バナナ・ニュージーランド麻、③種毛では、綿（linter、cotton）、④木材では、針葉樹（Nadelholz-独-、スギ・ヒノキ・マツ）・広葉樹（Laubholz-独-、ユーカリ・アカシア）・単子葉植物（タケ）があります。

パルプ（pulp）は、植物繊維から抽出したセルロース（cellulose）の集まりをいいます。セルロースは分子式（$C_6H_{10}O_5$)$_n$ で表わされる炭水化物で、数千以上のグルコース（ブドウ糖）が鎖状に結合しています。植物を粉砕して植物繊維の主成分であるセルロースをできるだけ純粋に取り出したものが、パルプです。製造方法によって機械パルプと化学パルプに大別され、植物原料により木材パルプと非木材パルプとに二分され、用途では化学製品の原料となる溶解用パルプや紙を作る製紙用パルプに分けられます。こんにち、単にパルプというと化学処理による製紙用の木材パルプを意味します。

パルプを水のなかに散らばした溶液は、手でかきまぜてみると薄い粥に似た軟らかい感触があります。紙を「すく」という行為は、この懸濁液を濾過材で汲みあげて脱水しながら均一に広げることをいい、手作業の場合には「漉く」、機械処理では「抄く」と表記します。掬いあげた当初は、触れればたちまち型崩れてしまうほどに脆弱ですが、水分を絞りきり干しあげると、水素結合により繊維同士が引き合うことで紙ができあがります。ただし、植物の種類によってパルプの繊維長に差があり、紙の強度も性質も異なるのです。

　［注記１］　**和紙**は、７世紀初めまでに中国から朝鮮半島を経て伝来した紙が日本独自に発展したものです。特徴は、コウゾ（楮）・ガンピ（雁皮）・ミツマタ（三椏）などを原料に、トロロアオイ草などの根をつぶして得た「ネリ」と呼ぶ粘液を補助として加え、手漉きあるいは手漉きに近い技法を用いることです。

　［注記２］　古代エジプトのパピルス紙は、**パピルス**（papyrus）という草の茎の外皮を縦に裂き、その薄く幅広の帯状片を縦横に並べたのちに水をかけて打ち叩くことで密着させ、天日乾燥させてシート状にしたもので

す。繊維分散液からの水素結合でつくられたものではないため、厳密にいえば紙とはいえず、今でいう不織布（ふしょくふ）の一種になります。

●２．紙の誕生と伝播

　紙は古代中国で創案されました。前漢時代の遺跡から紀元前100年前後のものと推測される植物繊維由来の紙が発見されています。中国における紙の製造は、麻ボロや綿クズなどを原料に多くの人々の手によって育まれたものと考えられており、当初は主に貴重品を包むことに使用されていました。

　その後、蔡倫（さいりん）が製紙法を改良して上質な紙をつくり、後漢時代の105年に時の皇帝へ献上したと『後漢書』に記録があります。蔡倫は既存の技術を集約して、ここに筆記に適した紙を完成させたのです。

　書写用の紙は、150年ころには中国辺境のトルキスタン地方にまで伝わっていたのですが、国外にはなかなか流出しませんでした。ところが、唐の第六代皇帝・玄宗の軍が751年、サラセン帝国の兵と中央アジアのタラス河畔で戦って敗北。このとき捕らえられた７万人の捕虜のなかに製紙職人がいたことから、その技術はアラビア人に習得されて中央アジアのイスラム教圏に移転を始めることとなるのです。

　757年にウズベキスタンのサマルカンド、793年にイラクのバクダッド、10世紀にシリアのダマスカスへと広がり、亜麻を原料とする製紙が行なわれました。筆と墨が使われる中国とは異なり、イスラム教圏ではペンとインクを筆記に用いることからインクがにじむのを嫌い、紙は石などで表面を磨いて使われ、その磨きの程度で紙の価値が決まりました。

　アラビア人の通商によって紙はさらに西進。1040年に北アフリカのリビアへ伝わり、1100年にはモロッコの首都カサブランカに近いフェズに到達。1151年には、イスラム教徒のムーア人がスペインを占領したことで、ヨーロッパ最初の製紙工場がイベリア半島のハティバに誕生します。

一方、イタリアには、すでに12世紀半ばに輸入品の紙が入っていたのですが、製紙技術が伝わって中部のファブリアーノに製紙工場が誕生するのは1276年のことです。幾度となく繰り返された十字軍の遠征によって、キリスト教国にも紙の存在が知られるようになり製紙工場の設営に至りました。

このような二つのルートで製紙技術はヨーロッパに伝わり、フランスでは1348年に北東部のトロイに製紙工場ができます。1391年にドイツのニュルンベルグへ伝わり、製紙技術は欧州全土に広がります。ドーバー海峡を経てイングランドには1494年に到達。ついには大西洋を渡って1690年にアメリカで最初の製紙工場がフィラデルフィアに設営されます。

●3．製紙の近代化

15世紀半ばに活版印刷が実用化されると、製紙の機械化も進捗します。手漉き工程でもっとも手間がかかるのは、原料を叩（たた）き解（ほぐ）して植物繊維を切断する叩解（こうかい）処理で、かつては風車や水車を動力に石臼（いしうす）を使って粉砕していました。17世紀後半にオランダで叩解機が発明されます。鋼鉄の刃を埋め込んだローラーを使って綿クズや亜麻ボロを剪断（せんだん）するもので、「オランダ式叩解機（Hollander beater）」と呼ばれ以後二百年ほど広く使用されました。

抄紙（しょうし）処理が連続してできる機械は、1798年にフランスのロベール（Louis-Nicolas Robert）によって小型模型がつくられ、特許が取得されます。イギリスの資産家・フォードリニア兄弟（Sealy & Henry Fourdrinier）はその特許を買い、イギリス人技師・ドンキン（Bryan Donkin）の技術的支援で1804年に実用化に至り、現在のかたちに近い長網抄紙機（ながあみしょうしき）を完成させます。ベルトコンベヤーのように回転している、長くて継ぎ目のない布製のワイヤー（wire mesh、抄き網）にパルプ懸濁液を流し、ワイヤーが移動するあいだに脱水させて、圧搾・乾燥の工程に移すものです。

一方、イギリスのディッキンソン（John Dickinson）が1809年に円網抄紙機（まるあみしょうしき）の特許を取得して実用化します。ワイヤーを円筒形の枠に張り、パルプ懸濁液のなかで回転させることで、円筒の内側に水を吸引しつつワイヤー上部には紙層が形成されます。この紙層をフェルト質のローラーに移し取って、圧搾・乾燥の工程に進むものです。抄紙の速度は遅いのですが、円網を多数並べて、それらの紙層を順次移し取っていくことで、多層に抄き合わされた厚紙をつくることができます。

　抄紙機の出現で莫大な量のパルプ供給が必要とされ、慢性的なパルプ不足を引き起こしました。パルプは、中国では麻ボロ、ヨーロッパでは綿クズが先行し後には亜麻ボロが主流となっていたのですが、いずれも衣類に密接に関係する繊維であり、大量供給の難しい非木材繊維でした。

　大量のパルプの原料を求めて人々の目は森林資源に向けられたのです。すでに1719年にフランスの科学者・レオミュール（R. A. F. Réaumur）が、スズメバチが木材を噛み砕いて巣をつくっている様子を観察し、木材から紙をつくることができるはずという内容の論文を発表していました。

　1840年代前半に、ドイツのケラー（Friedrich G. Keller）は丸太を機械的にすりつぶす粉砕機を考案。この特許を買ったフェルター（H. Voelter）が、砕木法（グランド法）による「機械パルプ」を1846年に実用化します。

　これに刺激されて、木材に化学的な処理を施してセルロースを取り出す「化学パルプ」が開発されます。1853年にアメリカでワット（C. Watt）とバージス（H. Burgess）が、水酸化ナトリウムを用いた苛性ソーダ法を創案。1867年にティルマン（Benjamin C. Tilghman）は亜硫酸法（サルファイト法）で米国特許をとり、1874年にスウェーデン人のエクマン（Carl D. Ekman）がこれを商業化します。1879年にはダール（Carl F. Dahl）によって水酸化ナトリウムと硫化ナトリウムの混合液を使うクラフト法（硫酸塩法、サルフェート法）が創案され、1890年の商業化に至りました。

現在は、針葉樹・広葉樹を問わず広い範囲の樹種を対象に、クラフト法によるパルプ化が主流となっています。製紙産業と森林経営は密接な関係にあり、また古紙を再利用してのパルプ化も資源有効利用の意味で進んでいます。

　［注記１］　中国生まれの紙が欧米を経てから改めて日本に渡来したのは19世紀後半で、それは「洋紙（西洋紙）」と呼ばれました。洋紙の製造を目的に最初に創業したのは有恒社（ゆうこうしゃ、後に王子製紙に併合）で1872年のことですが、七つの洋紙工場が1879年までに操業を開始しています。当時の原料はまだ綿クズでしたが、1889年に木材からのパルプ製造に成功し洋紙発展の礎となりました。そのころ日本でつくられていた、和紙に木版印刷で和装の書物（**和本**［わほん］）が、洋紙に活版印刷で近代的な製本様式の書物へと切り替わるのは、明治20（1887）年代のことです。

　和紙と区別される洋紙の特徴は、原料のほとんどが木材パルプで、これに、インクがにじまないようにするにじみ止め剤、繊維がむけてこないようにする紙力増強剤、裏面の文字が透けて見えないようにする填料（てんりょう）などの化学薬品を一緒に混ぜ入れ、大規模な機械処理で抄紙し、漂白や塗工などの加工を経て、量産化・低廉化を実現していることです。

　［注記２］　にじみ止め剤（サイズ、size）として、中世期は動物性の膠（にかわ）の液が使われたので、当時の製紙工場では牛や羊の皮の切りクズやひづめを煮出すさいの悪臭に満ちていました。

　抄紙機の発明で、サイズ処理も連続的に施す必要性に迫られましたが、それを可能にしたのは、ドイツ人のイリッヒ（Moritz Friedrich Ilych）によるロジン＝サイズ法の発明です。かれは1807年に小冊子を出して世に知らしめたのですが、ロジン（rosin、松脂［まつやに］）に苛性ソーダを加えて溶解させた樹脂液をつくり、定着剤としてミョウバン溶液を足してパルプに定着させる処理方法でした。このロジン＝サイズ法は1850年ころに実用化され、程なく定着剤は硫酸アルミニウムに置き換わり、ロジンと硫酸

アルミニウムの組み合わせで19世紀後半に広く普及しました。

　ところが、硫酸イオンがセルロースを分解してしまうために、年月が経つにつれて紙は黄ばんでもろくなりボロボロに劣化することが、20世紀半ばに表面化します。原因となるロジン＝サイズ法を施した紙が、pH検査で弱酸性を示すところから、**酸性紙**（acidic paper）と名付けられました。その処遇がコレクションの保存のうえで課題となっています（→ p.243）。

　なお、pHはpotential Hydrogen（水素イオン指数）の頭文字で、ドイツ語読みでは「ペーハー」。液中の水素イオン濃度から、酸性・アルカリ性の度合を０から14までの数値で示します。pH７が中性で、０に近付くほど酸性の程度が強いのですが、レモンがpH２前後、食酢がpH３ほどで、酸性紙はpH４〜６の値を示します。

　［注記３］　こんにちの大規模な長網抄紙機で紙を製造するときは、パルプ懸濁液をワイヤーのうえに高速で均一に噴出させ、そのままの姿で脱水し圧搾・乾燥させます。すると紙のなかでは、繊維が噴出方向に並ぶことになります。これが「紙の目」です。製紙工程で生産される巻取紙（まきとりし、輪転式の印刷機用に巻きもの状で仕上げた紙）では、紙の目は巻き取っていく方向に平行となっていますが、これを断裁して枚葉紙（まいようし、シート状の一枚ものの紙）とするときに、どちらの側を長めに裁つかによって、紙の目が決まります。枚葉紙で、長辺に平行に目が流れていればタテ目（Ｔ目）、短辺に平行に目が流れていればヨコ目（Ｙ目）といいます。

　また、脱水時にはワイヤーの下方に水分を落としていくのですが、そのためワイヤーに直にあたっている側では一部の繊維や化学薬品が脱落し、紙の上部側とワイヤー側とでは組成に差がでてきます。それが、平滑な「紙のオモテ」面と、ややザラついた「紙のウラ」面との違いになります。

第2節　図書の構造

●1．表紙・カバー＝ジャケット

　図書におけるページ全体（page block）は、表紙にくるまれカバー＝ジャケットにおおわれて保護されています。

　表紙（cover、カバー）は、ページ全体の外側をおおう、かぶせものです。表紙はその部位によってオモテ表紙（front cover）とウラ表紙（back cover）、さらにページ全体が綴じてあるほうの背表紙（spine cover）とに分かれます。

　製本の仕方で、表紙の状態が異なります。ページ全体のサイズよりも一回り大きい堅牢な表紙をもった製本を**上製本**（本製本、ハードカバー）と呼びます。芯材として厚手の板紙（board、ボード、転訛してボール紙ともいう）を用い、それを布地やクラフト紙（セメント袋など強度のある紙）、クロス（特殊加工した布や紙）などでおおって接着します。この表紙は、仕上げのために背以外の三方を機械で裁断（化粧裁ち）したページ全体に、後からかぶせます（くるみ製本、→p.50）。したがって表紙のほうが一回り大きくなるのです。ページ全体よりも2～3mmほどの幅ではみ出した表紙の部分は「ちり」といいます（この言葉は、表紙を中身のページ全体と合わせたときに、はみ出し部分が三方に均等な間隔で分散しているか、つまり「散り具合」が語源のようです）。

　これに対して**並製本**（仮製本、ソフトカバー）は、紙表紙のままの軽装な製本です。表紙には芯材を使わずやや厚手の紙を用います。そのため柔らかくしなるのです。表紙でくるんでから（くるみ製本）中身のページ全体とともに一気に化粧裁ちするので、表紙とページ全体のサイズは同一となります。

　カバー＝ジャケット（cover jacket）は、表紙の、さらに外側をくるむものです。普通は略して「カバー」と呼んでいますが、その言い方では英語で「表紙」を意味してしまうので、本書では正式に「カバー＝ジャケット」と呼びます。英語の「jacket」じたいに「おおって包み込むもの」という意味があり、し

たがって「カバー＝ジャケット」というと「カバー（表紙）をくるむもの」の意となるのです。カバー＝ジャケットは、表紙を巻き込んで内側三分の一以上にかかっており、その部分は「折り返し」とか「そで（袖）」と呼びます。

帯紙（おびがみ）は、カバー＝ジャケットの外側にかかっている幅の狭い紙です。その本の簡単な内容紹介やキャッチ＝コピー、推薦文などが印刷され、宣伝の役目を担います。単に「オビ」とか、カバー＝ジャケットの下部に巻かれているところから「こしまき（腰巻）」と呼ぶことがあります。

さらに、図書は**函**（はこ、case）に入っていることもあります。函には、背文字などを印刷した後に組み立てて針金綴じや糊付けをするものと、組み立ててからタイトルなどを印刷した化粧紙を貼って仕上げるものがあります。表記は、差し込み式のものを「函」、被せ蓋（かぶせふた）の付いた共蓋式のものを「箱（box）」と区別しています。

　［注記１］　一説に、カバー＝ジャケットは本の保護から始まったといわれています。出版社から書店へと配送されるさいに、本が傷むことを回避する目的で外側をおおい、包み込みました。せっかく本をくるむのならそれを積極的に利用しようと、意匠をこらし販促にも利用するようになったというわけです。ただ、当初から表紙と同じ大きさだったのではなく、帯紙相当の幅のものがしだいに大きくなっていったのです。カバー＝ジャケットが表紙と同等のサイズになったので、改めてその上に純粋な宣伝用の帯紙が巻かれるようになりました。

　［注記２］　書店で本を購入すると「カバーはご入用ですか」などと尋ねられます。この場合の「カバー」とは書店の包装紙のことです。カバー＝ジャケットの外側をさらにくるむことを意味しており、正式にはブック＝ジャケット（book jacket）と呼ぶべきものです。

　［注記３］　書店に並べられた本には「スリップ」と呼ばれる、二つ折にした細長い紙片が挟み込まれています。このスリップは、出版社が作成し

てページ内に挟んでおき、その本が売り上げられるにともなって書店で引き抜かれます。引っ張りやすいように、上部に丸い山形の切り込みを突出させており、この部分を俗に「ぼうず（坊主）」と呼び、型抜きのことは「ぼうずを抜く」といいます。スリップの片側は売上カードに相当し、機械化以前にはこれを集めて売上を計算しました。そして、もう片側は注文伝票に相当し、売れた本の補充用として利用されます。

●2．見返し・小口

　表紙とページ全体をつなぐ紙葉のことを、**見返し**（みかえし、end paper）と呼びます。オモテ表紙とページ全体、それにウラ表紙とページ全体のあいだにそれぞれ存在します。各4ページ相当の紙葉で、片側（2ページ分）はオモテ表紙・ウラ表紙の内側に貼り付けて「効き紙」とし、残り半分（2ページ分）は「遊び紙」とします。ただし、並製本では見返しのないものもあります。

　花布（はなぎれ、端布［はしぎれ］からの転訛、head band）は、上製本で背の上下につける布のことです。本来は芯に撚糸（ねんし）を使い絹糸などで編み込んで本の造作（ぞうさく）を補強するものでしたが、こんにちでは機械編みの既成品を貼り込むのみで装飾以上の役目はありません。

　スピン（spin、しおり紐）が付くものもあります。上製本ではページ全体の化粧裁ちが終わり、表紙でくるむ前の段階でスピンを挿入します。並製本ではスピンの挿入後に表紙でくるみ化粧裁ちすることから、スピンがすでに付いている天の部分は裁断せずにそのまま残します（天アンカット）。ちなみにスピンの長さは、その本の対角線の長さ分に2～3cmほどプラスしないと、しおりとして本からうまく引き出せません。

　ページ全体の切断面を**小口**（こぐち、edge）と呼びます。小口とは、ものの端の意です。料理で「小口切り」というとゴボウやネギなどの細長い野菜を端から薄く刻むように切っていくこと、またはその切断面のことですが、図書も

ページ全体の端を裁断するので、切断面をそう呼ぶのです。

したがって、小口は三方にあり、図書を立てたときの、上部を「天小口（天）」、下部を「地小口（地）」、背表紙の反対側を「前小口」といいます。ただし、通常は、前小口のみを指して単に小口と呼んでいます。

小口には、天を化粧裁ちしない「天アンカット」、金箔をのせたりマーブル模様を浮かび上がらせたりする「小口装飾」、色を付ける「小口塗り」、前小口に索引機能の目的で、段違いになるよう印を付けたり半円状の切り込みを入れたりする「つめ（爪掛け索引）」など技法が施されることがあります。

小口（前小口）に対し、ページ全体を綴じてある背の内側は**ノド**（gutter）と呼びます。見開きの状態で見出せる、中央の細長いくぼみのことです。ノド側の余白部分は「ノドアキ」です。ほぼ平面に近いページ面ですが、ノドに近づくにつれ紙葉はどうしても弧を描くようにして急速に内側へと曲がっていきます。そのため、文字があまりにノドに接近して組まれてノドアキが不足すると、曲面におかれた文字は細く見えてしまい、本は読みにくくなります。

●3．標題紙・奥付

ページ全体のなかで、著作の主たる内容である本文（text）とそれ以外とを分けるとき、本文以外の部分を「付き物（つきもの）」といいます。付き物は、前半部分を前付（まえづけ）、後半部分を後付（あとづけ）と区分し、それぞれ次のようなものが含まれます。

　　　前付　　標題紙・口絵・献辞・推薦文・まえがき・凡例・目次
　　　後付　　巻末注記・参考文献リスト・あとがき・解説・年表・索引・奥付

なお、付き物という言葉は、本文に対する付き物という意味合いのほかに、書物本体に対する付き物という広義の用い方もしばしばなされます。その場合には、本に付属するカバー＝ジャケット・帯紙・スリップ、それに投げ込みの葉書やリーフレットなどをまとめて呼んでいます。

標題紙（ひょうだいし、title page）は、ページ全体の巻頭に位置するページのことです。オモテ表紙を開き、遊び紙の見返しをめくると出現します。「総扉」、「大扉」、「化粧扉」などとも呼びます。

　この標題紙には、省略していない完全なタイトル、正式な著者名、それに多くは出版社名が表示されます。ページ全体とは異なる少し上質な別紙（べつがみ）に、デザインを施されて示されることが多いのですが、並製本ではページ全体と同じ共紙（ともがみ）のこともあります。通常は、**改丁**（かいちょう、ページを改めて常に奇数ページから始めること）とされ、裏白（うらじろ、裏面のページに何も印刷しないこと）です。ただし、標題紙ウラに印刷がなされる場合もあり、たとえば翻訳書では原書のクレジット、洋書ではＣＩＰ（シーアイピー、cataloging in publicaition、国立図書館などが出版社から提供される校正刷りにもとづき作成した、その本の書誌情報）が表示されます。

　標題紙の前後に、タイトルのみをしるした「捨て扉」、「仮扉」と呼ぶページが挟まれることもあります。このページは、標題紙の直前におかれると「前扉」、純粋な著作内容の本文が始まる前におかれて「本扉」と名称を変えます。目次の前におかれて「目次扉」と呼ぶこともあり、この場合はタイトルにプラスして「目次」の文字が添えられるか、単に「目次」とのみしるされます。

　本文の構成が、章や編などのいくつかのパートに分かれているとき、それぞれの最初のページにも章や編のタイトルを表示することがあります。新たな章や編がこれから始まることを示す区切りのページは「中扉」、「章扉」などと呼びます。中扉や章扉は、改丁あるいは**改ページ**（ページを改めることで、奇数・偶数のどちらのページから始めてもかまわない）としますが、改丁の場合も裏白とせず、扉の裏面のページから文章を始める「半扉」にすることがあります。

　奥付（おくづけ）は、ページ全体の巻末に位置するページで、改丁が原則です。日本では奥付に主要な書誌事項をまとめて記載するのが慣習となっていますが、法律上の義務ではありません。記載される書誌事項は、①タイトル、②

責任表示（著者・訳者・編者など）、③版表示・刷表示、④発行年月日、⑤発行所（会社名・住所・部署名・電話番号・ＦＡＸ番号・振替口座番号・ＵＲＬ）、⑥発行者（出版社の代表者）、⑦装訂（装丁、装幀、装釘とも表記）デザイン関係者、⑧印刷所、⑨製本所、⑩ＩＳＢＮ、⑪分類コード、⑫著作権者表示（マルシー表示）、⑬原産地表示（Printed in Japan）、などです。奥付のページ上部に「著者紹介」をしるすこともあります。

　奥付は、最終の奇数ページにおくのが慣行なので、そのウラ（最終の偶数ページ）は、何も印刷しない白ページか、出版社の自社広告のページとなります（出版社によっては、最終の偶数ページに奥付を載せることもあります）。また、ページ全体は複数の折丁（→ p.47）で成り立っているところから、折丁の冊数にしたがってページ全体の総量が既定の数に決まってしまうと、本文の分量によってはどうしても端数のページが生まれてしまいがちです。そのため、奥付の後ろに白ページや自社広告が数ページ続くようなこともあります。

　　［注記］　別紙（べつがみ）は、とくに別紙・共紙とペアで用いた場合、ページ全体との紙質の異同を示しています。似た言葉で別丁（べっちょう）とは、折丁とは別に印刷されて、ページ全体に貼り込んだり綴じ込んだりするページものですが、ときに別紙が別丁と同義で使われることもあります。本来の別丁は、ページ全体とは用紙選定と印刷工程を異にすることを示すもので、口絵や折り込み、見返しや別紙の標題紙などが相当します。**口絵**は、写真などを塗工紙に印刷して巻頭またはページ全体のあいだに挟み込むもので、**折り込み**は、ページ全体の寸法より大きい用紙に図版などを印刷し、ページ全体の大きさに折りたたんで挟み込んだものです。

　　ちなみに、一般的な用法で別紙（べっし）というと、別に添えた紙の意で、本文の流れと一体になっていない書類を指しています。本文の一部分を別の用紙に記載したほうが見やすく分かりやすいと判断したときに用いられ、左肩などに「別紙」と表示した数ページ程度のものをいいます。

第3節　図書の判型

●1．A列・B列規格判

判型（はんけい）とは、紙製品の最終的な仕上げ寸法のことをいいます。一枚ものの枚葉紙の大きさから図書や雑誌のような冊子体のサイズまでを意味し、日本工業規格（ＪＩＳ、Japanese Industrial Standards）ではドイツ工業規格に準じて縦横の長さがミリ単位で標準化されています。ドイツ工業規格には、Ａ列規格判・Ｂ列規格判・Ｃ列規格判という三系統があります。いずれもドイツの化学者・オストワルト（Friedrich Wilhelm Ostwald）が考案したもので、1922年にドイツ工業規格となりました。

Ａ列規格判は、面積１平方メートルの$\sqrt{2}$長方形（ルートに　ちょうほうけい）を基準に据え、これをＡ０判と定めて、以下、長辺のほうの二つ折りを繰り返しながらＡ１判・Ａ２判・Ａ３判……という順に12番までの大きさを定めたものです。Ａ０判の大きさは841×1189㎜で、面積はおよそ１平方メートル。ちなみに、$\sqrt{2}$長方形とは、両辺が１：$\sqrt{2}$（1.414……）という比率をもっている矩形のことで、長辺の長さを半分にするか、あるいは短辺を倍にした場合には、何度繰り返しても必ず互いに相似形になるという特徴があります。

Ｂ列規格判は、面積1.5平方メートルの$\sqrt{2}$長方形を基準におき、これをＢ０判として、以下、長辺の二つ折りを繰り返しながらＢ１判・Ｂ２判・Ｂ３判……と12番まで定めたものです。

Ｃ列規格判は、同様に、面積1.2平方メートルの$\sqrt{2}$長方形を基準にＣ０判とし、以下、長辺の二つ折りを繰り返して12番まで定めています。

日本では1929年12月に、ＪＩＳの前身であるＪＥＳ（Japanese Engineering Standards）で、Ａ列規格判とＢ列規格判とが初めて導入されました。当時の官庁では文書管理の導入が遅れ、使用している用紙の判型は各省でバラバラでした。1933年になって、商工省（当時）の臨時産業合理化局　用紙標準化委員会

がＢ５判を基本とするＢ判用紙への標準化を推進しました。その後1940年12月のＪＥＳ改正で、Ａ列規格判はドイツ工業規格の寸法をそのまま取り入れたものの、Ｂ列規格判には伝統的な四六判（→ p.46）との整合性を考慮して日本独自の微調整が加えられたのです。すなわち、ドイツ工業規格のＢ０判が1414×1000㎜であるのに対し、日本では1030×1456㎜の寸法としました。ただし、面積は1.5平方メートルで同じになります。戦後になってＪＥＳはＪＩＳへと引き継がれたのですが、このときＡ列・Ｂ列とも11番と12番の極小規格は、日本では必要なしとして削除されました。

　ＪＩＳでは、**原紙**の大きさが定められています。原紙とは枚葉紙として工場生産されるときの大きさをいい、「全判（ぜんばん）」、「全紙（ぜんし）」とも呼びます。この原紙寸法の紙が印刷できるように印刷機の寸法が決まり、この寸法の紙が無駄なく取れるように抄紙機の幅も決められています。Ａ列規格判の原紙は、ＪＩＳでは「Ａ列本判」と呼び、Ａ１判（594×841㎜）より一回り大きい625×880㎜です。Ｂ列規格判の原紙は「Ｂ列本判」で、765×1085㎜の寸法をもちＢ１判（728×1030㎜）を１面取ることができます。

　書籍ではページめくりがスムーズにいくように、紙の目（→ p.37）は天地の方向と一致させる必要があります。たとえば、Ａ４判の書籍をタテ目でつくろうとすると、ヨコ目のＡ列本判を選ばなくてはなりません。Ａ列・Ｂ列の規格判で、奇数番号は全判ではタテ目の紙、偶数番号は全判ではヨコ目の紙を選ぶ必要があります。

　紙の取引単位は、重さです。原紙1000枚の重量を１連（れん）といい、キログラム数で表示します。これを、連量（れんりょう）と称します。たとえば「Ｂ列本判Ｙ目61.0kg」などと表示するのですが、この紙のkg単価が150円で1200枚必要だとすると、値段は１万0980円（61.0×150×1.2＝10980）となります。また、単位面積（１平方メートル）あたりの重量（グラム数）で示すこともあり、これを坪量（つぼりょう）といい、単位は g/㎡ です。

なお、官庁では1933年以来、Ｂ判用紙の使用を原則としてきたのですが、1992年11月に各省庁事務連絡会議での「行政文書の用紙規格のＡ判化に係る実施方針について」という申し合わせにもとづき、1993年４月からはＡ判用紙の使用が推進されました。ＪＩＳも1998年９月の改正でＡ列規格判を日本の国内標準としました。

●２．菊判・四六判

日本独自の書籍用の判型に、菊判や四六判があります。

菊判（きくばん）は、明治期にアメリカから輸入された洋紙の大きさ（25×37inch≒２尺１寸×３尺１寸≒636×939㎜）が元になっています。この紙のアメリカでの商標がダリアの花で、日本の菊に似ていたことから商品名が「菊印（きくじるし）」に決まり、菊印判が略されて「菊判」と呼ばれるようになったといいます。図書の判型で菊判というと、その原紙から16面取りされたサイズ（220×150㎜）を指しますが、出版社によって天地218〜221㎜、左右150〜152㎜とまちまちです。Ａ５判（210×148㎜）よりやや大きい寸法です。

四六判（しろくばん）は、岐阜県すなわち美濃国の武儀郡から出た和紙の美濃紙、その原紙（美濃判、９寸×１尺３寸≒273×393㎜）が元となっています。徳川御三家専用とされた美濃紙は明治期に一般庶民に普及し、そのときに洋紙の寸法に比例させて、美濃判の約８倍というサイズ（２尺６寸×３尺６寸≒788×1091㎜）が「大八ツ判（おおやつばん）」と呼ばれて出回ったのです。この大八ツ判を４×８で断裁して32面取りした大きさ（つまり美濃判の４分の１）が図書の判型として用いられるようになり、寸法が横４寸２分で縦６寸１分であるところから「四六判」と呼び慣わすようになったものです。四六判の正寸（188×128㎜）は、およそＢ６判（182×128㎜）に相当します。出版社によっては、天地188〜191㎜、左右127〜132㎜とバラツキがあります。

菊判と四六判の仕上げ寸法はＪＩＳで決まっていませんが、原紙の大きさは

定められています。菊判が636×939㎜、四六判が788×1091㎜です。

ちなみに、文庫判はＡ６判（148×105㎜）の大きさをとくにそう呼びます。新書判のほうはＢ列本判から40面取りした規格外の大きさ（182×103㎜）です。

またヤード＝ポンド法による、リーガル＝サイズ（legal size, 8.5×14inch≒216×356㎜）やレター＝サイズ（8.5×11inch≒216×279㎜）などの判型があり、米国を中心に使われています。レター＝サイズは、Ａ４判に近似していますが、Ａ４判よりも長辺が６％短く、逆に短辺は３％長くなっています。

第４節　図書の製本

●１．折丁の作成

ページ全体は、一定のページ数をもったパンフレット状のものを何冊か重ね、かがり糸や接着剤で綴じて束ねることで形づくられます。この小冊子のことを**折丁**（おりちょう、quire）と呼び、ページ全体を構成する１単位としています。つまり、折丁の束でページ全体は成り立っているのです。

折丁は、二つ折りにした紙葉を重ね中央部を折り込むことで生まれます。一般的な書籍に用いられるのは、16ページ仕立ての折丁です。４枚の紙葉を二つ折りにして重ねてある状態ですが、これを16折集めれば、256ページ（16ページ分の折丁×16折＝256ページ）のページ数となります。辞書や文庫本では32ページ仕立ての折丁を使うこともありますが、それ以上では厚くなりすぎてきれいに折ることができません。

実際には、原紙（あるいはその二分の一の「半裁」の紙）に、あらかじめ印刷を施してから何回か折りたたんで折丁をつくります。ウラ・オモテにページ配置（面付け）をして印刷にかけ、刷り上がった紙葉を折り込むことで折丁とするのです。16ページ仕立ての折丁であれば、オモテ面に８ページ分、ウラ面に８ページ分を、ノンブルの順番が通るように面付けしてウラ・オモテの両面ともに印刷してしまいます。

印刷後の折り方は、表裏があるので回し折りをします。16ページ分ですと回しながらの三回折りです。まず、一番若いノンブル面のウラ側ページを左下におき、長辺を右から左に一度折ります。そして時計回りに90度回転させてから、また右から左に折り、もう一度90度回して三度目を折ります。こうすると、右綴じ（右開きで本文は縦組み）の場合は地が袋状となり、逆に左綴じ（左開きで本文は横組み）の場合は天が袋状となりますが、一部が袋状のままの折丁を複数集め、束ねた後に三方裁ちして仕上げるのです。なお、天アンカットは地が袋状となる右綴じで可能となります。

ちなみに、「落丁」とはあるべき折丁が脱落している状態で、「乱丁」は折丁の配置の順番が誤っていることをいい、ともに製本上の不良品です。

　　　［注記］　**ノンブル**とは、ページ番号を意味する出版業界の呼称で、フランス語で「数字」を意味する「nombre」に由来します。

　ノンブルはページ全体を通してページの余白の同じ位置におきます。ただし、口絵や標題紙、奥付や白ページは「隠しノンブル」として、ページ数には数えますがノンブルは表示しません。

　前付のノンブルは、純粋な著作内容の本文とは別の種類の数字で打たれることがあります（たとえば、本文がアラビア数字であれば、前付のノンブルにはローマ数字などが用いられます）。

　後付のノンブルについても、縦組みの本文では索引のページが巻末から逆順に読まれることを想定して、やはり本文とは独立させて後ろから「逆ノンブル」を打つこともあります。

　ノンブルと組み合わせて、章や節の見出し項目をページの余白に挿入することもあります。これを**柱**（はしら）と呼んでいるのですが、奇数・偶数ページの双方に入れる両柱方式と奇数ページのみの片柱方式があります。両柱方式では、偶数ページに大きいほうの見出し項目、奇数ページには小さいほうの見出し項目を入れるのが普通です。

●2．折丁の綴じ

　折丁を束ねる方法で、もっとも古典的なのは糸でかがる「かがり綴じ（糸綴じ、糸かがりともいう）」です。丈夫で長持ちするので、百科事典などに使われます。

　西洋の古典籍では、糸かがりのさいに折丁の背に数本の麻紐や革帯をわたし、折丁のなかを通る糸が外に出てきてはこれらの支持体（紐や帯）を巻き込むようにしてかがったものがあります。強度は増すのですが、背表紙には支持体のかたちが突起（band）になって残ります。これをとくに「背バンド綴じ」と呼びます。伝統的な背バンド綴じに対して、折丁の背を目引きして溝を作り、そこに支持体を埋め込んで凹凸のない背表紙に仕上げる技法や、支持体を埋め込んで平らにしながらも、その平らな背に支持体の代用とみなした革帯を貼って「贋の突起」をつくる技法などもあります。

　糸ではなく接着剤で接合する綴じ方に、無線綴じとあじろ綴じがあります。「無線綴じ」は、折丁の背の部分を一様に3㎜ほど削り取り、その切断面に接着剤を塗布して接合する方法で、用途は文庫本や雑誌です。「あじろ（網代）綴じ」は、無線綴じを改良したもので、背に数ミリ間隔で切り込みを入れ、その溝に接着剤をしみこませて接合する方法です。一般書籍や辞典に使われます。網代は竹などを縦横に編む技法で、その編み目模様との類似が命名の由来。

　その他の綴じ方に、中綴じや平綴じがあります。「中綴じ」は、二つ折りにした表紙とページ全体をただひたすら折り重ね、ノドの折り目の部分で針金（または糸）を通し、表紙とページ全体を一緒に綴じます。要は折丁のひと折りを分厚くして綴じたものです。週刊誌などに用いられますが、外側のページといちばん内側のページでは寸法差がでます。「平綴じ」は、折丁を束ねた後に、ページ全体のノドに近い側面部分で、折丁全体の厚みを一気に貫いて針金（または糸）を通して綴じてしまう方法です。このため、ノドいっぱいに開くことはできません。報告書や取扱説明書などにみられます。

●3．表紙の接続

　綴じられた折丁の束には、表紙を接続させます。上製本の場合のもっとも古典的な方法は、かがり綴じで用いた支持体の末端を、オモテ表紙とウラ表紙の素材である板紙（あるいは板）に穴をあけて通すことにより固定するもので、「とじつけ製本」と呼ばれます。穴はあけずに、支持体の末端をオモテ表紙とウラ表紙用のボードにそれぞれ貼り付けてしまうだけの「リンプ装製本」も行なわれました。いずれも、背表紙は別途に接着されます（継ぎ表紙）。

　こんにちでは、折丁の束を、表紙の連なり（オモテ表紙＋背表紙＋ウラ表紙）でくるんでしまう、「くるみ製本」が一般的です。折丁を束ねた背には、背固めとして、寒冷紗（かんれいしゃ、薄くて粗く織り込んだ布）をあてがい、スピンや花布を付け、クラフトしわ紙を貼っておきます。表紙の連なりは、芯材の板紙をあらかじめオモテ表紙とウラ表紙に貼り込み、背表紙には地券紙（ちけんし）と呼ぶ薄い板紙を用います。これで、背固めされた折丁の束をくるみ、背の部分を糊付けしてから、見返しを接着させるのです。。

　上製本には表紙の接続のさいにいくつかの様式が生まれています。背加工の様式で、背に丸みをもたせて仕上げたものを「丸背」、背を平らに仕上げたものを「角背」といいます。丸背の場合、背の左右のサイドに少し出っ張りが生じますが、これを「ミミ（耳）」と呼びます。背表紙とオモテ表紙（ウラ表紙）の境目に溝状の隙間（groove）をつくるものを「溝付き」、溝をつくらないものを「突き付け」といいます。丸背・角背に、溝付き・突き付けを組み合わせると、背の様式は四通りとなります。

　やはり背加工の様式で、ページ全体の背と背表紙の内側とのあいだに若干の空洞が生まれるようなつくりを「ホロー＝バック（hollow back、腔背［あなせ］）」、ページ全体の背と背表紙とが密着して背表紙がとくに堅牢なものを「タイト＝バック（tight back、硬背［かたせ］）」、本文ページの背と背表紙とが密着しているものの、背表紙はシワが寄りやすいほどに柔軟なものを「フレキ

シブル＝バック（flexible back、柔軟背）」といいます。柔軟背は背表紙が縦にひび割れがちだったので、背固めをしっかりした硬背が登場しました。硬背は背崩れこそしないもののノドの開きが悪いので、開閉がスムーズにいきながら空隙があるためその動きが背表紙にまで大きく影響せず、ひび割れることのない腔背が生まれたのです。

　　［注記１］　フランスでは17世紀末にルイ十四世（Louis XIV）の勅令で、印刷・出版の業者と製本業者との職分を明確に分けました。それぞれの権益を確保するのが目的です。このため書店では本格的に製本されないままで本が売られていました。つまり、折丁の束が糸でごく簡単にかがられ、薄手の紙表紙がくるみ製本で軽く糊付けされた状態です（こんにちでは、このような仮綴じの本を「フランス装」と呼びます）。仮綴じ本の購入者は、製本工房の職人に依頼して自分好みの上製本に仕立てるのですが、このときの製本技術を**ルリユール**（reliure-仏-、再び綴じる、が原義）といいました。かつてのフランスでは良家の令嬢のたしなみの一つに、このルリユールの習得がありました。結婚してから夫君の愛読書を家風にそって製本し当家の書棚に収めるのが、妻の役目だったからです。

　　［注記２］　図書館製本は、図書館で行なわれる製本を総称し、その種類には、①破損した本を修復のために製本しなおす「修理製本」、②排架する前の並製本を利用頻度に耐えるように上製本につくりかえる「事前製本」、③雑誌を巻号次や年月次の単位でまとめて上製本に仕立てる「合冊製本（がっさつせいほん）」、④別々に刊行された小冊子や図書を一冊の上製本に仕立てる「合綴製本（がってつせいほん）」があります。

　本章は、尾鍋史彦総編集『紙の文化事典』（朝倉書店、2006年）、野村保恵著『本づくりの常識・非常識』第2版（印刷学会出版部、2007年）、ジュゼップ＝カンブラス著、市川恵里訳、岡本幸治監修『西洋製本図鑑』（雄松堂出版、2008年）を参照しました。■

第3章　図書（2）　流通

　この章では、出版業界の特異な商慣行を論じます。それは、商品の仕入れの側面における委託販売と、商品の値付けの側面での再販制度です。まるでコインの両面のように、互いに補完し合っているかのようにみえるシステムを通して、出版物の流通プロセスを考察するものです。

■第1節　図書の流通経路

●1．図書という商品

　図書一点あたりの「発行部数」は、推測するに、売れ筋の作家の文芸書では5000部を軽く超えるのでしょうが、分野の限られた学術専門書となると1000部には届かないかもしれません。出版社が市場に出荷した発行部数のうち、読者に実際に購入された分は「販売部数」として集計されるわけですが、消費者を数千の規模で想定しても商業的に成立しうるのはパッケージ型商品の特徴です。さらに出版業界のすそ野では100部に満たないほどの自費出版が途切れることなく続き私家版も昔から存在しています。パッケージ型の図書はかなり地味な媒体であり、ごく少数の読者に限定されてコンテンツが伝わっていくのです。むろん、ある期間に爆発的に売れるベストセラー商品もあり、売上が100万部を超えると「ミリオン＝セラー」と呼ばれて一つの区切りとなります。

　図書はまた、他に代替（だいたい）の効かない商品です。たとえば、電気洗濯機の性能は代替が可能ですから、三菱製が店頭にない場合に日立のものを代わりに購入して使うのもよしとすることができます。しかしながら図書では、村上春樹の小説が書店に見当たらないからといって、村上龍の小説を代わりに買って読めばそれで済んでしまうということは、絶対にありえません。代替性が希薄なために、品質をはかって購入の判断を下すときには、出版物の中身を

店頭で開いてみる、つまり「立ち読み（試し読み）」をすることがどうしてもともなうことになります。ネット通販の一つであるオンライン書店でも、書評などを通してコンテンツがある程度事前に把握できているか、既知（きち）の著者の評価をあらかじめ信用して発注されているか、いずれかです。

図書は読者ニーズの多様化に逐一対応し、他に容易に代替が効かないがために種類が非常に増えて内容は多彩なものとなり、しかも一点一点の発行部数はごく限られてしまうことから、結果として「多種少量生産（多品種少部数生産）」に向かうという特徴があります。

さて、一般的に商品は、生産機能をもつ「生産者」によって開発・生産され、集荷・輸送・配荷を経たうえで、販売機能をもつ「小売業者」から消費者に渡ります。このとき、多数の生産者と多数の小売業者が互いに商品を直接取り引きしようとすると、出荷先がいくつにも枝分かれして流通コストがかさみ、しかも、生産者の在庫量や小売業者の売れ行きなども個別に確認しなければならず、膨大な手間がかかります。そこで、メーカーからの仕入れと小売店への配送を一手に引き受ける「卸売業者」が登場して仲介に入り、「生産者→卸売業者→小売業者」という製・配・販の三者協業が確立しているのです。

出版物も同様に、基本的には下記のような**書店ルート**と呼ばれる経路をたどって読者の目にふれる仕組みになっています。出版社・取次・書店という業界三者が「作る」、「運ぶ」、「売る」という役割を分担しており、図書と雑誌は同一の流通経路で移動します。

　　　　出版社　　→　　取　次　　→　　書　店
　　　（生産者）　　（卸売業者）　　（小売業者）

流通経路は、書店ルート以外に、ＣＶＳルート（取次経由でコンビニエンス＝ストア扱い）、駅売店ルート（主に公益財団法人 鉄道弘済会の扱い）、スタンドルート（雑貨店などに陳列台を設けて雑誌販売を行なうスタンド販売店扱い）、生協ルート（主に全国大学生活協同組合連合会の扱い）、出版社直販ルート、教

科書ルート、洋書輸入ルート、オンライン書店ルートなどがあります。

『出版ニュース』2017年11月下旬号（出版ニュース社、2017年）掲載の「販売ルート別推定出版物販売額2016年度」（日販調べ）によると、構成比は、①書店ルート63.3％、②ＣＶＳルート10.8％、③オンライン書店ルート10.6％、④その他の取次経由（駅売店・スタンド・生協）4.6％、⑤直販10.7％です。

出版は、産業界全体からみればごく小さな規模の業種です。金額ベースでみると、書籍と雑誌を合わせた販売金額（取次出荷額から取次への返品金額を差し引いた額）は、公益社団法人 全国出版協会・出版科学研究所の『出版指標年報』2017年版によれば、2016年は１兆4709億円（書籍7370億円、雑誌7339億円）で、1996年の２兆6563億円をピークに緩やかに縮小しており、2009年に２兆円を割り込み下落が続いています。

書籍のみを部数ベースでみると、出回り部数（取次が出荷した新刊・既刊を含めた流通総量）は、2016年が10億2605万部で、1997年の15億0830万部をピークに減少傾向。販売部数（出回り部数から取次への返品部数を差し引いた数）も、2016年が６億1769万部で、1988年の９億4379万部をピークにやはり縮小に転じました。

年間の新刊点数のほうは戦後一貫して増え続けていましたが、2002年以降に７万点台で高止まりの状態が続き、2016年は７万5039点でした。

　　　［注記］　図書館では出版形態にしたがって図書を次のように区分します。

単行書（monograph、モノグラフ）は、物理的に単独で刊行されるものです。内容も一冊で完結しており、「単行本」とも呼びます。

単行書以外では、分冊で刊行されるものの、グループ全体に共通する総合タイトルのもとでその全体を一つにまとめることのできる出版形態があり、個別タイトルの有無、刊行時期の終期の有無にしたがって、「シリーズもの」、「セットもの」、「多冊もの」に区分しています。

シリーズもの（series publication）は、分冊刊行のそれぞれに個別タイ

トルをもち、なおかつグループ全体に共通する総合タイトルもあって、終期を予定しないものです。グループ全体に内容的なつながりはありませんが、一連の分冊は統一された装訂で刊行されます。出版社名を冠した「新書」や「文庫」、シリーズものの日本語訳である「叢書」や「双書」、それに「選書」、「ブックス」などが相当します。

　セットもの（set publication）は、やはり個別タイトルと総合タイトルを合わせもつのですが、ある時点でグループ全体の刊行が完結するものをいいます。グループ全体が特定のテーマのもとにまとまっており、全体の装訂も統一されています。「全集」、「講座」、「大系」などが相当します。

　多冊もの（multi-volume publication）は、個別タイトルは存在せず、総合タイトルのもとで完結するものです。本来は一著作物である内容が、物理的に複数冊に分割されたと考えられ、そのために分冊刊行の各巻には個別タイトルがなく、巻次（巻冊次）で順序付けられています。上下巻の図書などが相当。なお、『日本目録規則』1987年版改訂3版では「単行資料」という言葉を定義し、ここに「多冊もの」を含めています。

●2．生産者である出版社

「出版社（publisher）」は、出版物のメーカーです。「発行所」、「発行元」、「版元」などと同義で、『日本目録規則』では「出版者」の表記を用います。

　総数は、株式会社 出版ニュース社の『出版年鑑』2017年版によれば、2016年で3434社、ピーク時の1997年における4612社に比べると減少傾向です。

　規模の大きい出版社は、ＫＡＤＯＫＡＷＡ（角川グループホールディングスが2013年10月に子会社9社を吸収合併しＫＡＤＯＫＡＷＡとして発足、その後の2014年10月に動画配信のドワンゴと経営統合）を別格とすると、リクルートやベネッセといった、出版が主な事業ではない企業が並んでいます。これに対して、出版大手三社といわれる小学館・集英社・講談社は、中小企業基本法（昭

和38［1963］年7月20日法律第154号）でいう「中小企業」——製造業の場合は、資本金の額または出資の総額が三億円以下の会社並びに常時使用する従業員の数が三百人以下の会社——にほぼ分類されます。

　業界団体では、書籍出版をなりわいとする出版社でつくる、一般社団法人 日本書籍出版協会（書協）加盟が、2016年7月時点で423社。小規模出版社による、一般社団法人 日本出版者協議会（出版協）加盟は、85社です。

　書籍出版では、編集プロダクションに委託する場合もありますが、基本的には社内の編集者が出版物の構想を企画書にして提案し、編集会議で合議のうえ発刊を決定します。著者に依頼するなどして原稿を取り揃えて整理し、他方で装訂も決め原価計算を行ないます。印刷所に原稿を入れ校正・校閲を繰り返して印刷用の原版をつくり、製紙会社から用紙を購入したうえで印刷所の印刷機にかけ、製本所で製本します。著者への印税（通常は、定価の10％×発行部数）を始め、印刷用の原版を作成する製版代、原版を印刷機にかけるときの印刷代、それに用紙代や製本代などは出版社の負担です。でき上がった出版物の広告宣伝費も必要ですし、人件費、社屋の家賃や光熱費なども含まれます。先行投資による見込み生産で上木（じょうぼく）の運びとなるのです。

●3．卸売業者としての取次

　「取次（とりつぎ、wholesaler）」は出版業界における卸売業者の呼び方です。「取次店」、「取次会社」ともいいます。業界団体である一般社団法人 日本出版取次協会（取協）加盟は2017年4月時点で21社です。

　書籍と雑誌の両方を扱う総合取次は、日本出版販売（日販）とトーハン（旧・東京出版販売）とが最大手の2社です。『出版指標年報』2014年版によると、2013年の取引書店数でみた取次の占有率は、日販45.2％、トーハン34.6％となり、上位2社で79.8％を占めています。

　総合取次で第3位の大阪屋は、2014年におよそ50億円の債務超過をかかえて

経営危機に陥り、その年の10月に楽天を筆頭として、大日本印刷・ＫＡＤＯＫＡＷＡ・講談社・集英社・小学館の６社から総額37億円の第三者割当増資を受けました。2015年６月には、業界第４位の栗田出版販売が経営破綻し、民事再生法の適用を申請したのです。これを受けて2016年４月に、大阪屋と栗田は経営統合し、大阪屋栗田（ＯａＫ［オーク］出版流通）として発足しています。その２か月前の2016年２月には、総合取次で業界第５位だった太洋社が東京地裁に自己破産を申請し、自主廃業を決めています。

なお、ＴＲＣ（ティーアールシー、株式会社 図書館流通センター）は、図書館を専門とする二次取次です（→p227）。

特定分野の書籍のみを扱う専門取次には、日教販（教科書）や鍬谷書店（医学書）があり、ほかに、雑誌のみを卸す雑誌専門取次、新聞とくにスポーツ新聞をメインで扱うことから発祥した即売会社が存在します。

俗に「神田村取次」というのは、東京都千代田区の神田錦町から神保町に集う30社ほどの中小取次のことをいい、小回りのきく新刊卸しのほかに古書販売や出版事業も手掛けています。明治初期に、この界隈に明治・中央・法政・日本・専修の各大学の前身校が校舎を構えたことから出版関係の業者が集まるようになったものです。正式には「東京出版物卸業組合」を名乗っています。

取次の役割は、まず物流です。出版社から仕入れた商品を書店に向けて配送しますが、これを**配本**（はいほん）と呼びます。出版社が、刷り上がった新刊書の見本を取次に持っていくと、仕入れ受付がなされ、仕入れ部数が決定されます。商品が搬入され、取次での仕分け出荷を経て、書店へと配本されます。

書店がどの取次と仕入れ契約をしているかを指す言葉が「帳合（ちょうあい）」です。「三省堂書店は日販とトーハンのダブル帳合」、「ＴＲＣは日販に帳合変更」などと使われており、取次は取引関係にある個々の書店に対して「番線（ばんせん）」と呼ぶ配本のための作業用コードを割り当てています。

大手取次一社における一日の出版物の取扱量は書籍（新刊・既刊）と雑誌を

合わせて、数百万冊にも達します。これが書店ごとに仕分けされては梱包され、配本伝票に記載された番線にしたがって出荷されていくのです。物流にともなって発生する情報の管理も取次の仕事で、出版社から新刊情報を入手して新刊案内冊子を作成したり、書店から販売実績の報告を受け付けて配本の数量をコンピュータで調整したりします。

　取次の役割のもう一つは、金融です。書店から商品の代金を回収し、取次の利益分を差し引いたうえで、出版社に支払います。出版社－取次のあいだと取次－書店のあいだの取引価格は、定価を基準とした割合でそれぞれに定められており、この掛け率のことを**正味**（しょうみ）と呼んでいます。いま、取次が出版社から正味70％で仕入れ、書店に対して正味78％で卸せば——取次からみると、前者の七掛が入り正味、後者の七八掛は出し正味です——取次は８％の販売手数料（margin）、書店には22％のマージンが計上されて利益分となります。本体価格1000円（消費税別）の図書が１冊売れると、取次は80円、書店は220円の利益となる計算です。

　取次の正味は、出版社によって差があります。たとえば、老舗の大手出版社からは78％で仕入れて、書店に85％で卸す（取次マージン率７％、書店マージン率15％）のに対して、新興の出版社からは67％で仕入れて、77％で書店に卸す（取次マージン率10％、書店マージン率23％）といった具合です。また、ある出版社の出版物すべてに一律の掛け率を設定する出版社別一本正味と、出版物の定価を４段階ほどに分けて高額のものほど高い掛け率にする定価別段階正味という区別もあります。

　出版社－取次のあいだの取引条件には、返品率の高い出版社から売上の一部を取次に手数料として差し戻す「歩戻し（ぶもどし）」と呼ぶ制度があります。５％を上限に１％刻みで徴収されており、実質的なマージン率の引き下げです。

　取次－書店のあいだの取引条件では、商品代金の入金が満額に達している書店には報奨金を供する場合があり、大手書店への優遇措置となっています。

●4．小売業者の書店

　小売りを担当するのが「書店（book store）」です。「本屋」、「書肆（しょし）」ともいいます。『出版指標年報』2017年度版によれば、2016年で店舗数は1万3041店。新刊を扱う日本書店商業組合連合会（日書連）加盟は、2016年で3604店です。店舗数は減少が続き、日書連の組織規模もピーク時の1986年の1万2953店から三分の一以下にまで大幅に縮小しました。

　年によっては廃業店数が新規出店数を上回るにもかかわらず、総売場面積でみると逆に前年度比増床という現象もおきてきました。大型店の出店を規制していた、大規模小売店舗法（昭和48［1973］年10月1日法律109号、正式名称「大規模小売店舗における小売業の事業活動の調整に関する法律」）が1991年の改正で緩和され2000年には廃止されたことで、売場面積1000坪を超えるメガストア書店などが生まれているからです。

　書店といってもさまざまな業態がありますが、規模別でみると、中小書店、郊外型書店、メガストア書店と分けることができます。

　中小書店は、駅前商店街に古くからあり雑誌とコミックスが主要な扱い品目の店舗です。廃業するのはこの中小規模の書店である場合が多く、地方都市において中心市街地の商業機能が衰退する「ドーナツ化現象」は、出版業界にも深刻な影を落としています。

　郊外型書店は、都市の中心部から離れた主要街道沿いに位置し、広い駐車場を備え、音楽CD・映画DVD・ゲームソフト・文具などを併売し、営業時間は夜型指向です。1980年代に公共事業の拡大によって地方の道路事業がすすんだことが郊外型書店興隆の背景にあります。地方都市間のアクセス道路である国道バイパスが次々と開通したことで、こうしたロードサイドにファミレスやドラッグストア、ファストフード店やコンビニなどと並んで郊外型書店が進出したのです。郊外の商業用地にショッピング＝モールが建設され、そのなかに出店するというケースもあります。

メガストア書店は、紀伊國屋書店・丸善ジュンク堂書店・有隣堂・三省堂書店などの全国チェーン展開する書店が手掛けるもので、大都市の中心部に１店舗1000坪を超える売場面積をもちます。豊富な品揃えと検索機能の充実をはかるとともに、店内に椅子を設置したり併設カフェに書籍持ち込みを認めたりするなど滞在型のサービスを競っています。

　なお、新古書店とは、新刊書やコミックスを中心に消費者から商品を買い取り、チェーン展開で大型店化した明るい店舗で販売する業態です。旧来の古書店のイメージを払拭し、売買基準を明確にすることでアルバイトでも値付けができるようになっています。業界最大手のブックオフ＝コーポレーションは、1990年に神奈川県相模原市に１号店を出店して以降、直営とフランチャイズで成長を続けています。

　　［注記］　カルチュア＝コンビニエンス＝クラブ（ＣＣＣ）が運営しているＴＳＵＴＡＹＡは、音響・映像メディアのレンタル・販売の最大手チェーンですが、1983年に開業した１号店の屋号「蔦屋書店　枚方駅前店」が示すとおり、創業時より書店事業も展開していました。1986年には加盟店舗への出版物供給のため取次の日販と業務提携し、2006年にＴＳＵＴＡＹＡ専用の取次会社・ＭＰＤ（Multi-Package Distribution）を設立しています。ＣＣＣはまた、2015年に美術出版社、2017年３月に徳間書店、同年12月に主婦の友社を買収し、出版社のコンテンツの取り込みをはかっています。

　　ＴＳＵＴＡＹＡは、佐賀県武雄市図書館の運営を指定管理者として受託し、2013年４月にオープンさせたことを手始めに、公共図書館の運営にも乗り出しました。神奈川県海老名市（2015年）、宮城県多賀城市（2016年）と、地方都市に次々と「ＴＳＵＴＡＹＡ図書館」を開き、スターバックス＝コーヒーや蔦屋書店などの商業施設を併設し、ポイントの付く貸出カードを導入、「ライフスタイル分類」という独自の分類体系を採択して、従来の図書館には無い特色をアピールしています。

第2節　委託販売

●1．委託販売という商取引

　通常の商取引では、卸売業者も小売業者も、商品の仕入れはその時点で代金が精算されます。商品の所有権が移転する買切（かいきり）扱いの売買です。商品販売にともなうリスクはすべて小売業者に帰属します。

　これに対して**委託販売**とは、生産者などが小売業者に商品の販売を委託するものです。小売業者はというと、販売手数料をとって、商品を陳列する場所を貸しつけ、販売員の雇用を肩代わりしているだけです。商品の所有権は移転しませんが、小売業者は納入業者からの委託を受けて販売の代行を請け負う以上、商品の管理責任（在庫のリスク）は負わなければなりません。

　出版業界で行なわれている委託販売はというと、上記に示した本来の委託販売とは異なります。書店が書籍や雑誌といった商品を取次から仕入れると、その時点で売買が成立してしまうからです。書店は取次に代金を支払い、商品の所有権は書店に移るのですが、ここで重要な点は、所有権が移転するにもかかわらず、売れ残った商品あるいはそもそも自分の店におきたくない商品については、一定期間内であれば**返品**が認められていることです。返品は、いったん売買の成立した商品を売り手に差し戻して、その商品の代価を返してもらうという行為です（返金は、納品の代金と相殺されます）。

　つまり、出版界の委託販売は、商品の返品が自由にできるということを保証した特殊な商取引ということができます。正確を期するならば「返品条件付き売買」あるいは「買戻し条件付き販売」なのですが、出版業界では「委託販売」という言い方が慣例となっています。

>　［注記］　消化仕入れとは、商品の所有権を納入業者に残し、小売業者で商品が販売されたと同時に、仕入れが成立し、売り上げが計上されるものです。小売業者は在庫リスクをかかえませんが、利益率は低くなります。

●2．委託期間

　返品が可能な委託期間は、出版社 – 取次のあいだと、取次 – 書店のあいだでそれぞれ異なります。

　書籍の「新刊委託」の場合、出版社 – 取次のあいだでは6か月の委託期間で、売り上げの請求・支払期日は委託期間の終わった7か月目の「精算払い」ですが、取次 – 書店のあいだは3か月半（105日）の委託期間で、売り上げの請求・支払期日は納品の翌月です。

　雑誌の場合、出版社 – 取次間では月刊誌で3か月間（請求・支払は4か月目）、週刊誌で2か月間（請求・支払は3か月目）ですが、取次 – 書店間ですと月刊誌で60日（請求・支払は翌月）、週刊誌で45日（請求・支払は翌月）です。

　なお、1960年ごろまでに取次と取引を始めた一部の出版社に対しては、委託期間と関係なく、納品の翌月に代金の一定割合を支払っているといわれています。いわゆる「条件払い」で、支払率が何パーセントと細かく定められている「内払い」と、全額の支払いを受ける「全払い」とがあります。

　決められた期間内では返品が可能ですが、委託期間を過ぎてしまった本は「ショタレ」と呼ばれ、受け入れを拒否されて不良在庫となります（ショタレの語源は一説に「背負い倒れ［しょいだおれ］」の転訛とも）。ただし、コミックスやムックは、取次 – 書店のあいだで、返品期限のない「返品フリー入帳」扱いのものが多くなっています。

　書籍の場合、新刊委託以外の取引形態もあります。既刊本をテーマに合わせてセット組みし委託期間を長くした「長期委託」です。期間は通常6か月で、俗に「ろくちょう」と呼んでいます。売れた本についての補充義務はありません。請求・支払期日は、出版社 – 取次間、取次 – 書店間ともに委託期間の終了後です。

　書籍ではまた「常備寄託（じょうびきたく）」という取引形態もあります。常備「委託」ではなく、常備「寄託」です。書店が出版社と契約を結び、出版社

側の在庫を書店が預かりおき店頭に常時陳列するという方法で、展示期間は1年以上です。端的にいえば、出荷ではなく在庫の貸出です。常備寄託は仕入れ代金を支払う必要はない代わりに、売れた本は補充する義務がともないます。

● 3．委託販売の長所

　返品は、いったん生産者から出荷された商品が、逆向きに「小売店→卸売業者→生産者」と流通経路をさかのぼって戻っていくことになります。通常の商取引でも、発注ミスであったり不良品であったりする場合には例外的におこりますが、頻繁に発生すれば搬送などのコストが割高となります。にもかかわらず返品が常態となっているということは、それなりのメリットがあるのです。

　出版物は多種少量生産ですから、生産者である出版社はともかくも商品を卸して消費者に露出する機会を増やさなければなりません。返品を自由に認めるということは、出版社側にとって、煩雑ではあるけれども書店での陳列効果を確保できる魅力的な条件ということになります。商品が店頭にないばかりに売れるチャンスを逃す機会損失、これを防ぐことにつながるからです。書店側にしても、種類の非常に多い商品をむやみに仕入れてしまうことは在庫をかかえて損害をこうむるリスクがありますが、期限内で無条件に返品できるとなれば、気軽に仕入れて店頭に陳列し消費者に「立ち読み」の機会を提供できます。

　このように委託販売の長所は、多種少量生産の出版物を書店がみずからの在庫リスクを負うことなく仕入れて、店頭におけるディスプレイ効果を高めることができるという点にあります。

● 4．委託販売の短所（1）

　では委託販売の短所はというと、それは返品率の増大です。返品率は、一定期間内のすべての送品に対する返品の割合をいい、『出版指標年報』2017年版によれば、書籍における2016年度の返品率は、金額基準で36.9％。1997年ごろか

ら年間40％前後で推移しており、その非効率が問題となっています。ちなみに、出版社サイドに返品されてきた本は、倉庫に保管されて再出荷に備えます。再出荷にさいしては、改装（化粧直し）が施されます。カバー＝ジャケットや帯紙が付け替えられ、小口の汚れがグラインダーで研磨されて落とされ、再度スリップが挿入されます。

　返品率の高騰は需要見通しの甘さが原因で、一つには取次の問題です。取次がどの書店にどの商品をどれだけ卸すかという配本の方法は、書店の販売実績を基準にコンピュータによって算出します。図書の場合、取次が独自に作成した分野別項目表で新刊書を区分し、前月の販売実績による書店のランキングと交差させて、配本部数を一律に決めています。一点一点の種類ごとに内容が大きく変わる図書の場合は、書店の販売力をベースにするしか配本の決め手はないからです。これを「パターン配本」とか「ランク配本」、「データ配本」などと呼びます。

　かかる配本方法にしたがった一定量の図書が、書店側には毎日のように送られてくるのです。パターン化しているがために、書店の棚の品揃えも金太郎飴のように一様となってしまい、多様な種類をもった出版物であるにもかかわらず、どの書店に行ってもおおむね同じような新刊書が並んでいるという結果を招いてしまうのです。

　こうしたなかで、多くを売る書店にはより多くの部数が配本され、売上のかんばしくない書店では配本量じたいが少なくなり、店頭におけば売れるはずの本も回してはもらえなくなってしまいます。話題の本は、中小書店に一冊も配本されずとも、メガストア書店に平積みされればベストセラーとなりえます。両者のあいだで売上の二極化が進む一因です。

　そもそも、いわゆるパターン配本には計画性がないことから、書店側は勝手に押し込められる送品の整理に追われ、いつでも返品すればよいという安直さに流れて、店頭の棚の管理が雑になるという危うさをはらんでいます。ときに

は配本の段ボール箱を開けずに返送してしまう「即返品（そくへんぴん）」という事態も招いています。取次－書店間の決済は、委託期間に関係なく納品月末締め、翌月請求・支払となっていることから、書店サイドには納品されてから間もなく代金の支払いが発生します。即返品は、資金繰りに窮した書店側が返品による返金を手短に得るために行なうことがあるともいわれています。

> ［注記１］　返品代金は納品の支払いと相殺されるのですが、返金の締め日は月末締め日の５営業日前に設定されており、それを過ぎたものは翌月に繰り越されます。ところが、返金の締め日と月末締め日のあいだに取次から多くの納品がなされるため、当該月の請求と相殺されず書店サイドの資金繰りを圧迫しているともいわれています。
>
> ［注記２］　出版社が、自社の営業で集めた事前注文をもとに書店ごとの配本部数を決め、そのうえで取次に配本を依頼する方法を「指定配本」と呼びます。指定配本は、販売実績のある出版社のみが取次の了解を得て実施しているものです。

●５．委託販売の短所（２）

　返品率高騰の原因のもう一つが、出版社側の過剰供給です。すでに述べたように、委託販売における出版社－取次間の決済は、書籍の新刊委託の場合、委託期間終了時つまり半年先です。出版社は、出版物を取次へ引き渡したときにそのすべてを売上に計上してしまいますが、書籍の返品率が年間40％前後で推移している以上、返品によって取次へ返金しなければならない損失が半年後に見込まれることになります。したがって、返品調整引当金を会計処理での「費用並びに負債」として計上しておく必要があります。引当金（ひきあてきん）とは、将来発生するであろう経費に備え、前もって準備しておく見積金額です。

　納品代金と返品代金は相殺されるので、もしも返品が納品を上回れば、出版社はその差額分を取次に払わなければなりません。反対に、返品を上回る納品

状態をつくりだせば、一時的とはいえ、それは増収となります。そこで、新刊の点数を促成栽培のように増やすことで返品過多を乗り切ろうと試みるのです。これが、新刊をつねに少部数でもいいから次々と増発せざるをえない理由となっています。ところが、点数を多くしても売れ行きがともなわないために返品は止むことはなく、業績がしだいに悪化していくなかでも新刊点数を増やし続けるので、さらに大量の返品をかぶるという悪循環に陥ってしまうのです。

　一般に市場経済の社会では、過剰な供給はまず価格の下落で調整がなされます。価格を引き下げた安売りが行なわれ、需要を刺激して供給過剰の状態を吸収します。価格調整でも収まらない場合は、次に供給量そのものを絞ることが行なわれます。商品を潰してしまう廃棄処分です。このように、供給過剰は「価格調整→数量調整」という2段階でバランスがとられるのですが、出版物は次の第3節で述べる再販制度にのっとっているために価格の上下がありません。したがって、返品されて倉庫に保管された出版物で、その再出荷は難しいと出版社側が判断した場合は「断裁」すなわち廃棄処分という数量調整がなされるしかないのです。

●6．注文品取引

　出版業界では、委託販売と併行して「注文品取引」も行なわれています。注文品取引は返品のできない買切（かいきり）扱いです。「客注」と呼ぶ読者からの注文のほか、書店の意思による「見込み注文」や売れ行き好調の商品を追加する「補充注文」などがなされます。書店サイドは、注文内容を記載した「短冊（たんざく）」と呼ばれる伝票をおこし、これが取次に集配されます。大手取次は、物流倉庫および情報システムの設備により自社で多くの在庫を確保して単品ごとにデータ管理を行なっており、システムとしては書店からの注文に対して最短1日で書店に送品することも可能となっています。ただし、取次に在庫がなければ当該出版社から取り寄せなければなりません。

注文品取引における決済は、出版社－取次間、取次－書店間ともに、月末締めの翌月請求・支払です。ただし、出版社－取次のあいだでは、注文品の精算時に取次が出版社に支払うべき金額について、返品による過払いを防止するためとして30％程度を「支払保留」とし半年先に繰り延べることもあります。

　注文品取引の実態においては、返品不可の買切扱いであるにもかかわらず、委託販売の対象商品と同じように、書店などから返品されることが広く行なわれているといわれています。同一商品について、委託配本品なのか注文買切品なのかの区別をつけるのはいまのところ困難であることによるものです。このため、取次は書店からの注文に対しても返品を見込んでしまい、注文部数よりも少ない配本を行ないがちとなり、書店側も商品の品揃えを十分にできないという悪循環に陥っています。

　［注記１］　画集や医学書などの高額書籍は、注文品取引と同じように買切扱いです。ただし請求・支払期日を１か月以上延期する「買切延勘（かいきりのべかん）」が行なわれています。出版社－取次のあいだで事前に契約してなされ、多くは３か月延勘で、俗に「さんのべ」と呼んでいます。

　［注記２］　出版社や取次で、業界慣行の委託販売ではなく全面的な買切扱いの取引を行なっているところは、数十にのぼります。たとえば、岩波書店は1939年に一社単独で買切扱いの取引に移行しました。戦争の影響で物資が乏しくなったにもかかわらず、本の売れ行きは好調だった機を社主・岩波茂雄（いわなみ　しげお）が捉えたとされており、こんにちでも続行しています。未来社も1968年から、当時の社長であった西谷能雄（にしたに　よしお）の英断で買切扱いの取引に移行しました。返品を抑制することを真剣に考慮した結果といわれています。

　［注記３］　返品を回避する目的で、出版社サイドから買切制や注文制に重点をおいた「責任販売制」が唱えられています。同様の趣旨で書店側からは「責任出版」、「計画販売」などの用語が使われています。

第3節　再販制度

●1．再販制度という商取引

再販制度とは、「再販売価格維持契約制度」の略です。再販売価格を維持するという個々の事業者の契約行為が積み重なり慣習として制度化されたものです。

「再販売価格」とは、生産者から見たときに、卸売価格の先にある転売先の価格のことで、つまりは小売価格を意味しています。この再販売価格を「維持」するとは、すなわち、生産者が小売店に対して、小売価格を一定額に保つという条件のもとで取引の「契約」を結ぶことです。商品の値段が需要と供給の相関関係による市場原理で決まるのではなく、生産者じしんの判断で「定価」として決まることになります。定価は生産者が決定し、小売店はその指示のままに拘束されていっさいの値引き販売はできません。

そもそも資本主義社会では、自由で公正な価格競争が原則です。卸売業者や小売業者の販売競争により、同一商品であっても業態や売り方で売価は多様化するのが通常です（一物多価）。再販制度は、このような市場経済のルールを回避する例外的な保護政策なのです。

再販制度は個々の事業者のあいだで個別契約による実施が前提で、それが積み重なって形成された商習慣ですが、出版業界ではこの再販制度にいわば保護されるかたちで全国一律の定価販売が行なわれているわけです。末端価格の安定により、商品を長期にわたって店頭展示でき時間をかけて売っていくことが可能となり、しかも委託販売ですから、いったん返品されてきた出版物を再び流通経路に乗せるさいにも、当初の定価がそのまま維持されます。

●2．独占禁止法と再販制度

戦後の1947年4月に占領政策の一環として独占禁止法（昭和22［1947］年4月14日法律第54号、正式名称「私的独占の禁止及び公正取引の確保に関する法

律」）が制定されました。連合国軍最高司令官総司令本部（ＧＨＱ）の指導にしたがって商取引のルールを定め、自由で公正な競争がスムーズに行なえるように規定した法律です。そこでは、生産者・卸売業者・小売業者のあいだでの「縦方向」の価格統制も、生産者同士や小売業者同士といった「横方向」の価格協定も、ともに禁止されました。マーケットでの自由で公正な競争が保証されていれば、優れた商品がより多く売れるようになるはずです。その結果、品質のよい商品が出回り、消費者の生活向上につながることになります。

　この独占禁止法は、1953年に最初の一部改正が行なわれるのですが、このときに「適用除外」の措置として再販制度が認められたのです。正確を期すならば「制度」が認められたというよりも、商取引にあたって、生産者‐卸売業者あるいは卸売業者‐小売業者といった当事者間で個別に再販売価格維持の「契約」を結ぶことは、例外的に、違法とはみなされない運びとなったのです。

　当時は大手の小売商による商品の乱売競争が激しく行なわれていました。一部のブランド商品を損失承知で大幅に値引きして顧客を引きつけ、そこで他の商品を通常価格で販売して利益をあげるという「おとり廉売」が激烈を極めていたのです。再販制度の認知は、値引き合戦によってブランド商品の信用が低下するのを防止するという、メーカー側からの強い要望がありました。

　このときに再販制度に指定された一般商品は、化粧品や大衆医薬品を始め、石鹸・洗剤・ワイシャツなど多品目に及びました。化粧品などは業界あげての陳情があったといいます。出版物もこのときに再販制度の指定を受けるのですが、出版業界の努力によって獲得したというものではなく、大正期半ばから定着していた定価販売の慣習がそのまま認知されたかたちでした。おそらくは出版業界が担っていた教科書販売という公共性が重視されたことと、戦時中の国策会社である日本出版配給（日配）が行なっていた出版物の一元的な配給統制という発想が作用したのではないかと考えられています。

　一般商品は、再販制度の適用にあたって、独占禁止法の管理運用にあたる公

正取引委員会が一つずつ指定し告知することで認められる「指定再販」の品目なのですが、出版物は独占禁止法の条文（第23条第4項）に「著作物」という文言であらかじめ明示されていることから「法定再販」の品目と称されます。独占禁止法による著作物の範囲は、公正取引委員会によって、書籍・雑誌・新聞・音楽CD・音楽テープ・音楽レコード盤の6品目と定められています。

●3．再販制度の見直し

さて、1960年代後半から日本の経済環境が整ってくるにつれ、一般商品における再販制度の弊害が少しずつ指摘されるようになりました。おりしも公正取引委員会の指定手続を受けない「ヤミ再販」が増大したのです。当時は、消費者物価の上昇を抑えることが大きな政策課題となっており、この点からも再販制度の濫用が問題となりました。たとえば、図書については奥付に定価を記載せず、カバー＝ジャケットや帯紙にしるすという方法が事例として指摘されました。そうすると返品された図書はカバー＝ジャケットや帯紙を取り替えるだけで価格表示を変更することができ、値上げしたうえで再出荷可能だからです。

1978年10月には公正取引委員会の当時の委員長・橋口収（はしぐち おさむ）が、出版物の再販制度廃止を検討していると発言し、出版業界の耳目を集めました。再販制度の見直し機運のなかで、出版物も一定の条件で法定再販から外す取り扱いが検討され、1980年10月からは値引き販売のできる「非再販本（自由価格本）」の出版が認められました。非再販本とは、部分再販（出版社の意向で一部の出版物を非再販とすること）や、時限再販（出版社の意向で一定の期限を過ぎたものは非再販とすること）の措置ですが、主流にはなっていません。

●4．再販制度の存続

1989年7月に始まった「日米構造協議」は、経常赤字に苦しむ当時のアメリカが、見えない貿易障壁となっている日本の商慣習や制度を改めさせるために

仕掛けた協議でした。（計5次の協議を経て1990年6月に最終報告書。進展状況点検のため1990年から1992年まで4回のフォローアップ会合。なお、日本に対する構造改革の要求は、1994年から2008年まで「年次改革要望書」で継続。）

　日米構造協議では、「公共投資の拡大」、「大規模小売店舗法の廃止」、「独占禁止法の強化」といった要求がとりわけ重視され、再販制度にも批判が集中。公正取引委員会は検討の結果、指定再販品として残っていた、小売価格1050円（当時の消費税5％を含む）以下の化粧品や大衆医薬品など9品目の指定取り消しを決定。1998年1月1日から指定再販はすべて廃止となりました。

　法定再販の対象である著作物、すなわち、書籍・雑誌・新聞・音楽CD・音楽テープ・音楽レコード盤の6品目についても、公正取引委員会は全面廃止を視野に入れた見直しを検討。1997年2月から「再販問題検討のための政府規制等と競争政策に関する研究会」が設置されて論議が重ねられましたが、最終的に2001年3月、公正取引委員会は著作物の再販制度を当面のあいだ存続させるとの見解を公表しました。文化的・公共的な観点から廃止には国民の合意が得られないと判断した結果でした。

　　［注記］　再販制度のもとでありながら、下記のケースでは「定価外」販売が行なわれ、割引行為が実施されています。独占禁止法「適用除外措置」の、そのまた除外措置です。

　①生活協同組合（大学生協を含む）など特定の法律にもとづいた相互扶助組織による組合員への販売
　②官公庁での入札をともなう需要
　③書店の外商部（→ p.227）による大口顧客への販売
　④書店や取次での従業員向け社内販売、あるいは取次の店売（てんばい、書店向けの販売窓口）
　⑤出版社と消費者のあいだの直販
　⑥部分再販や時限再販の非再販本

本章を閉じるにさいして注意を喚起しておきたいことがあります。それは、出版業界で委託販売（商品の仕入れの側面）と再販制度（商品の値付けの側面）は互いに補完関係にありますが、そもそも両者は独立したシステムだということです。

　委託販売は、その契約いかんによって、生産者などの委託元が価格を指示して商品をおかせてもらう場合もあるし、価格決定は小売店に委ねて手数料の割合のみを取り決める場合もあります。つまり、販売価格の決定権を誰がもとうが委託販売のビジネスは成立するわけです。委託販売は、再販制度を前提とするものではありません。

　ただし、再販制度のほうは独立したシステムとはいえ、委託販売の継続に寄りかかっているといわねばならないでしょう。生産者が販売価格を指示する再販制度は、小売店側の価格戦略を否定し在庫リスクの高騰を招きかねません。その減免措置として返品を自由に認めるという委託販売が意味をもっているからです。

　委託販売も再販制度も、資本主義の自由経済のもとでは非主流の商取引です。出版業界では取引条件なども長年の慣習をひきずって複雑なものとなっています。出版流通は、近代化なしえない構造的な要素を多分に内包しているといっても過言ではないかもしれません。

　本章は、佐藤郁哉ほか著『本を生みだす力：学術出版の組織アイデンティティ』（新曜社、2011年）、出版マーケティング研究会編『書籍出版のマーケティング：いかに本を売るか』（出版ニュース社、1991年）、小田光雄著『出版状況クロニクル』［Ⅰ］－Ⅳ（論創社、2009－2016年）、村上政博著『独占禁止法』第7版（弘文堂、2016年）、橘宗吾著『学術書の編集者』（慶應義塾大学出版会、2016年）を参照しました。■

第4章　図書（3）　管理

　出版物の流通管理を目論むコンピュータ化は、取次主導で始まりました。1964年5月に東京出版販売（現・トーハン）が、同年12月には日本出版販売（日販）が、それぞれ初期の大型コンピュータを導入したのです。以後、二大取次は4～5年サイクルでコンピュータのリプレイスを繰り返しながら新たな物流システムを稼働させ競合してきました。結果として、1980年代にはＩＳＢＮをキーとする日本図書コード、1990年代にはバーコード表示である書籍ＪＡＮコードが普及し、出版流通の管理体制は著しく進みました。

　図書館での業務機械化は1980年代に広まります。大型コンピュータが導入され、それまでのカード目録に代わってコンピュータ目録の構築が始まりました。大学図書館を中心にしたコンピュータ＝ネットワークが形づくられ、他館の蔵書を検索できるとともにＩＬＬサービス（inter-library loan service、訪問利用・現物貸借・文献複写といった図書館間の相互協力体制）の申し込みがオンラインでできるようになります。資料識別をはかるバーコード＝ラベルの貼付がそれぞれの図書館で行なわれ、貸出・返却や蔵書点検の機械化が実現しました。

　この章では、図書館の「外部」と「内側」とにおける資料管理の方法を概観します。「館外」では流通管理コードであるＩＳＢＮや書籍ＪＡＮコードを説明し、「館内」においてはバーコード＝ラベルを貼付するなどの装備の仕事を解説します。

第1節　ＩＳＢＮと日本図書コード

●1．ＩＳＢＮ

　ＩＳＢＮ（アイエスビーエヌ、International Standard Book Number、国際標準図書番号）は、図書一点一点を識別する国際的なコード体系です。

原型は、1960年代のイギリスにさかのぼります。出版物の物流のために一点の図書に唯一の番号を付与し、これを機械的に読み取ることができないかという研究がなされた結果、ＳＢＮ（Standard Book Number）という番号体系が、イギリスの図書販売店チェーンであるスミス社（W. H. Smith）によって考案されました。読み取りの方法は、ＯＣＲ（オーシーアール、Optical Character Recognition）という、文字を画像として直接に読み取る光学的技術です。ただ、１（イチ）とＩ（アイ）、０（ゼロ）とＯ（オー）のように見分けがたい文字があることから、機械的に認識しやすいＯＣＲ専用の書体が用意されました。

　このＳＢＮを国際的に発展させていく過程で、1969年に確立されたのがＩＳＢＮです。当初は「ＩＳＢＮ」の文字を冠した10桁の数字で構成されており、1970年に国際標準規格（ＩＳＯ 2108-1970）となりました。

　（例）　ＩＳＢＮ４－９００９６４－１３－５

　しかしながら、アメリカが1990年代からコード不足を訴え続けたことで、桁数の拡張が決定されました。2007年１月１日以降に刊行される出版物についてはすべて13桁の数字構成となったのです。旧規格となった10桁のＩＳＢＮは、冒頭に「978」を挿入して新たに検出符号を計算したうえで、現行規格の13桁のＩＳＢＮとして取り扱います。ただし、書店での検索・注文の場面では10桁のＩＳＢＮも併用できるよう便宜がはかられています。

　（例）　ＩＳＢＮ９７８－４－９００９６４－１３－６

　現行13桁のＩＳＢＮは、ハイフンで区切られて「接頭符号」、「グループ＝コード」、「出版社コード」、「書名コード」、「検出符号」という五つのブロックに分けられています。ハイフンを挟むのは見やすくするためです。

　最初のブロックは接頭符号（flag code、フラグ＝コード）で、３桁の「978」に固定されています。これは、ＥＡＮコード（→ p.81）で書籍出版を表している数字です（2009年から予備だった「979」も使われています）。

　グループ＝コードは、１桁から５桁で、国や言語圏などのグループを表して

います。1桁の「0」と「1」は英語圏、「2」フランス語圏、「3」ドイツ語圏、「4」が日本語圏、「5」ロシア語圏、「7」中国です。そして「6」「8」「9」は2桁から5桁を構成して国別に割り振られています。

　3番目のブロックは出版社コードで、2桁から7桁が相当し、出版社を識別します。4番目のブロックは6桁から1桁で構成され、各出版社の責任で固有の書籍ごとに連番で付ける書名コードです。

　日本の場合、出版社コードと書名コードとは合わせて8桁に設定されています。このとき、出版社コードの桁数の小さな出版社はそれだけ多くの書名コードを使うことができますが、逆に出版社コードが大きいとそれだけ出版点数は減少することになります。つまり出版社コードが2桁（割当は20社）の場合は100万点の書名コードが使えるのですが、7桁が割り当てられた出版社（割当可能は50万社）は10点までしか書名コードを使えません。出版社コードの桁数は、ＩＳＢＮ導入時の在庫点数と新刊発行部数を基準に決めたとされています。ちなみに2桁のコードが割り当てられた当時の出版社名は次のとおり。

　岩波書店（00）、旺文社（01）、朝日新聞社（02）、偕成社（03）、角川書店（04）、学習研究社（05）、講談社（06）、主婦の友社（07）、集英社（08）、小学館（09）、新潮社（10）、全音楽譜出版社（11）、中央公論社（12）、東京大学出版会（13）、日本放送出版会（14）、早川書房（15）、文藝春秋社（16）、大蔵省印刷局（17）、明治図書出版（18）、徳間書店（19）

　最終ブロックは、1桁の検出符号（check digit、チェック＝デジット）です。その機能はエラーの検出です。ＩＳＢＮをリーダー機で読み込んで検出符号を再計算してみたときに、表示されている検出符号の数値と一致しなければ、リーダー機が読み誤ったか、あるいはＩＳＢＮじたいに誤植があるのかの、いずれかのエラーです。なお、旧規格10桁と現行13桁では、検出符号の計算方法が異なります。そのため、旧規格10桁では検出符号が0から10の11種類で、10はローマ数字のXで表現していましたが、現行13桁は0から9の10種類です。

● 2．日本図書コード

　日本では独自の流通管理コードとして、1970年から日本書籍出版協会と日本出版取次協会とが制定した、「書籍コード」が用いられていました。当時の書籍コードの構成は、4桁の分類コード、4〜6桁の書名コード、4桁の出版社コードで、おのおのがハイフンで連結されていました。このときの分類コード（4桁）は次に述べる日本図書コードに引き継がれ、出版社コード（4桁）は取次の口座管理用として出版社の識別にこんにちでも使われています。

　国際標準規格のＩＳＢＮは1981年1月1日から日本に導入されました。ただし、ＩＳＢＮだけを単独で導入したのではなく、日本独自に分類コードと価格コードを加え、全体を**日本図書コード**として再編成したうえで導入したのです。

　　（例）　ＩＳＢＮ９７８-４-９００９６４-１３-６
　　　　　Ｃ００９５　￥２０００Ｅ

　分類コードは「classification（分類）」の頭文字「Ｃ」を先頭にした数字4桁。書店が陳列場所を決定するさいの目安として使われます。その内訳は、1桁目が販売対象、2桁目が発行形態、3桁目と4桁目は内容の大分類と小分類の組み合わせです。ちなみに、1桁目（販売対象）の内訳は、「0」一般、「1」教養、「2」実用、「3」専門、「4」検定教科書その他、「5」婦人、「6」学習参考書Ⅰ（小中）、「7」学習参考書Ⅱ（高校）、「8」児童、「9」雑誌扱い、です。2桁目（発行形態）の内訳は、「0」単行本、「1」文庫、「2」新書、「3」全集・叢書、「4」ムックその他、「5」事典・辞典、「6」図鑑、「7」絵本、「8」磁性媒体など、「9」コミックス、となっています。

　価格コードは、円マーク「￥」を先頭に、消費税を含まない本体価格が数字で示されており、最後の「Ｅ」は終了の意を示す記号です。なお、従来の書籍コードは1983年に廃止され、日本図書コードに一本化されました。

　日本図書コードの表示場所は、①カバー＝ジャケット裏（あるいは、ウラ表紙）、②奥付（ただし、価格コードは除く）、③スリップ、です。

［注記１］　消費税は、1989年４月に３％での課税が開始され、1997年４月からは５％に引き上げられました。５％引き上げに伴い、価格コード内の数字が「消費税込み定価」から「消費税抜き本体価格」に変更されました。円マークの代わりに「Ｐ」の文字がついている出版物がありますが、これは消費税３％のときのものです（消費税は2014年４月に８％になりました）。

　［注記２］　ＩＳＢＮと日本図書コードを管理する機関は、日本図書コード管理センターです。ここは、2004年４月に一般社団法人 日本出版インフラセンター（ＪＰＯ）に経営統合されました。日本出版インフラセンターは、出版情報システムの基盤整備をはかることを目的に、日本書店商業組合連合会・日本出版取次協会・日本雑誌協会・日本書籍出版協会・日本図書館協会の五団体が設立発起人となって2002年に発足、その傘下に、日本図書コード管理センターや書店マスタ管理センターなどをかかえ、2011年４月にはＪＰＯ近刊情報センターを発足させています。

第２節　ＥＡＮコードと書籍ＪＡＮコード

●１．バーコード

　ＩＳＢＮは書籍専用の流通管理コードですが、一般消費財用の管理コードも独自の発展の仕方を遂げました。話はもう一度1960年代にさかのぼります。

　そもそもバー（bar、線条）を組み合わせてコード化するというバーコード（barcode symbol）のアイデアは、米ドレクセル工科大学（現・ドレクセル大学）の院生だったウッドランド（Norman Josepf Woodland）が、同級生のシルバー（Bernard Silver）とともに商品データ管理の技術開発に取り組むなかで生まれたものです。モールス信号に着想をえたというウッドランドの案は、どの方向からも読み取れるようにと同心円模様のデザインでした。これが、バーコードの原型です。読み取りには、シンボルの黒い部分と白い部分の反射光の

強弱を感知して電気信号に変えることが試みられました。二人は1949年に特許申請、1952年に特許を取得しますが、読み取り技術の実用化には至らず同年に権利を売却、最終的にＲＣＡ社にパテントが移ります。

　1960年代後半、アメリカのスーパーマーケット業界では、レジスターでの料金計算を自動化して時間短縮をはかりたいという要望が高まっていました。スーパーマーケットでは客が商品を手に取り、買い物カゴに入れて、最後にレジスターで精算するという販売方式がとられていたのですが、消費者は一度に多くの商品を購入できる一方で、店舗の側では大勢の客に少人数で対処していたからです。従業員が商品の価格を目視し、その数字をレジスターのキーを叩いて入力するのではなく、機械によって読み取る技術が求められました。

　ＩＢＭ社を始め機器メーカー各社はスーパーマーケットでの自動精算システムの開発に奮闘。こうしたなか、アイデンティコン社（Identicon）は1968年に、こんにち見慣れている縦縞模様のバーコードで、「Code 2 of 5」と名付けた規格を創案します。名称の由来は、一つの数字が５本のバーで表現され、うち２本が太い故です。読み取り装置は、当時革新的であったヘリウム＝ネオン＝レーザー光線を使ったスキャナ（scanner、走り読みする装置の意）でした。ここから、バーコードを使った業務システムは急速な発展を遂げていきます。

　食品スーパー大手のクローガー社（Kroger）は1972年から翌年にかけてＲＣＡ社の開発した業務システムを店頭実験します。初めてバーコードを商品に付けてスキャナで読み取る試みを18か月のあいだ実施したのですが、入力対象はウッドランドらから特許権を得ていた多重円形のシンボルだったので、一般化するまでには至りませんでした。

　バーコードとその読み取り装置を組み合わせたシステムを広く導入するためには、どうしても統一化されたシンボルの制定が必要となります。また、アメリカのスーパーマーケット業界は、缶詰などを始めとした加工食料品に小売段階でバーコードを貼付するのはコストがかかりすぎるとして、製造段階か卸売

段階での貼付を求めていました。いずれにせよコードの標準化は不可欠です。

　1970年に、全米スーパーマーケット協会（Super Market Institute）始め、食品雑貨類の製造業・卸売業・小売業の7団体は、汎用商品向けのバーコード規格の検討を開始。これによって、1973年にバーコードの標準規格として12桁の数字を表現するＵＰＣコード（ユーピーシー＝コード、Universal Products Code）が制定されます。ＩＢＭ社の提案が採択されました。当初の「Code 2 of 5」は黒いバーのみが情報をもちましたが、ＵＰＣコードは黒いバーを1要素、白いスペースも1要素とし、計7要素の組み合せで一つの数字を表現しました。商品には製造段階でＵＰＣコードの印刷ラベルが貼り付けられ、これをスキャナ組み込みのレジスター端末機で読み取ります。精算業務の合理化から、こんにちのＰＯＳシステム（ポス＝システム、point of sales system、販売時点情報管理システム）が実質的にスタートしました。

●2．ＥＡＮコード

　1974年には、英・仏・西独（当時）などヨーロッパ12か国の製造業者と流通業者の代表がパリに集まって、欧州統一のバーコード規格の検討が始まりました。アメリカでＵＰＣコードが制定された翌年のことです。こうして、1977年にＥＡＮコード（イアン＝コード、European Article Number）が生まれます。やはりＩＢＭ社の提案が採択され、規格内容はほぼＵＰＣコードと同じですが、1桁追加して全13桁とすることで国を識別するコードを加味しており、それゆえに「European」という名称ながら国際的な汎用性を獲得するに至りました。管理機関であるＥＡＮ協会（EAN Association）がベルギーのブリュッセルに本部をおいて設立されたのですが、ＥＡＮコード採択の国が増えたことで1991年には国際ＥＡＮ協会（EAN International）と改組しています。

　アメリカ中心のＵＰＣコードは、頭に「０」をつけて13桁にすることでＥＡＮコードとの暫定的な互換性がはかられていました。最終的に、アメリカ・カ

ナダに対しては国別の接頭符号に「10」から「13」が割り振られ、2002年になってＥＡＮコード体系と完全に統一されました。国際ＥＡＮ協会にアメリカとカナダが加盟したことで、同協会は2005年にＧＳ１（Global Standard One）と組織名を変更、ＥＡＮコードにはＧＴＩＮ（ジーティン、Global Trade Item Number、国際取引商品識別コード）という新たな名称も与えられました。

●3．ＪＡＮコード

　さて、日本では1972年に初めてバーコードによる自動精算システムがスーパーのダイエーと三越百貨店でテストされました。当時はＮＥＣ・富士通・三菱電機など大手電機メーカーがこぞってＰＯＳシステムの開発を行なったものの、バーコードの標準化には至りませんでした。

　1973年にアメリカでＵＰＣコードが制定されると、日本でも一般消費財向けのコード制定の機運が高まりました。翌1974年に、通産省（当時）の指導で日本事務機器工業会にＰＯＳ識別標準化委員会がつくられ、汎用商品コード作成に向けての調査が始まったのです。1976年、当時の財団法人　流通システム開発センターにＰＯＳシンボルマーク標準化委員会が設立され、ここでの検討の結果、ＥＡＮコードの導入が決定。1978年４月１日に**ＪＡＮコード**（ジャン＝コード、Japanese Article Number）がＪＩＳ規格として制定されます。ＥＡＮコードの規格体系にならっているのですが「ＪＡＮコード」という日本固有の呼称が付けられました。

　ＪＡＮコードは、制定はされたものの本格的な普及には至りませんでした。その理由は、製造段階で商品にバーコードをダイレクトに印刷するソース＝マーキングがまだまだ不完全だったことです。

　一方、日本でのＰＯＳシステムは、1982年にコンビニエンス＝ストア＝チェーンであるセブン・イレブンが全店舗に導入したことでスタートしました。そしてＰＯＳデータを、個々の商品の販売動向を調べるマーケティングに使った

のです。1984年には商品納入業者のすべてにソース＝マーキングを求めました。当時のセブン‐イレブンは全国にすでに二千店舗をもっていたことから、その影響力は非常に大きく、加工食料品と雑貨を中心にＪＡＮコードのソース＝マーキングの比率は急速に増加していったのです。

　こんにちでは、小売業の店舗内で生鮮食品などの商品包装にＪＡＮコードを印刷表示する、インストア＝マーキングもなされています。

　ＪＡＮコードには、13桁の「標準タイプ」と8桁の「短縮タイプ」があります。構成は「接頭符号」、「企業コード」、「商品コード」、「検出符号」ですが、いずれも日本の接頭符号は、2桁の「45」と「49」です（なお、2012年より接頭符号と企業コードとを合わせて「ＧＳ１事業者コード」と称しています）。

　13桁の標準タイプにはさらに2種類あって、一つは接頭符号＋企業コード「7桁」、商品コード「5桁」、検出符号「1桁」、もう一つは接頭符号＋企業コード「9桁」、商品コード「3桁」、検出符号「1桁」です。短縮タイプは日本独自のもので、接頭符号＋企業コード「6桁」、商品コード「1桁」、検出符号「1桁」の8桁構成となり、小型の商品用です。

●4．書籍ＪＡＮコード

　1986年にセブン‐イレブンは、自社チェーンですでに扱っていた文庫本についてＪＡＮコードの表示を付けて欲しい旨を、出版業界に対して要請してきました。書籍にもソース＝マーキングを求めてきたのです。これを受けて、日本図書コードを管理する日本図書コード管理センター（当時）は、ＪＡＮコードを管理する流通システム開発センターと協議、出版業界三団体（書協・取協・日書連）も加わって検討に入りました。

　この結果、日本図書コードの内容をバーコード＝シンボルで表現した**書籍ＪＡＮコード**が案出されたのです。制定は1990年3月。運用は、日本図書コード管理センター（当時）と流通システム開発センターとが連携して行なうことも

決まりました。そして、1990年8月から文庫・新書に、1991年6月からは単行書に書籍JANコードが表示され始めたのです。

書籍JANコードは、2段組のバーコードとしてカバー＝ジャケット裏（あるいはウラ表紙）に印刷されています（スリップにも、書籍JANコードの1段目のみが表示）。1段目は、ＩＳＢＮそのものがバーコードで表示されています。2段目は、書籍JANコードの2段目を示す接頭符号「192」に続いて、日本図書コードの分類コードと価格コードの数字が示され、最後に検出符号が算出されています。

なお、バーコードのすぐ下には、そのバーコードが表現している数字が配置されています。バーコード導入の初期には読み取り率が十分ではなかったので、読み取れなければ、人がキーボードから入力できるようにという配慮でした。

ISBN978-4-650-01060-2

C3300 ¥2000E

定価（本体価格2000円＋税）

上記の例は、左開きの書籍です。原寸表示ではありません。書籍JANコードは白地に黒色での印刷を原則とし、表示の位置も厳密に指定されています。

書籍JANコードの脇には、日本図書コード（1行か2行で）と定価（本体価格＋税）を印刷します。日本図書コードは、従来はＯＣＲ読み取り専用の国際標準書体「ＯＣＲ－Ｂ書体」での表示でしたが、ＩＳＢＮが13桁となった2007年以降はどのような書体を使ってもかまわないことになりました。

第3節　図書館での装備

　以上の第1節と第2節では、図書館の「外部」状況である出版流通でどのように出版物が管理されているかをみてきました。この第3節では、図書館の「内部」で資料管理を担っている装備の仕事を説明します。

　装備（そうび、preparation）は、出版物を図書館資料に仕立てる作業です。資料が新規に受け入れられてから、目録が作成されるまでのあいだに実施されますが、その目的は二つです。一つは、図書館資料そのものを利用可能な状態におくことです。閲覧や貸出などの利用が滞りなく進むように加工を施すもので、装備が完了すれば排架に回されます。もう一つは、図書館資料として受け入れた書籍などを図書館の管理体制に組み込むための加工です。館内での所在を的確に掌握できるようにするとともに、亡失などの人的な事故から資料を遠ざける意図ももっています。

　装備の仕事はさまざまな工程から成り立っていますが、その図書館の業務上の慣習によるところが大きく、担当者のあいだで代々引き継ぎがなされ独自の発展を遂げています。以下、具体的な作業の基本となるところを確認します。

●1．販促物除去

　装備の仕事は、図書本体から販売促進用の付帯物を取り除くことから始まります。いわば、広い意味での付き物（→ p.41）の除去です。表紙をくるんでいる販促用のカバー＝ジャケット、宣伝文句がしるされた帯紙、図書本体が入れられている函を取り払います。ページ内に投げ入れられている、読者アンケート葉書、新刊案内のリーフレット、紙製のしおりなども処分します。もしもスリップが残っていたら、それも取り去ります。

　ただし、情報として有用なものは図書本体に貼り付けます。たとえば、カバー＝ジャケットの折り返しのところに著者の略歴や顔写真などが印刷されてい

る場合は、丁寧に切り取って見返し（ウラ表紙の内側）に糊付けます。正誤表が挟み込まれている場合も、同様です。全集ものに「月報」などの名称で綴じられていないパンフレットが付録として挟み込まれていることがありますが、その場合も散逸しないように留意して見返しに固着します。ＣＤ－ＲＯＭなどの付録も見返しのところに封筒などを利用して貼付します。

　販促物を除去し必要なデータ類は貼付しながら、ページの密着している新刊の図書に「開き癖」をつけることも行なわれます。なお、カバー＝ジャケットの除去は実施に移されてはいない場合もあります（→ p.91）。

●２．蔵書印

　蔵書印とは、書物を手に入れた個人や機関が自分の所有物であると宣言する意味で押した印影または印判のことです。蔵書印にはさまざまな形態があり、それらを使用した時代や機関の種類、個人であれば職業や身分などによってそれぞれ特徴が表れています。**蔵書票**（エクス＝リブリス、ex libris-羅-、所有者を明らかにする小さな紙片）を見返しに貼る習慣がヨーロッパで行なわれたのに対し、蔵書印のほうは東洋で発達しました。図書館でも、館名を彫った矩形あるいは円形の印判を、朱色の印肉で標題紙に押捺することで蔵書印としました。標題紙に濃密な色合いの別紙（べつがみ）が使われていて朱肉の色がのらないこともあるので、奥付に蔵書印を押している図書館もあります。

　標題紙に加え、かつては図書館名を１行で表示した小型の印判を、特定のページの人目につきにくいノドの余白に押して「隠印（かくしいん）」と称していました。標題紙が切り取られても、その図書館の蔵書と分かるようにという目的ですが、こんにちではあまり用いられません。同様の目的で小口に押印するものがあり、こちらは押す場所によって「天印」、「小口印」、「地印」と呼ばれて現在も使われています。寄贈された資料については、蔵書印とともに、寄贈を示す「寄贈印」を標題紙に押捺して寄贈者名を書き入れておきます。

蔵書印の代わりに、館名と受入年月日を組み合わせた「受入印」を標題紙（あるいは奥付）に押印する図書館もあります。図書館名を添えたバーコード＝ラベルを標題紙に貼付することで、蔵書印の代用とする方法もあります。

「登録番号」も刻印しておかなければなりません。図書館の蔵書として受け入れた順番を示す番号です。単独に自動ナンバリング器で押していったり、受入印に組み込んだものを押印したりします。

●３．請求記号ラベル

装備でもっとも重要な仕事は、**請求記号ラベル**（book label、図書ラベル、蔵書ラベル、背ラベルともいう）を背表紙に貼ることかもしれません。請求記号ラベルには、請求記号（call number、分類記号＋図書記号＋補助記号＋別置記号で構成。所在記号、書架記号ともいう）が印字されており、図書館資料の所在位置を指示しています。図書館目録が「住所録」だとすれば、請求記号ラベルは実際の建物に付けられた「住居表示」に等しいでしょう。資料の探索には必要不可欠です。

ラベルの段数は、かつては３段が標準でしたが、近年では２段や１段のものもあります。縦長のラベルで背表紙にある著者名などの表示が隠れるのを嫌うからです。囲み枠の色もバラエティに富んだものが用意されています。

どのようなラベルを採用するにしろ、注意すべきは、背表紙に貼る位置を常に一定に保つことです。ラベルの下辺を、たとえば背表紙の地から10㎜と決めたならば、一貫してその定位置を墨守します。貼る位置が固定しないと、書架上でラベルを追う利用者の視線がいたずらに上下してしまうからです。

背表紙の横幅がラベルの横幅に届かないような、背幅の狭い資料も存在します。このような資料に対しては、ラベルの一端を背表紙にかけ、オモテ表紙の側にラベルの大部分を貼り付けます。この場合に、ラベルの一部分が背表紙にかかって貼られているというのが大事です。書架に配したときに、請求記号ラ

ベルがごく部分的にせよ見えていなければならないからです。

　万が一、ラベルが剥がれてしまったときのことを想定して、請求記号そのものを標題紙の片隅に鉛筆書きしておくことは望ましい所作です。

●4．バーコード＝ラベル

　図書館資料には一点ずつに識別番号を割り振り、その番号をコンピュータで管理することにより、貸出・返却や蔵書点検（→ p.245）が行なわれます。番号構成はそれぞれの図書館で個別に設定するのですが、その識別番号をバーコードで表現し、一般的には図書館名を添えたバーコード＝ラベルとして、表紙あるいはカバー＝ジャケットに貼付するのです。このとき使われるのは、コーダバー（Codabar）と呼ぶバーコードの規格です。一つの数字が、細いか（narrow）太いか（wide）の7本の黒いバーで表現されているので、日本ではNW-7と呼ばれています。桁数は任意に設定できるところから、連続した番号を表現するのに用いられます。

　ラベルを貼る位置は図書館によってさまざまですが、資料の右綴じと左綴じの別に注意し、両者で貼る位置を変えるのか否かをまず検討します。そのうえで貼付する定位置を決めます。蔵書点検のさいに手持ちの読み取り機で読み取りやすいように、同一サイドで背表紙に近い位置が推奨されています。

　ラベルの剥離を想定して、カバー＝ジャケットに1枚、表紙に1枚、さらに標題紙にも1枚と、同一のバーコード＝ラベルを複数枚それぞれに貼っている図書館もあります。また、バーコードが表現する識別番号と、受け入れた順番を示す登録番号とを関連付けて利便性をはかる方法もあります。

●5．磁気テープ

　磁気テープは、磁気を帯びることのできる細長いヒモ状のテープです。「タトルテープ」（住友スリーエム）などの商品名で販売されています。図書館の出入

口に設ける、磁気対応式のセキュリティ=システムと組み合わせて、帯磁したままの資料を感知するのです。このシステムは「ブック=ディテクション=システム」(住友スリーエム) という商品名で販売されています。

　磁気テープは、ページ全体を綴じ合わせた背の部分と背表紙の内側とのあいだに若干の空間が生まれる上製本（ホロー=バック）の場合には、そのなかに差し込んで装着します。ページ全体の背と背表紙とが固着されている上製本（タイト=バック、フレキシブル=バック）あるいは並製本の場合には、最終ページ近くの本文ページ2葉を選び、そのあいだのノドに寄せて挟み込んで、両ページともテープの幅だけ糊付けします。

　磁気テープとともに帯磁・消磁のできる小型機器も必要で、この機器を使って、貸出時には磁気を消し、返却時には再び磁気を帯びさせます。

●6．ＩＣタグ

　ＩＣタグは、アンテナ付きの半導体集積回路（→ p.93）を紙などで挟み込んだ荷札シールです。「電子タグ」、「無線ＩＣ」、「ＲＦＩＤ（radio frequency identification、アールエフアイディー、電波による個体識別の意）」、「ＲＦタグ」などと呼ぶこともあります。

　ＩＣタグの原理は、二つの物理現象にもとづいています。一つは、エルステッド（Hans Christian Ørsted）によって発見されたのですが、電線に電流を通すと電線のまわりに磁気作用が生まれること、もう一つは、ファラデー（Michael Faraday）が発見した現象で、渦巻き状に巻いたコイル型の電線のなかに磁石を出し入れすると、その電線に電流が通じることです。

　ＩＣタグの読み取り書き込み機（リーダー=ライター）は、渦巻き状のコイル型アンテナをもっており、ここに交流電流を通すとアンテナ周辺の空間が磁気的な力を帯びるようになります（交流磁界）。ＩＣタグは電源をもっていませんが、リーダー=ライターに近接すると、ＩＣタグのコイル型アンテナが、リ

ーダー＝ライター側の交流磁界を受け付けます。その瞬間、ＩＣタグ側のアンテナには電流が通じ、この誘起された電圧を電源として、内部にある半導体集積回路を動作させるのです。つまり、二つのアンテナを対向させることによって、交流磁界を介した電力の伝送を行ない、その電力で信号をやりとりして情報処理を果たすのです。出力電力さえ許せば、また使用できる電波の周波数帯にもよるのですが、双方のアンテナで無線通信を行ない、通信距離を延ばして信号をやりとりすることもできます。

特性は、非接触認証と複数同時認証です。段ボール箱に詰めた商品など外から見えないものを箱を開けないで識別できますし、買い物カゴのなかの商品一個一個を手にとらずにまとめて一気に認証できます。

図書館へのＩＣタグの導入は2000年代に入ってからでした。利点をあげます。まず、①資料の識別番号をＩＣタグに記憶させておくことで、従来のバーコード＝ラベルに代わる貸出・返却処理の迅速化が可能です。利用者自身が貸出処理を行なう**自動貸出機**と組み合わせればカウンター要員の省力化にもつながりますし、利用者カードもＩＣカード（半導体集積回路を内蔵したプラスチック製のカード）とすることで自動貸出機での処理がいっそう容易となります。次に、②ゲート管理にも有効です。ＩＣタグ内の情報を書き換えて貸出処理済みか否かの確認を行なうもので、従来の磁気テープと磁気対応式システムに代えて、電波対応式のセキュリティ＝システムと組み合わせることで出入口での無断帯出を検知します。また、③蔵書点検では従来のバーコード＝ラベルに代えて資料の識別番号を読み取ることに使えます。

さらなる利点としては、④自動書庫（→ p.250）において、返却された資料をコンテナに格納するさいに、コンテナ番号と資料の識別番号との関連付けに活用できます。また、⑤ＩＣタグを読み取るアンテナが棚に仕込んである書架を用いることで、所蔵資料がどの書架の何段目の棚にあるかをリアルタイムで把握することが可能です。この書架を予約の資料取り置き棚とし、予約資料案内

機と組み合わせることで、利用者自身が自分の予約した本をみずからピックアップできます。あるいは、⑥ＩＣタグの読み取りとベルトコンベヤーの技術とにより、大量の返却資料を分類別に振り分ける自動仕分け機も実用化されています。返却処理を利用者じしんにまかせる自動返却機と組み合わせて、自動返却仕分け機とすることも可能です。仕分けされた資料は、資料の重さにしたがって沈下していく収納ボックス（bin、ビン）に蓄積されて図書館職員の排架の労を軽減します。

●7．粘着透明フィルム

　図書全体を、接着剤の付いた透明なプラスチック＝フィルムでくるむこともあります。この粘着透明フィルムは「フィルムルックス」（フィルムルックス社）、「ブックコート」（キハラ）、「ブッカー」（日本ブッカー社）などの商品名で販売されており、本来は破損した資料を一時的に補強するためのものでした。図書館では、カバー＝ジャケットを固着させる目的でこのフィルムを使っています。多くの場合、帯紙は除去して、請求記号ラベルや図書館名を添えたバーコード＝ラベルは貼り終えた後に全体をくるみます。

　フィルムの片面に接着剤が塗布されているので、本とのあいだに空気が入らないように注意しながら貼っていかなければなりません。一冊一冊に装着するには時間と手間がかかるため、業務委託されることも多くなっています。

　フィルム＝コーティングは、外装の美しさを固定することができますし、破損などの予防にも短期的にみれば効果があります。そもそもカバー＝ジャケットを残したまま図書全体を粘着透明フィルムでくるむのは、書店で見る本の外観と同じ姿を図書館の書架上でも再現して欲しいという利用者からの要望にもとづくもので、1970年代から公共図書館を中心に採用され始めました。

　しかしながら、粘着透明フィルムは一度貼り付けたら二度と取り外すことはできず、保存措置の原則（→ p.241）の、原形保持、安全性、可逆性に抵触しま

す。破損したら補修してまた利用するという修復のサイクルを分断してしまい、結局は図書本体を傷めてしまうことになりかねません。貴重書に粘着透明フィルムを貼り付けてしまうことがありえないように、保存という長期的な観点からは必ずしも最善の策とは断言できない点に留意する必要があります。

> ［注記］　粘着透明フィルムの包被をせずにカバー＝ジャケットをそのまま残し、その折り返しを見返しにセロファンテープで止めたり、背のところだけを軽く糊付けしたりしてある図書館もあります。

●8．装備の意義

　装備は、書店の本と図書館の本とを区分けする作業といえるでしょう。そもそも書店が扱う出版物は販売という目的のための「商品」です。商品であるからこそ、意匠を凝らしたカバー＝ジャケットでくるまれ、宣伝文句をしるした帯紙にまかれ、ときとして豪華な函に入っているなど、販促用の付帯物に取り囲まれているのです。新刊で売れ筋のものが店頭では優先的に平積みされており、ベストセラーを除けば、売れたものがすぐに補充されるわけでもなく、次に入荷する新刊と交代するかたちで既刊本が返品されていきます。店内の限られたスペースのなかで本は絶えず流動しており、一冊の本を繰り返し利用するという場所ではありません。

　このような書店に対して、図書館の本は利用のために存在する「実用品」です。不特定多数の人々によって何度も利用され、時を経てまた利用されることがその目的に据えられているので、利用頻度の高い本ほど何人もの手垢で汚れており、しばしば貸出中でもあるのは当然です。図書館資料は、販促物や宣伝材料に頼って本を見付けるのではなく、目録を調べて請求記号を確認し、該当する書架におもむくという基本的な動作を通して探し出します。そのためにこそ図書館目録が常に整備されているのであり、ラベルを貼ったりハンコを押したりといった装備もまた欠かせないのです。図書館の仕組みに合わせて無用な

販促物を削ぎ落とし、内容に手早くアクセスできるように生まれ変わらせたうえで、改めて利用者に提供する、と同時に再利用のための管理体制に組み込む、それが装備の目的です。いわば「商品」を「実用品」へと置き換えていく作業であって、そこにもっとも根源的な意義が認められます。

> ［注記］ IC（Integrated Circuit、半導体集積回路）は、シリコン素材の小片（チップ）の表面に、微細な半導体部品を数多く組み合わせて動作可能な回路（電気の流れる通路）を作り込み、これをプラスチックやセラミックでパッケージしたものです。単純な基本的回路であっても、十分に集積させることで電子の移動する距離が短くなり、高レベルの複雑さを処理できるまでに至るのです。
>
> 半導体とは、金属のように電気の流れやすい導体と、ガラスやダイヤモンドのように電流をほとんど流さない絶縁体との、中間の電気伝導性をもつ物質です。低温では電流をほとんど通さないのですが、高温になるにつれて導体として働きます。微細な半導体部品には、トランジスタ（電気の流れを切り替えたりその勢いを増幅させたりする）、レジスタ（電気の量を制限したり調整したりする）、コンデンサ（電気を蓄えたり放出したりする）があります。

本章は、小塚洋司著『バーコードの秘密』（裳華書房、1996年）、國領二郎ほか編著『デジタルＩＤ革命：ＩＣタグとトレーサビリティーがもたらす大変革』（日本経済新聞社、2004年）、『ＩＳＢＮコード／日本図書コード／書籍ＪＡＮコード利用の手引き』2010年版（日本図書コード管理センター、2010年）、『バーコードの基礎：よくわかるＧＳ１国際流通標準』第4版（流通システム開発センター、2014年）を参照しました。■

第5章　雑誌（1）　商業雑誌

　図書館では、雑誌よりも上位の概念として逐次刊行物という単位を設けています。同一のタイトルのもとで、終期を予定せずに継続して刊行される出版物の総称です。その種類には、①週刊・月刊・季刊といった定期的な刊行頻度をもつ雑誌、②もっとも速報性を重視して主に日刊というごく短い間隔で刊行される新聞、③年に一回という長期の刊行頻度をもつ年鑑があります。

　本書では逐次刊行物のなかの雑誌と新聞に焦点をあてます。雑誌は、一般大衆向けの商業雑誌と学術研究のための学術雑誌とに大別することができますが、この第5章では商業雑誌を取り上げ、次の第6章で学術雑誌を取り立てることとします。新聞については第7章で論じます。

第1節　商業雑誌の特質と構成

●1．商業雑誌の特質

　雑誌は、世の中の新しい情報をタイムリーに伝える媒体です。比較的に小額の経費で発表の場をもつことができ、しかも継続刊行されることで、ときとして多大な影響力の行使を実現できる可能性をも秘めています。

　低コストという点では、主義や趣味を同じくする人たちが共同編集して自主刊行する同人誌が、いつの時代にも表現者たちの活躍の場として機能しています。短歌や俳句の結社同好誌からコミックス・アニメ・ゲームのサークル誌に至るまで、多様な傾向をもった同人誌が会員の関心と密接に結び付いており、フリーマーケットでの手売りや代金前払いでの直販などもなされています。

　影響力という点からは、政治や経済にかかわるグループがその勢力を浸透させる手段として雑誌を用いることもあります。行政機関の広報、一般企業のＰＲ、特定の政治集団のプロパガンダ（propaganda、主義・思想の宣伝）などで

す。みずから発行主体を名乗ることなく、出資者として雑誌内容の方向性をリードすることも行なわれています。

　発行主体の思想の所在を明らかにする証拠としても、継続的に発行される活動の軌跡はいっそう有効に働きます。図書は一人の人間が一冊しか買い上げませんが、雑誌は同じ読者が毎号繰り返して購読者となります。もしもある号が完売すれば、かえって次号の読者を増やす誘因ともなります。短期間にまとまった部数が発行され、定期的に刊行することで読者層は拡大されます。感情や意見を持続して発表するためには、雑誌がもっとも労少なく効力の確かな媒体だと考えられているのです。

　ただし、雑誌は一人で毎号のページを埋め続けるということはありません。連載ものなどはあるにせよ、原則としては、各号で複数の執筆者が雑誌記事や雑誌論文をしるしています。多彩な記事や論文をとりまとめる容器として、一つのタイトルをもった雑誌媒体があると考えると、それぞれの記事や論文のほうが内容のうえでの独立性は高くなります。したがって、どのような特徴をもった雑誌があるかも大切なのですが、いかなる主題をもった記事や論文が掲載されているのかといった点にこそ、より重きがおかれます。雑誌記事索引（→ p.130）の必要性は、ここにあるのです。

　雑誌は常に内容上の「鮮度」を追い求めています。ひとまとまりの体系的な叙述をもった図書よりも、新たな成果やこれまでにない変化をそのつど速報することに重きをおいているのです。ただ、そのぶん各号のクオリティにはバラツキも認められます。商品価値維持という点では、次の号が発行されるまでのあいだの短期的なものでしかありません。発行サイクルごとに短時日で印刷・製本の作業が繰り返されることから、長期保存に適した外装とはなっていないことも、図書と比べると際立っています。いわば「読み捨てる」ことを前提とした造作です。継続性を旨としているとはいえ、売れ行き不振などの理由から「休刊」、「廃刊」が発行元で決定されて役目を終えることもあります。

商業雑誌（magazine、マガジン）は、一定の編集方針のもとで複数の記事を掲載しつつ、書店などを経由して一般大衆向けに有償で刊行されます。出版業界で「雑誌」といえば商業雑誌を指し、同一タイトルのものは全国一斉の定日（ていじつ）発売が守られています。商業雑誌の出版社団体である一般社団法人日本雑誌協会（雑協）の加盟は、2017年1月時点で87社です。

全国出版協会・出版科学研究所の『出版指数年報』2017年版によれば、2016年の雑誌の販売金額は7339億円で、1997年の1兆5644億円をピークに縮小しています。発行部数は22億4658万部、取次への返品部数を差し引いた販売部数は13億5990万部で、ともに減少傾向にあります。雑誌の返品率は2016年に金額基準で41.4％でした。

発行銘柄数（刊行頻度に関係なく1号でも刊行のあった銘柄を1点と数えたもの）は増加傾向にありましたが、2006年の3652銘柄をピークに減少に転じ、2016年に2977銘柄と3000点を割り込みました。

●2．商業雑誌の構成

雑誌には上製本のような見返しはなく、しかも表紙（オモテ表紙とウラ表紙）の内側にも印刷がなされています。識別のために、オモテ表紙とその内側、ウラ表紙とその内側に、それぞれ名前を付けています。表1（ひょういち）・表2（ひょうに）・表3（ひょうさん）・表4（ひょうよん）です。表1はオモテ表紙（外側）、表4がウラ表紙（外側）で、表2はオモテ表紙の内側、表3がウラ表紙の内側となります。製本は並製本で、その綴じ方には「無線綴じ」、「平綴じ」、「中綴じ」が用いられます。

雑誌は、「週刊」、「旬刊」、「隔週刊（含月2回刊）」、「月刊」、「隔月刊（含年6回刊）」、「季刊」といった間隔をおいて定期的に刊行されます。隔月刊誌が月刊化するなどの「刊行変更」もおこりえます。

通常は、一定の刊行頻度で発行される「本誌」だけで継続されますが、とき

として本誌（通常号）に付随して発行される次のような号があります。「別冊」は、本誌と同時に発行される副次的な号のことです。理論的には本誌発行のたびに出せることから、別冊そのものが本誌から独立して新たなタイトルを獲得し、誌名の脇に小さく元の本誌の別冊であるとうたいながら継続して刊行されるというケースもあります。「増刊号（臨時増刊号）」は、本誌の刊行頻度の合間に出される臨時の号です。時事的な特集などが組まれて本誌の発行サイクルとは別個に刊行されます。「合併号」とは、一時的に本誌の2号分が合わされて出されるものです。たとえば、週刊誌では、5月連休、8月中旬、年末年始などの休日が続く時期に刊行されます。月刊誌では、当月号の発売が何らかの理由で滞ったときに、次月の号との合併号として刊行されるというケースがまれにあります。

第2節　雑誌広告

●1．広告媒体としての雑誌

　商業雑誌には、記事だけでなく広告も掲載されています。したがって発行元にとっては「販売収入」だけでなく、雑誌広告からの「広告収入」も期待できるのです。

　雑誌は、性別・年齢・職業・所得・趣味・嗜好などで細かく分化されており、それぞれに特有の世界観でもって編集され、読む人を絞り込んでいます。ターゲットが絞られているので、その読者層に響く言葉であれば、普通の人が分からないような言い回しでも積極的に使っています。同じ価値観を共有できる人には独特な表現を使ったほうが、スムーズに意思疎通ができるのです。『雑誌新聞総かたろぐ』（メディア・リサーチ・センター、年刊）は商業雑誌を109のジャンルに分けていますが、各ジャンルにまた多くの雑誌が並んでいます。読者は、他とは差異化された編集方針に同意して特定の雑誌を選り好み、記事を楽しみ、そこに掲載されている雑誌広告にも目をとめるのです。

広告主にとっては、特定分野の雑誌に対しその読者層の購買意欲をかきたてるような自社の製品やサービスの広告を掲載することで、販促効果が期待できます。ターゲットを絞り込めば費用対効果の高い出広（しゅっこう、媒体に広告を出すこと、出稿とも表記）が可能なのです。複数の人間が回し読みする率も高く、広告露出を反復させやすいこともあるでしょう。雑誌広告は、テレビ広告やネット広告に比べれば扱い高は小さいのですが、想定読者層に向けて確実な訴求力が発揮できる貴重な存在です。

雑誌は、表1以外でしたら、すべてのページが広告掲載の対象となります。表4、表2、表3といった表回りや目次対向面などは、注目度が高いので特別料金です。それ以外の中面（なかめん）にも、1ページ大や1ページの縦か横の二分割・三分割のスペースで広告は挿入されます。色数でも、フルカラーかモノクロかで料金設定は異なります。

以上は純広告（広告主の側が制作する広告で、媒体の広告枠を買って掲載、純広ともいう）の場合ですが、瞬時の見た目には記事と見分けがつかない広告のページが存在します。記事と広告の融合した誌面は、「パブリシティ記事」、「編集タイアップ広告」、「記事体広告」、「アドバトリアル（advertorial）」などと呼ばれ、媒体側が広告料金を原資に制作・掲載するものです。本来は広告ですから、「ＰＲ」、「広告」などの文言を入れ、「提供」、「協力」といった言葉のあとに広告主の名前を示し、ページにノンブルを打たず（隠しノンブル）、目次にも登場させないという配慮が必要です。あえてすべてのページにノンブルをふったうえで、巻末近くに広告主の名前と広告の掲載ページ数とを一覧表にした「広告の目次」を載せている雑誌もあります。

とくに女性ファッション誌に見られるような、Ａ４判やＡ４変型判などの誌面の大判化、それに写真中心のページやカラーページの比率増大によるビジュアル化は、広告掲載のためといっても過言ではありません。ローマ字を使った誌名が増大していることも、消費志向の洗練されたイメージを誘発しています。

大部数発行の雑誌は購読を確保するために定価を製作費よりも低く設定し、むしろ広告収入を獲得して収益を上げるという経営戦略もとられます。

　広告収入だけを主たる目的として書店で販売される雑誌も、求人情報・海外旅行・不動産案内などの分野で存在します。広告収入を元に無料配布されるフリーマガジン（無料誌）も、想定読者層を絞りながら、街頭配布・戸別配布・職域配布・ラック置きで流通しています。

　ちなみに、読者プレゼントの提供については、雑誌公正取引協議会（日本雑誌協会を母体に設立された任意団体）の発行する『雑誌の懸賞・景品基準』2008年版に、懸賞の種別ごとに応募の告知方法や提供できる景品の最高額といった規定が設けられています。景品表示法（昭和37［1962］年5月15日法律第134号、正式名称「不当景品類及び不当表示防止法」）にもとづくもので、読者モデルの募集、広告ページの割引クーポン券、付録などにも定めがあります。

　　［注記1］　「付録」には、①本文に対する（狭義の）付き物（→ p.41）として添えられたもの（appendix）と、②図書や雑誌の本体に対して付随的に（物理的な別物として）添えられたもの（supplement）という、大きく二つの意味があります。「雑誌の付録」というときは後者の用例ですが、そこにも、①本誌に綴じ込み・貼り込みか、それとも別添えか、②冊子体の印刷物か、印刷物以外の物品か、③掲載記事と関連するのか、しないのか、といった区別をつけることができます。なお、雑誌の「別冊付録」とは、別冊という副次的な号を付録として本誌に添えたということであり、つまりは、本誌の内容と関連性をもつ別添えの印刷物です。

　　［注記2］　図書館での商業雑誌は基本的に「消耗品扱い」（→ p.236）の資料で、図書館の定めた一定の年数を満たすと廃棄されます。また、雑誌のリクエスト（新規購入）には、ただちに応じていない図書館が大半かもしれません。購入タイトルは年度単位で決定され、予算枠のなかで固定されているため、中途からの新規の購読は入り込む余地がないからです。

●２．日本ＡＢＣ協会

　広告主が、同じ分野の読者層をもつ類似した二誌のどちらか一方を広告媒体として使いたい場合に、実地での売れ行き具合は非常に気掛かりなところです。広告掲載の判断材料として、どれくらいの読者に届くのかといった到達状況を実際に売り上げた販売部数から確認したいのはいうまでもありません。

　1914年にアメリカで初めて新聞と雑誌の部数公査機構であるＡＢＣ協会（Audit Bureau of Circulations）が誕生しました。広告活動が活発になるにつれ広告取引の合理化の観点から第三者機関による部数監査の必要性が高まったためです。その後、各国にＡＢＣ協会が生まれ、1963年には国際ＡＢＣ連盟（International Federation of Audit Bureau of Circulations）がスウェーデンのストックホルムで設立。加盟数は、2015年7月時点で36機構です。

　日本でも1952年10月に**日本ＡＢＣ協会**（Japan Audit Bureau of Circulations、当初の名称はＡＢＣ懇談会）が発足しました。媒体をもち広告スペースの売り手であるメディア発行社、買い手である広告主の企業、そのあいだを仲介する広告会社（広告代理店）という三者の会員で構成される組織です。

　一般社団法人 日本ＡＢＣ協会は、新聞の一般紙と専門紙、一般的な商業雑誌と専門雑誌、それにフリーペーパーについて、販売部数を公正に調査（公査）して部数レポートにまとめ、会員向けに報告しています。部数レポートは二種類で、メディア発行社から報告された部数をそのまま掲載する「発行社レポート」と、日本ＡＢＣ協会の公査担当者が発行社を訪問し、使用した紙の量などから報告部数の裏付け作業を行なったうえで掲載する「公査レポート」があり、それぞれ定期的に刊行されています。いずれも会員向けですが、その一部のデータは『出版年鑑』や『出版指標年報』で見ることができます。

　なお、日本雑誌協会も、協会加盟社の雑誌について、3か月単位の算定期間中に発売された1号あたりの平均印刷部数を、印刷工業会の協力を得て2004年から公表しています。ただし、実売の部数ではなく印刷された部数です。

第3節　商業雑誌の流通管理コード

商業雑誌の表4は広告面として使われていますが、背に近い部分や下辺の箇所には、その雑誌の書誌事項がごく小さい文字で表示されています。

掲載されている書誌事項は、①タイトル、②巻号次・通巻号数・年月次、③刊行頻度、④発行年月日、⑤発行元（会社名・住所・部署名・電話番号・ＦＡＸ番号・振替口座番号・ＵＲＬ）、⑥発行人（出版社の代表者）、⑦編集人（当該雑誌の責任者）、⑧定価（税込の定価と本体価格）、⑨印刷所、⑩原産地表示（Printed in Japan）、⑪第三種郵便物認可の表示、⑫雑誌コード、⑬定期刊行物コード、などです。ここでは雑誌コードと定期刊行物コードを取り上げます。

●１．雑誌コード

雑誌コードの原型は1954年に取次の東京出版販売（現・トーハン）が付与し始めた内部管理用の整理番号（4桁）です。1968年に取次会社共通の雑誌コード（5桁）となり、こんにちでは「雑誌」という語の後に5桁の数字、ハイフンをおいて2桁（あるいは斜線か中点を挟んだ3桁か4桁）の数字が続きます。

（例）　雑誌０７１７９−０５
　　　　雑誌２０３７２−5／14

雑誌コード5桁のうち、冒頭1桁が「発行形態コード」で、続く4桁は「誌名コード」です。ハイフンの後は「号数コード」ですが、月刊誌では発行月が2桁で表示され、週刊誌では何月何日号かが斜線か中点を挟んで示され、雑誌扱いのコミックスやムックは2桁の通巻号数です。冒頭の発行形態コードの内訳は、「０、１」月刊誌（隔月刊・季刊を含む）、「２、３」週刊誌（隔週刊・旬刊を含む）、「４、５」コミックス、「６」ムック、「７」雑誌扱いの視聴覚商品、「８」直販雑誌、「９」プライベート＝ブランド商品です。

通常号の月刊誌の場合、雑誌コードの末尾は奇数です。ただし、別冊・増刊

号では1を加えて偶数になり、下1桁が9の場合は繰り上がって末尾の2桁が変わります。

　(例)　　雑誌07179-05　『日経情報ストラテジー』5月号
　　　　　雑誌07179-06　『日経情報ストラテジー』6月号
　　　　　雑誌07180-06　『日経情報ストラテジー』6月号別冊または増刊号

　週刊誌の場合、雑誌コードの末尾が1から5の場合は、その月の発行週を示します。6から9は、別冊・増刊号を意味します。

　(例)　　雑誌20372-5/14　『世界週報』5月14日号（5月第2週）
　　　　　雑誌20373-5/21　『世界週報』5月21日号（5月第3週）
　　　　　雑誌20374-5/28　『世界週報』5月28日号（5月第4週）

　　［注記］　商業雑誌の発行月の表示は実際の発売日よりも先の日付となっています。出版社側の意向として、次号が出るまで書店に陳列されているあいだ、表示上の「鮮度」をできるだけ保っておきたいからです。日本雑誌協会の『雑誌作成上の留意事項』2001年改訂版によれば、週刊誌は実際の発売日から15日先までの月日、月刊誌は実際の発売日から45日先までの月（16日以降の発売日であれば2か月先までの月）を表示できます。

●2．定期刊行物コード

　定期刊行物コード——正式名称は「定期刊行物コード（雑誌）」です——は、JANコードに準拠したバーコード＝シンボルの表示です。下記の例は、表示場所である表4下辺の中央部分を示しています。原寸表示ではありません。

　バーコードに対応する数字表記は、通常はバーコードの直下ですが、定期刊行物コードが表4の最下辺におかれているため、裁断のときに直下では裁ち落

とされてしまうリスクがあります。そこで例外的に脇にずらして表示されているのです。バーコード表示は横一列で長短の二つのブロックに分かれ、対応する数字表記は2行になっています。

定期刊行物コードの長いほうのブロックは「雑誌コード」、「号数コード」、「出版年コード」などで、13桁の数字が表現されています。冒頭3桁は定期刊行物用の接頭符号「491」で固定され、予備コードの「0」をおいた後、雑誌コードの5桁、号数コードの2桁、出版年コードの1桁、検出符号の1桁と続く構成です。号数コードは週刊誌・月刊誌とも発行月を2桁で示し（月号が1桁のときは前ゼロをふって2桁にします）、出版年コードは西暦の下1桁のみを表示します。

次の短いブロックは「価格コード」で、5桁の数字が表現されています。この部分は、2004年6月1日発売分から新たに追加されたもので、拡張コード（add-on code）と呼んでいます。予備コード「0」に、本体価格の4桁という構成で、本体価格が3桁の場合は前ゼロをふって4桁にします。

定期刊行物コードの登録・管理は、日本雑誌協会・日本出版取次協会・日本書店商業組合連合会の三団体で構成される、雑誌コード管理センターが行なっています。雑誌コード管理センターは、JANコードを管理する一般財団法人流通システム開発センターと連携をとっており、出版社への登録通知は流通システム開発センターからなされます。

商業雑誌へのバーコード表示はやはりセブン‐イレブンからの要請が発端です。文庫本への要請より早い1982年に主要な雑誌出版社にありました。1985年になって大手取次が書店におけるPOSシステムを開発したことで、1987年4月から商業雑誌へのバーコードのソース＝マーキングが始まります。それが、定期刊行物コードの前身である「共通雑誌コード」というバーコード表示体系でした。雑誌コードをJANコード体系に割り付けたバーコード表示で、対応する数字はローマ字の「T」が頭についた13桁で示されていました。この共通

雑誌コードが、2004年に拡張コード5桁を追加したことで、「定期刊行物コード（雑誌）」と呼称を改めたのです。

　［注記1］　出版物の流通管理コードは、二種類が表示されています。それは、①目で見て読み取れる、数字を中心とした符号と、②スキャナで読み取ることを前提とした、バーコードのシンボル表示です。

　書籍は、①日本図書コードと、②書籍ＪＡＮコードとの組み合わせであり、雑誌は、①雑誌コードと、②定期刊行物コードとの併用です。

　ただし、コミックスには二つのケースがあります。一つは、雑誌として配本され、店頭では書籍と同様の委託期間で販売されるもの（出版業界での呼称は「雑誌扱いのコミックス」）と、もう一つは、当初から書籍として配本・販売されるもの（出版業界での呼称は「書籍扱いのコミックス」）です。前者の「雑誌扱いのコミックス」には、①目視符号に雑誌コードと日本図書コードとが併記され、②シンボル表示として書籍ＪＡＮコードという組み合わせで表示されています。後者の「書籍扱いのコミックス」は、①日本図書コードと、②書籍ＪＡＮコードの組み合わせです。

　ムックも、コミックスと同じように、配本・販売の扱いの違いで「雑誌扱いのムック」と「書籍扱いのムック」とがあります。前者の「雑誌扱いのムック」には、①目視符号に、雑誌コードと日本図書コードとが併記されており、②シンボル表示として書籍ＪＡＮコードが付されています。後者の「書籍扱いのムック」は、①日本図書コードと、②書籍ＪＡＮコードの組み合わせです。

　［注記2］　雑誌の大半はトラック便で全国の書店に輸送されますが、定期購読を申し込んだ個人には郵便が使われます。郵便は直販雑誌やバックナンバーの発送にも使われます。このときに、郵便法（昭和22［1947］年12月12日法律第165号）の定める**第三種郵便物**の認可を受けておくと、通常の郵便物よりも安く送ることができます。

認可には、①年4回以上で定期的に刊行されること、②定価を付して有料であること、③広告は全ページ数の二分の一以下であること、④一回の印刷・発行が500部以上でその8割が広く販売されていること、などの条件を満たしている必要があります。ただし、雑誌出版であれば必ず認可を受けなければいけないというものではありません。

　認可を受けた場合の郵送時には「第三種郵便物」と印刷（または手書き）した封筒に雑誌を入れるのですが、封筒の上部の一部を切り取って開封の状態とするか、あるいは一部に透明な包装をして外から透視できる状態にして、雑誌に印刷された「第三種郵便物認可」の文字が読めるようにしておかなければなりません。

　ちなみに、郵便法では第一種が封書、第二種が葉書で、第四種郵便物は視覚障害者のための点字資料や録音資料、通信教育用の教材、農産物種子、継続して年1回以上刊行する学術刊行物などをいいます。

　本章は、赤井祐一、ばるぼら編『20世紀エディトリアル＝オデッセイ：時代を創った雑誌たち』（誠光堂新光社、2014年）、日本ＡＢＣ協会編『日本ＡＢＣ協会50年史』（日本ＡＢＣ協会、2003年）、難波功士著『創刊の社会史』（筑摩書房、2009年）、『定期刊行物コード（雑誌）登録とソースマーキングのガイド』2014年版（雑誌コード管理センター、2014年）を参照しました。■

第6章　雑誌（2）　学術雑誌

　雑誌は、図書とは異なり、①複数の著者による記事を束ねている、②鮮度を重視し、簡易な製本で継続して刊行されている、③読者対象を想定し絞り込んでいる、といった特徴をもっています。これらは、学術雑誌も――雑誌広告に依拠していない点を除けば――商業雑誌と同様なのですが、注意すべきは、雑誌というメディアは学術雑誌として出現したのであって、商業雑誌のほうが後から枝分かれしたという点です。

　この章では、近代科学との相関から学術雑誌の誕生と発展をなぞり、学術雑誌の現状をみわたしながら、学術雑誌から派生する二次資料を紹介します。

第1節　学術雑誌の誕生と発展

● 1. 近代科学と学術雑誌

　中世ヨーロッパで学問の世界を支配していたのは、キリスト教の神学とアリストテレス（Aristotelēs -羅-）の哲学でした。13世紀にトマス＝アクィナス（Thomas Aquinas）が両者を調和させてスコラ学（scholasticism）を確立させると、この学問のスタイルが欧州各地の大学（→ p.270）でも主流となります。その根幹には、神は「二つの書物」を著した、という考え方があったのです。一つは「聖書」であり、文字どおり神の言葉がしるされています。もう一つの書物は「自然」で、人間を含めた自然環境にも創造主である神の意図が書き込まれていると考えられていました。自然は神が創造したものゆえ合理的に作動するはずだとして、アリストテレス哲学にもとづく演繹法（→ p.257）を用いて、さまざまな自然現象のなかに「神の御心」を探ろうとしたのです。信仰と理性とを融合させたスコラ学でしたが、議論の大前提に信仰が据えられると、どのように理性で論旨を詰めていったとしても、ともすれば空理空論に陥りが

ちな難点がありました。

　17世紀になってフランシス＝ベーコン（Francis Bacon）が、アリストテレスの著作『オルガノン』に代わる、新しいオルガノン（ギリシア語で、真理発見のための道具の意）という意味を込めて、『ノベム＝オルガヌム』（1620年）を公刊し、帰納法（→ p.257）を提唱します。もっともアリストテレスは演繹法がすべてと述べているのではなく帰納法についても語っているのですが、帰納法優先の提案は硬直化したスコラ学に風穴を開けるに充分なものでした。信仰と理性とが切り離され、神の存在はひとまず脇において理性の力で自然と直接に対峙し、観察や実験といった経験主義的な知識を積み重ねていくことで「神の手になる設計図」を見付け、法則（law、原義は、神によって据え置かれたもの）にまとめようとする動きが、17世紀には顕在化するのです。

　とりわけ、天体現象の規則性を解明しようという16世紀以来の試みのなかから自然に対する考え方が一新されます。すでに1543年にはコペルニクス（Nicolaus Copernicus）が地動説にもとづく天文学の体系をおおやけにしていました。その後にティコ＝ブラーエ（Tycho Brahe）が星の動きを丹念に観測して膨大な記録を残し、1619年にケプラー（Johannes Kepler）はブラーエのデータから太陽系の諸惑星の動きに規則性があることを発見します。ガリレオ（Galileo Galilei）は1609年から天球に望遠鏡を向け、動いているのは星や太陽ではなく地球のほうであることに気付き、ニュートン（Isaac Newton）が「万有引力の法則」（1687年）など、古典物理学の基礎原理をまとめあげるのです。

　かかる百五十年に及ぶ変革の期間を科学革命（Science Revolution）と呼ぶことがあります。英ケンブリッジ大学のバターフィールド（Herbert Butterfield）が、1946年の著作『近代科学の起源（The Origins of Modern Science）』のなかで、最初に用いた言葉でした。宗教説話的な要素を排除して経験知を重んじる方法論が定着し、それまでの説明体系とは明らかに一線を画したことで、ここに近代的な科学の基礎が築かれたのです。

近代科学の方法論は、旧来の知識体系には盛り込めない新しい知見を生み出すのですが、そうした成果を仲間に知らせるときに、体系的な総合を目指した図書という形式に代わる、コンパクトでタイムリーな媒体が必要とされました。新たな見解を発表するためにいちいち知識全体を俯瞰するような書物を著していたのでは、発見者にとって大儀であり、これを読む同僚知識人にとってもどこに新たな知見が書かれているのかを大著からでは容易に判断しかねるという欠点があるからです。そこで、学問上で既存の共通認識の部分は省き、新しく公表すべき学知だけを手短に表現して同好の士に伝えようとしました。

このとき、当時すでに市民権を獲得していた新聞に範をとり、研究報告の方向性を強めたのが、学術雑誌です。英語「journal」の原義は「日誌」や「日報」ですが、当初は新聞のタイトルに付けられ、後に定期刊行物である学術雑誌に用いられて定着しました。同じころ、ヨーロッパではイギリスを中心に郵便制度が形を成しつつあり、その制度上の未成熟がもたらす障害——遅配や行方不明、配達人の信頼性への懐疑や最短中継ルートの模索など——と悪戦苦闘しながらも、私信の往還という、緊密な人間関係を保つための手段もまた、学術雑誌の誕生を後押ししたのでした。雑誌は、いうならば、手紙を束ね同好のサークル内で定期的に互いの近況を知らせ合うという性格のメディアです。

●2．最初の学術雑誌

学術雑誌の内実が確立したのは、1665年3月にロンドンで公刊された『フィロソフィカル＝トランザクションズ（Philosophical Transactions）』、同年1月にパリで公刊された『ジュルナール＝デ＝サバン（Journal des Savant、当初はJournal des Sçavans-仏-)』の2誌によるものです。

前者の『フィロソフィカル＝トランザクションズ』は、イギリスのロンドン王立協会（Royal Society of London）の機関誌で、正式名称は『Philosophical Transactions: giving some Accompt of the present Undertakings, Studies, and

Labours of the Ingenious in many considerable parts of the world（哲学会報：世界の主要な地域における発明工夫に関する現在の状況・研究・努力を解説する）』でした。初代編集長は同協会の幹事・オルデンバーグ（H. Oldenburg）。研究成果の迅速な発表媒体という機能を備えた学術雑誌の先駆であり、こんにちまで続く最古のジャーナルです。

　後者の『**ジュルナール゠デ゠サバン**（学者の日誌）』は、フランスの王立科学アカデミー（Académie Royale des Sciences-仏-）の会報誌です。選ばれた少数の会員専用の雑誌で、常勤会員は正研究者・準研究者・助手の三ランクに分けられ、特別会員として貴族や聖職者などの名誉会員をもっていました。ただし、王立科学アカデミーはフランス革命時に旧体制の科学の殿堂との批判を受けて閉鎖され、『ジュルナール゠デ゠サバン』も1792年に廃刊となっています。

　　［注記１］　イギリスのロンドン王立協会は、近代的な**学会**（society, academy, association）の始まりとされています。ハートリブ（Samuel Hartlib）ら学術研究者の私的な集会——主にラニラ子爵夫人・キャサリンのサロンで開かれたのですが、このような集会をキャサリンの弟で化学者のボイル（Robert Boyle）は「**見えない大学**（Invisible College）」と呼びました——が原点で、1660年からは定期的な会合が組織されます。1662年に当時の国王・チャールズ二世（Charles II）から活動を公認されて「The Royal Society of London for Improving Natural Knowledge（自然についての知識を改良するためのロンドン王立協会）」を名乗りましたが、特定の後援者をもたずに会費により運営されました。英国での「royal」の語は、その大半が王室から権威の象徴として名目的に認可された冠称です。ちなみに、初代会長は数学者のブラウンカー（W. Brouncker）。ニュートンは『自然哲学の数学的諸原理（プリンキピア、Philosophiae Naturalis Principia Mathematica-羅-）』（1687年）などの主要著作をここから出版し、1703年から1727年まで会長（第十二代）も務めました。

フランスの王立科学アカデミーは、1630年代にアノンシアード修道院の修道士・メルセンヌ（Marin Mersenne）を中心とする当代研究者との交流や、1650年代に法服貴族のモンモール（Henri-Louis Habert de Montmort）が私邸で開いていた研究者間の集いなどを前身とするものです。ルイ十四世（Louis XIV）に仕えていた財務総監のコルベール（Jean-Baptiste Colbert）は、こうしたアマチュア研究者の集まりを仄聞し、フランス国内の科学研究を活性化すべく、1666年に王立科学アカデミーを発足させます。絶対君主制を確立したルイ十四世の威光を欧州全土に誇示する狙いもありました。国家直営の学術研究所で、文字どおりの王立組織だったのです。正・準の研究者は各自が選択するテーマを研究することが許されましたが、同時に政府から依頼されたプロジェクトにも参画させられ、多くの会員には政府からの俸給も与えられていました。

　イギリスのロンドン王立協会とフランスの王立科学アカデミーは、きわめて対照的です。前者が、比較的多様な社会的階層に門戸を開き、財政は会員の会費でまかなわれる共同出資制で、個人主義的・アマチュア的な性格をもっていたのに対し、後者は、選ばれた少数の科学研究者で構成される国家機関で、政府の財政援助のもとで研究が進められるという、国王ないし国家主導型でした。両者は、その後に各国で相次いで創設される学会の、二つの異なるモデルとなります。

　［注記2］　1731年にイギリスの印刷業者・エドワード゠ケーブ（Edward Cave）が『**ジェントルマンズ゠マガジン**（The Gentleman's Magazine）』を創刊。「Magazine」の語は当初は倉庫や貯蔵庫を意味していましたが、ケープは初めてこの語を定期刊行物のタイトルに採択し「知識の宝庫」の意を込めました。内容は、軽い評論や詩選、議会記事や株価の動向、人物消息やロンドンの天気などで、当時の文壇の大御所・サミュエル゠ジョンソン（Samuel Johnson）が編集陣に加わって、議会審議の報道記事などを

執筆しました。この刊行物は成功をおさめて1922年まで続くとともに、翌1732年には類似誌の『ロンドン゠マガジン（The London Magazine）』も創刊されます。

やはり「magazine」の語を冠した定期刊行物——たとえば、銅版画の挿絵入りで社交界のゴシップ記事を満載した『ランブラーズ゠マガジン（The Rambler's Magazine）』や『タウン゠アンド゠カントリー゠マガジン（The Town and Country Magazine）』など——が18世紀後半に次々と創刊されたことで、商業雑誌（マガジン）というジャンルが確立し、学術雑誌（ジャーナル）から峻別されていったのです。

● 3．19世紀の学術雑誌

18世紀後半から19世紀にかけてイギリスでおきた産業革命（Industrial Revolution）は、蒸気動力によって、織布機・紡績機・製鉄業・石炭業・輸送交通手段など多くの分野で目覚ましい技術革新をともない、農業社会から工業社会へと社会の成り立ちを根本的に変革しました。

この時期に科学は目覚ましい勢いで成長します。物理学・化学・生物学などが学問分野として形を整え、熱学・光学・電磁気学・有機化学・薬学・細胞学・遺伝学といった個別の領域に細分化していきました。英語の「science」は本来ラテン語の「scientia（スキエンツィア）」に由来する知識全般を指す言葉でしたが、それが専門分化した特殊な知識という意味に変わっていったのです。もはや一人の研究者が森羅万象のことごとくを論じるという時代は去り、より狭い分野にのみ通じる専門家がこと細かく枝分かれした研究をいっそう深化させるようになります。19世紀の科学は、哲学（自然学・神学）からますます離れ、文芸創作とも一線を画した知的活動になっていきました。

こうした科学の担い手たちのことを、英ケンブリッジ大学の哲学の教授・ヒューエル（William Whewell）は「scientist（科学者）」と呼びました。かれ

が1834年に発表した書評文のなかに出てくる造語です。それまでの研究者は「natural philosopher（自然哲学者）」、「philosopher（哲学者）」、「savant-仏-（学者）」、「Naturforcher-独-（自然探究者）」などと呼ばれていましたが、ヒューエルは限定された範囲を扱うスペシャリストたちを総称する言葉として「scientist」を提案したのでした。接尾辞「-ist」の前に「t」を挿入したのは「artist（芸術家）」から類推した発想でした。

19世紀には科学教育が制度化され、中産階級の子弟であっても専門的なトレーニングを受ければ、その領域での仕事に従事して生計を立てられるようになり、「科学者」は社会的に認知された一つの「職業」となります。土木や建築といった公共事業の技術者や、中等教育を担う学校の先生、あるいは大学の教員などに職を得るのですが、19世紀後半からは産業界と強く結び付いて企業内研究者となる道も開けます。さらに企業からの財政援助を得て大学に附属研究所が多数開設されるとともに、世紀転換後には国が直接に運営する政府所轄の研究所や、巨額の富をえた実業家がおこした慈善財団による研究施設が相次いで創設されていき、これらの研究機関（institute）も科学者の職場となりました。英ケンブリッジ大学のキャベンディッシュ研究所（Cavendish Laboratory、1871年創立）や、ドイツのマックス＝プランク協会（Max-Planck-Gesellschaft、1948年創立）の傘下にある研究所などが有名です。

背景には、科学が国家の重要な柱と認識された点があります。1851年のロンドン大博覧会（Great Exhibition）は、こんにちの万博の元祖ですが、これを一つの契機に科学が国家の繁栄につながるとの合意が確立したのです。科学は国家の経済力や軍事力を支える不可欠の要素とみなされ、政府が強力なスポンサーとして名乗りをあげ産業界も全面的なバックアップをはかり大学も国益に沿うかたちでの基礎研究や後進教育に注力しました。

専門分化の進展を反映して専門家だけを集めた学会の組織化も本格的に始まります。科学という枠のなかで個々の専門領域や個別分野が独立していき、そ

れぞれの区分ごとにまとまっていったのです。旧来のアマチュア然とした「自然全般についての学者」ではなく、特定領域に関する知識を十分に備えた「個別分野の専門的な学者」であることが要求されるようになりました。専門学会の組織化は、次のような現象を産み落としました。

　第一は、研究成果は学術論文として発表しなければならなくなったことです。当時はまだ、研究成果が体系的な総合を目指していて、図書という形式で世に問われることもありました。たとえば、1859年に出版されたダーウィン（Charles R. Darwin）の『種の起源（The Origin of Species）』は依然として単行書だったのですが、このような習慣は19世紀中葉から急速に廃れ始めます。研究成果は、新しい知見のみを論文に書いて報告することに完全に取って代わられていくのです。

　第二には、当然のことながら、論文を掲載する学術雑誌を必要としたことです。そこで、学会は自前で機関誌を創刊しました。研究成果は、そのような学術雑誌に掲載されて初めて、研究者の業績（merit）として認められるようになったのです。論文を発表する理由は、まだ誰も発見していないことを発見したという**先取権**（priority）を確保するためです。個人の業績は、他人に先んじて何か新しいことを発見することにあり、学術雑誌はその先取権を認知するという役割を担いました。とくに19世紀は、資本主義にもとづく自由競争がもっとも純粋に信じられ、かつ実行されたときです。資本主義の考え方は学術研究者のあいだにも濃厚に浸透しており、研究者個人の業績は競争のなかで他人に先駆けて何かを成すことだという価値観が支配的となっていたのでした。

　19世紀には、専門性の枠を超えた新しいタイプの学会も生まれました。17世紀以来のソサエティ型やアカデミー型とは異なるものです。イギリス科学振興協会（British Association for the Advancement of Science、ＢＡＡＳ、1831年創立）や、アメリカ科学振興協会（American Association for the Advancement of Science、ＡＡＡＳ、1848年創立）です。科学者のあいだの意思疎通をはか

り一般人へ科学の有効性をアピールするとともに政府に向けて科学者の地位向上を目指した働きかけも行ないました。日本では1949年創立の日本学術会議が、このアソシエーション型の学会です。

●4．20世紀の学術雑誌

　20世紀におきた二つの世界大戦は、戦争遂行のために国力を総動員して行なう国家総力戦となり、相手国の国力を下げ戦意を奪うために海運輸送を攻撃したり後方の都市への爆撃が行なわれたりしました。科学者も新兵器開発のために動員され、プロジェクトを組んで軍用研究にあたり、その成果が戦場の前線に持ち込まれて戦局を左右する重要な要素となったのです。第一次世界大戦（1914-1918年）ではドイツのハーバー（Fritz Haber）ら化学者が毒ガス開発に従事し、第二次世界大戦（1939-1945年）ではアメリカのマンハッタン計画にオッペンハイマー（John Robert Oppenheimer）始め多数の物理学者が参画して原子爆弾を開発しました。

　第二次世界大戦での軍用研究は形を変えて戦後の民生技術に引き継がれます。原爆製造の技術は原子力発電というエネルギー利用となり、ロケット兵器研究は米ソの宇宙開発競争につながり、軍事作戦用の計算機開発は情報機器と通信環境の発展に寄与しました。20世紀に科学研究の規模は大きく膨らみます。実験観測装置には巨額の費用が必要となり、もはや個人のポケット＝マネーでは手に負えない時代となったのです。周辺技術をもった研究者も含めて研究チームを組むのが当たり前となり、個々のメンバーの分業的な役割分担と調整のための上下関係が求められ、タイム＝スケジュールにしたがって集団的に作業を進めていくようになります。このような研究チームを束ねる長にとっては、国や民間企業からいかに研究費を調達してくるかが喫緊の課題となったのです。

　研究費の配分も潤沢そうな領域の課題を選ぶといった風潮が主流となり、陽のあたる研究テーマと日陰の研究テーマという学問上の格差が生じやすくなり

ました。米国科学アカデミー（National Academy of Sciences）や日本学士院などアカデミー型の学会に会員資格を得たり、ノーベル賞（Nobel Prize）や日本の文化勲章などの人口に上る賞を贈られたりといった報奨の仕組みが完備したことで、いっそうの格差を増長させています。

研究の内部では、専門性が極度に高まって局所化したり、単一の主題領域に収まらずに境界を乗り越えて複数の領域にまたがった活動が行なわれたりといった現象がおきました。一つの学会のなかにいくつもの分科会（session）が生まれ、そのなかでも共通の関心をもつ人たちのグループ（affinity group）が枝分かれしていき、他の分野名を連結させた複合語の名称をもつ研究領域も相次いで誕生しました。このような分極化や複線化の結果、科学を標榜する研究の分野はますます多様化し、そうなればなるほど対応する学術雑誌のタイトル数は増大して、掲載される論文の数も著しく膨張したのです。

学術雑誌の著しい増大にともなって、掲載される論文の生産・流通・利用に関する事象を統計的に分析する「計量書誌学（bibliometrics）」という学問分野も生まれました。ここでは、代表的な法則を一つ紹介します。

ブラッドフォードの法則（Bradford's law）は、イギリスの科学博物館（Science Museum）で図書館部門の館長をしていたブラッドフォード（Samuel C. Bradford）が1934年に発表しました。ある主題についての学術論文は、その多くが特定少数の「核となる雑誌（core journal）」のグループに集中して掲載されること、その一方で非常に数多くの「周縁的な雑誌（marginal journal）」のグループにも分散して掲載されているという状況を定式化したものです。

ブラッドフォードの法則が意味するのは、次のような内容です。ある特定主題に関して集めた雑誌群のなかで、A誌はその主題論文を5編掲載し、B誌は3編掲載しているというように、雑誌ごとに論文掲載数をカウントしていくとします。そして論文掲載数の多い雑誌から少ない雑誌へと順次並べていくとすると、論文掲載数によってそれぞれの雑誌はまとまって、いくつかのグループ

に分けることができます。そのとき、各グループでの雑誌の数じたいは、核となるグループ、核に続く第二のグループ、第三のグループのあいだで、$n : n^2 : n^3 : \cdots\cdots$ と、増加していくというものです。

　たとえば、雑誌が84誌あって、それらに特定主題の論文が総計で240論文掲載されていたとします。そして収録論文の多い順に雑誌を並べて論文総数80ずつの三つのグループに分かれたとします。するとブラッドフォードの法則では、最初の核となるグループには4誌、第二のグループには16誌（4^2）、第三のグループには64誌（4^3）の雑誌が含まれ、雑誌数じたいはグループごとに順次増加していきます。しかしながら収録論文数は、核となるグループでは1誌平均20論文、第二のグループでは1誌平均5論文、第三のグループでは1誌平均1.25論文となり、逆に順次減少していくのです。

　ブラッドフォード本人はこの法則で、掲載されていそうもない雑誌にさえも特定主題の関連論文が存在することを強調したかったのですが、その意図とは逆に、特定主題が集中する核となる雑誌の存在を見出した法則として知られるようになっています。図書館で雑誌を所蔵するさいには、テーマ別に核となる雑誌を見定めて購入すればよいという考え方に理論的な裏付けを与えました。

　　［注記］　計量書誌学には、ブラッドフォードの法則以外にも次のようなものがあります。ロトカの法則（Lotka's law、1926年）は、特定分野での論文の生産性に関し、ごく少数の研究者が多産であり、他の多くの研究者はほとんど執筆を果たしていないということを定式化したものです。ジップの法則（Zipf's law、1932年）は、テキストに出現する語のうち、ごく一部の語は頻繁に使用されているものの、それ以外の多くの語はまれにしか使われないということを示した法則です。

　実は、ブラッドフォードの法則、ロトカの法則、ジップの法則は、みな同じことを述べています。つまり、ごく少数のところに多くが集中し、それ以外の大多数のところには残りのわずかなものが分散しているという状

況が定式化されているのです。ロングテール現象（→ p.181）も同様です。経済学では、パレートの法則（Pareto's law、1896年）が同様のことを示した経験則として著名であり、俗に「80対20の法則」とも呼ばれています。

第2節　学術雑誌の特質

　こんにちの学術研究者は、大学や企業あるいは政府系の機関や民間の非営利団体などを勤務先としてそこに籍をおくとともに、一つないしは複数の学会に自主的に帰属して、一人かまたはチームを組んでの研究活動を続けています。研究の成果は発表されて初めて完結するものであり、発表されなければ、同じ課題に取り組んでいる別の研究者が成果をあげて先取権を得るでしょう。学術雑誌は、研究発表の場として先取権を確保する重要な役割を担ってきましたが、この第2節ではその特質を、次の第3節では構成を論じます。

●1．学術論文

　学術雑誌は、研究者の執筆した「論文」を主として掲載します。論文は学術研究の成果がまとめられた著作であって、学術性を強調した「学術論文」、研究の先取性（他の人に先んじて成し遂げたオリジナリティ）を強調した「原著論文」、雑誌掲載を強調した「雑誌論文」、依頼ではなく投稿による点を強調した「投稿論文」などとほぼ同義です。

　これに対して「記事」とは、事実の報告や解説がメインのものをいい、学術的な性格にはどちらかといえば乏しく、「雑誌記事」、「新聞記事」というように、雑誌のみならず新聞にも収載されます。本書では、学術雑誌に載るのが「論文」、商業雑誌への掲載は「記事」と、便宜的に区分しておきます。ただし「雑誌記事索引」という用法に見るように、記事（article）という言葉を「集められた多くの著作のなかの一つ」と広義に解釈して、論文と記事を合わせた総称として使うこともあるので注意しなければなりません。

論文は「事実」と「意見」とを明確に区別したうえで、事実をいわば証拠に据えて、そこから導かれる意見が論理的に陳述してあります。論理的とは、筋道立てて分かりやすくということであり、個人的な感情が混ざるものではありません。刷り上がりにしてたかだか十ページ前後の文章ですが、問題を提起し、先行研究を調べ、実験の方法や得られたデータの検証などを示して、新しい事実の発見や事実に対する新しい解釈が結論としてまとめられているのです。比較的少数のデータにもとづいてわずかでも確実な知見が得られれば、それに対応して論文にまとめられる「一成果一論文」が通常となっています。

　論文を著すにさいしての投稿規程や執筆要項はそれぞれの学会ごとに設けられ、学術雑誌の巻末に掲載されているのが常です。論文に使われるべき専門用語（technical term）は研究領域ごとに厳密に定義されており、冗漫な説明を省いて論旨を進められるようになっています。ただ、何気ない日常の言葉が専門用語として特別な意味を与えられていることがあり、その学問分野に属さない人々にとっては、まったく訳の分からない言い回し、つまりジャーゴン（jargon）となっていることもあります。

　論文の構成要素には、前付として①標題、②著者名、③著者の所属、④日付、⑤抄録（→ p.129）、⑥キーワードなどがあり、その後に⑦本文（序論・本論・結論）がおかれます。本文には⑧図表、⑨注記（→ p.126）、⑩箇条書きなどを含み、後付として⑪謝辞、⑫参考文献リスト（→ p.125）などが続き、論文全体に対して⑬柱（→ p.48）が配されます。

　学術論文の骨格は標題・抄録・本文ですが、そこには逆三角形型の文章構成（→ p.145）が援用されています。標題を一瞥すれば、著者が何を新たな知見として訴えたいかが即座に分かるようになっており、抄録で大略をつかめます。本文（序論・本論・結論）でも、序論部分にあらかじめ結論内容を簡潔に含めてから論を始めることで逆三角形型の文章構成が取り入れられ、最後にもう一度 結論をきちんと述べるという手順が推奨されています。

忘れてならないのは、科学の使用言語が圧倒的に英語であることです。普遍性をもつ研究成果の先取権を世界的に主張するのであれば、英語で論文を記述し、英文の学術雑誌に投稿しなければなりません。最新の研究動向を得るには世界的規模の英文雑誌を購読し、国際学会で研究発表をするのならば口頭での英語運用能力が求められます。それは、英語が言語としてとくに優れているからではなく、第二次世界大戦後にアメリカが亡命科学者を受け入れるなどして科学研究で優位に立ったことにより、しだいに英語の使用が優勢になったためです。日本語で書かれた論文であっても、標題・著者名・抄録・キーワードに関しては英文併記が必須となっています。

●2. 査読制度

論文は研究者による自発的な投稿というかたちをとりますが、その掲載にさいしては**査読制度**（さどくせいど、referee system）を通過しなければなりません。これは、投稿論文の内容を査読者（referee、レフェリー）が吟味して掲載の可否を判断する制度です。裁定は、採録（accept）、修正のうえ再投稿（revise and submit）、棄却（reject）という、三パターンで下されます。

査読者は、通常は2〜3名で、論文執筆者と同じ専門分野で十分な経験をもつ研究者が雑誌の編集委員会によって選ばれます。査読者の氏名は著者には知らされず、著者の個人情報も査読者には伏せられます。ただし、査読者のほうが論文内容から著者を特定できてしまったり、著者の側でも自分の論文の査読に適任と考える査読者候補を編集部に推薦したりといったケースがみられ、匿名性の確保は難しくなっています。

ともかくも、高度に専門化した学術分野で、当該論文に評価が下せるのは、同じ領域に精通している研究者をおいて他にはいないのです。いわば同業者評定（peer review）によって論文の値打ちが決まり、その分野の学術的な水準を保っていることになります。なお、査読制度のある雑誌に掲載された論文を、

俗に「査読付き論文」と称します。

日本では、論文は俗に「ペーパー（paper）」とも呼ばれ、その数量を示す助数詞には「報（ほう）」や「編（へん）」が使われています。あるいは、行為や成果を算するときの助数詞「本（ほん）」を用いることもあり、このときには研究業績そのものをカウントしているに等しいと認識されているようです。

科学を修める者の業績評価は、学術雑誌掲載の査読付き論文を基本としています。査読制度のない商業雑誌への掲載は、たといどんなに知名度のある月刊総合雑誌であっても、昇進資格審査などではあまり有効なものとはなりません。たとえば、アメリカの研究資金の潤沢な研究大学では、査読付き論文の生産性が重視され「**Publish or Perish**（パブリッシュ＝オア＝ペリッシュ、論文を発表せよ、そうでないのなら、消え去れ）」といわれてきました。

論文ではなく単行書を著すことは、時間的な余裕のできたときに行なう余技であって、その趣味的な出版物が研究業績とみなされることは、ほとんどありません。ただし、人文・社会系の研究者にとっての書物は、その時点でのみずからの仕事を集大成しようという意図が認められ、研究業績リストの一翼を担うものです（→ p.268）。研究書だけではなく、海外で出版された教科書の翻訳、一般読者向けの新書、商業雑誌に発表したエッセイ、新聞に載せた解説記事なども、文系では研究業績にカウントすることがあります。

●3．学術雑誌の種類

学術雑誌は、研究領域に応じて数多く発行されていますが、読者対象はそれぞれの専門分野の研究者が中心であることから、性格としては同人誌に近く一般書店で目にすることはほとんどありません。分野を同じくする研究者のあいだの、ごく限られた範囲で流通しているのですが、その発行母体によって学会誌・紀要・商業的学術雑誌に分けることができます。

学会誌は、専門分野ごとに組織された学会が定期的に発行する機関誌です。

査読制度を採用しており、投稿された論文が当該領域での研究において先取性に富んだ成果をあげているかどうかが審査されたうえで掲載に至ります。

ちなみに、ソサエティ型の学会の要件は、特定領域の研究者を構成員として事務局をもち、会員の研究成果を発表する場である研究大会を主催し、機関誌である学会誌を会員頒布して、研究者相互の交流促進に努めることです。

研究大会でのプレゼンテーションには口頭発表とポスター発表との別があり、いずれも複数の発表が分科会の単位でまとめられています。口頭発表は、区切られた時間内でその場の参加者（聴衆）に演台から研究成果を報告するのですが、司会者がいて質疑応答も含めた進行を取り仕切ります。ポスター発表は、壁やホワイトボードに研究成果をまとめたポスターを貼り出し、参加者（聴衆）が報告を聞きに来るたびに発表者は個別に説明を行なうものです。このような、学会の主催する研究大会のことも「学会」と称しています。

紀要（きよう、研究紀要ともいう）は、大学や研究機関が定期的に発行する機関誌です。当該の大学や研究所に所属している教員や研究員の投稿論文が掲載されます。ただ、簡素な査読制度にとどまる場合や査読制度をまったく設けていないケースもあるために、掲載される論文の学術水準はさまざまです。紀要の編集実務は、教員や研究員が輪番で編集委員会を組織してあたります。

学会誌と紀要には、次のような相違があります。学会誌は研究分野を単位に刊行され、執筆者の所属機関はさまざまですが、紀要のほうは特定の機関に所属する構成員の論文が掲載され、研究分野は多岐にわたっているのです。

商業的学術雑誌は、国際的な学術出版社から発行される、世界的規模の英文雑誌です。専門の編集者がおり、査読制度を備えたうえで利益重視の編集が行なわれています。先取性に抜きんでた論文の掲載を目標にしており、読者の興味をひくさまざまな特集記事なども編まれます。主な出版社に、エルゼビア社、シュプリンガー＝ネイチャー社、ワイリー＝ブラックウェル社があります。

蘭アムステルダムが本社のエルゼビア社（Elsevier）は、『Lancet』や『Cell』

などの学術雑誌を発行しており、多国籍企業であるレレックス＝グループ（RELX Group）の一部門です。同グループは1993年に誕生しており、中核部門には他に、リード＝ビジネス社やレクシスネクシス社があります。

シュプリンガー＝ネイチャー社（Springer Nature）は、シュプリンガー＝サイエンス＝アンド＝ビジネス＝メディア社と、マクミラン＝サイエンス＝アンド＝エデュケーション社との合併で2015年に誕生。前者は、独ベルリンで創業したシュプリンガー社（Springer）を母体に買収・合併で形成されました。後者は、スコットランドで創業したマクミラン社（Macmillan Publishers）が独ホルツブリンク出版グループに買収されたもので、傘下にネイチャー出版グループをもち、学術雑誌『Nature』とその姉妹誌を発行しています。

ワイリー＝ブラックウェル社（Wiley-Blackwell）は、米ニューヨークで1807年に創業したワイリー社（John Wiley & Sons）が、英オックスフォードを本拠地とするブラックウェル社（Blackwell Publishing）を買収して、2006年に誕生しました。本社は米ニュージャージー州ホーボーケンです。

なお、『Nature』と並び称される総合学術雑誌『Science』は、アメリカ科学振興協会（ＡＡＡＳ、→ p.114）が発行するものです。

第3節　学術雑誌の構成

学術雑誌の構成要素には、①オモテ表紙（タイトル、識別番号、刊行順序の表示、発行所の名称、発行年）、②標題紙、③目次（目次はオモテ表紙に印刷されることも多い）、④収録している論文、⑤奥付、⑥その他（年度単位の総目次や雑誌記事索引、投稿規程・執筆要項など）、があります。

● 1．タイトル

学術雑誌の書誌事項でまず注意すべきは、タイトル（誌名および副誌名）でしょう。商業雑誌とは異なり、タイトルに変更が加わっても継続刊行されるこ

とが多いからです。「誌名変遷」の事実を確認したら、前誌や後誌のデータを引き続き探索する必要性も生じます。正式な名称とは別に略誌名（half title）をもつ場合があります。たとえば、『Philosophical Transactions』が「Philos. Trans.」、『判例タイムズ』が「判タ」というように、です。

　タイトルにはまた、識別番号のＩＳＳＮ（アイエスエスエヌ、International Standard Serial Number、国際標準逐次刊行物番号）が割り振られています。ＩＳＳＮは、逐次刊行物、とくに学術雑誌を識別するための国際的なコード体系です。コードは連番の7桁で、それに検出符号1桁を加えた8桁構成です。

　（例）　ＩＳＳＮ００４０－９６６９

前後4桁のあいだをハイフンでつなぎ、「ＩＳＳＮ」の文字を冠して表1（右上の位置が推奨）に表示されています。国連の専門機関であるＵＮＥＳＣＯ（ユネスコ）の主導で考案され、1972年にフランス政府と共同で国際センター（ISSN International Centre）がパリに設立、1976年から番号の付与が始まりました。日本での割り当ては国立国会図書館が担当しています。

　ＩＳＳＮは電子ジャーナルにも付番されていますが、印刷版とデジタル版が並行して刊行されている場合など、内容は同じで異なる媒体の版（version）を一組にして管理する目的で、Linking ＩＳＳＮというコードが新たに追加されました（2007年8月から）。Linking ＩＳＳＮは、「ＩＳＳＮ－Ｌ」という文字を冠し、前後4桁をハイフンで結んだ8桁です。つまり、同一内容の雑誌が複数の媒体で発行される場合、ＩＳＳＮは別々の番号ですが、ＩＳＳＮ－Ｌは同じ番号となり、異版（→ p.207）同士が結び付けられています。

●2．刊行順序

　学術雑誌の書誌事項でもう一つ注意すべきは、刊行順序の表示です。一般的には、巻（volume）と号（number）を組み合わせた二階層の「巻号次」で表示されます。号が基本となる個別の単位で、巻のほうは一定期間の集合的な単位

です。たとえば、月刊誌で暦年（calendar year）を巻のサイクルとすれば、年間12回の刊行ですから、号数は第1号から第12号までが連番で続きます。暦年が改まると巻数は一つ増加し、号数のほうは再び第1号へと戻って割り振られるのです。月刊誌では巻のサイクルに会計年度（fiscal year）をあてることもあります。なお、学術雑誌のノンブルは一つの巻の第1号から1ページが始まり、その巻の最終号に至るまでが、連番となっています。

　巻の表示を用いずに、号のみを創刊号からの通し番号で数えることがあります。一階層の刊行表示で、「通巻〇号」という表示の「通巻号数」です。通巻号数は、巻号次の表示と併記されることもあります。

　さらに、年や月で刊行順序を示す方法もあります。月刊誌であれば、いわゆる「〇年〇月号」という表示ですが、これを「年月次」と呼びます。やはり巻号次や通巻号数と併記されます。ただし、年月次の役割はあくまでも順序付けであって、奥付にある発行年月の表示とは、ずれが認められます。

●3．参考文献リスト

　参考文献リストは学術論文のなかでの構成要素ですが、本項で論ずるものとします。論文執筆にさいして、引用したり参照したりした先行研究の文献一覧のことをいい、論文の巻末などに「参考文献」（あるいは「引用文献」または「参照文献」）と項目立てて、出典・典拠の書誌事項がリストアップされているものです。呼称については、本書では次のように区分します。

　引用は、先行研究の文献の一部を一字一句違わずに再掲することを意味します。文脈における表現の正確さを重視しており、引用箇所は読み手に明確に引用文だと分かるかたちで示します。文中ではカッコ記号などの引用符（quotation marks）でくくり、長い文であれば段落を改めたうえで、字下げや行空きを施して提示します。人文・社会系の学問ではこちらが本来の「引用」と目されており、別称で「狭義の引用（quotation）」と呼ぶことにします。

参照のほうは、表現の正確さよりも、その文章に盛られている事実のほうを重要と考えるものです。したがって、文脈上の表現をそのまま書き写すのはむしろ冗長であって、趣旨を要約して言及するのが常です。「引用」ではなく「参照」と表現されるのはこのためで、とくに自然科学ではこちらに意義を見出しており、いわば「広義の引用（citation）」とも呼ぶことができます。
　以上の点を踏まえ、本書では、狭義の引用がなされた場合にその出典を「引用文献」、広義の引用で典拠とした文献を「参照文献」とし、両者を合わせた総称として「参考文献」の語を用いています。
　引用（狭義の引用）にしろ参照（広義の引用）にしろ、その出典・典拠となった文献の情報は必ず明示しておかなければなりません。出典・典拠のデータは、原則としては引用・参照した箇所に近接していることが望ましいのですが、学術論文では後続の研究者のために詳細な書誌事項を報知する必要があるので、特有の表示形式をとります。それは、論文中の引用・参照箇所にいったん何らかの印をつけておき、巻末などの別なページに参考文献の一覧リストをとりまとめ、両者を一対一で対応させるというものです。
　引用・参照の箇所と参考文献リストとを対応させる方法には「番号方式」と「著者名方式」の二つがあります。番号方式は、引用・参照箇所に肩付きの小さな活字で連番のアラビア数字をふっていき、一覧リストではその数字の順で書誌事項を記述していくものです。著者名方式のほうは、引用・参照箇所の直後に典拠とした著者の姓と著作の出版年とをカッコ記号でくくって記載し、一覧リストではその著者名の音順で書誌事項を記述していきます。いずれの方式も、記号の使い方や書誌事項の記述方法に細かなバリエーションが認められますので、学術雑誌ごとの投稿規程や執筆要項にしたがいます。
　なお、参考文献リストを引用・参照箇所と同一のページ内にそのつどおくこともあり、位置の違いで頭注・脚注・傍注と——注記と同様に——呼んでいます。頭注は、縦組み・横組みとも、行頭側の余白におくものです。脚注は、本

来は横組み用で、ページ最下部の余白におきます（縦組みでは、本文の行長を短くして下部の余白に組み入れます）。傍注は、本来は縦組み用で、見開きページの末尾におくものです（横組みでは、やはり行長を短くして、横の空白部分に組み入れます）。ちなみに、挿入注は本文の該当箇所の直後にカッコ記号で挟んで組み入れた注記、割注（わりちゅう）はやはり該当箇所の直後に組み入れるのですが、二行に行を割ってしるされた注記、後注は章末や巻末におかれた注記のことです。

●4．欠号と最新号

　学術雑誌は年間の定期購読（subscription、予約購読ともいう）が基本です。学会や出版社に購読の申し込みをして年会費や購読料を前納すると、雑誌が発行元から予約購読者のもとに定期的に直送されてきます。

　洋雑誌の場合でも年間予約が基本で、購読の申し込みと同時に購読料を前払いする必要があります。予約期間は、一般的には1月から12月までの一年単位で、この暦年単位（current year only）を図書館では俗に「ＪＡＮ－ＤＥＣ（ジャンデック）」と呼びます。購読を継続する場合は毎年の秋口が更新期限です。購読申し込みは、外国の発行元に直接に予約する場合と、国内の洋書輸入業者を代理店にして行なう場合があります。発送は、外国の発行元から直送されてくるのが原則ですが、代理店にいったん集荷して検収を済ませた後にそれぞれの図書館に回送するというケースもあります。なお、紀要は販売されるものではなく、発行元の判断で必要と思われる関係先に寄贈されています。

　和洋を問わず、図書館での雑誌収集に欠けた号があることはいただけません。その図書館において何らかの理由で所蔵していない、欠落した分冊のことを欠号（けつごう）と呼びます。欠号を防ぐには、受入チェック＝カードあるいはコンピュータ＝システムの受入確認機能を使って、到着状況を注意深く確認する必要があります。もしも未着を見つけた場合には迅速なクレームを実施しま

す。未着を放置しておくと欠号となります。

　雑誌を陳列する雑誌架は、扉の付いたボックス状のタイプが一般的かもしれません。扉のところに面陳（めんちん）で最新号を挟み、扉を開けた後ろの空間に一定期間のバックナンバー（既刊号）を格納しています。しばしば、最新号だけは雑誌専用のクリア＝カバーでおおい、その表面に貸出に対応していないことやコピーできないことの注意が表示されています。禁帯出なのは最新情報をなるべく多くの利用者に閲覧してもらいたいからであり、複写無用は著作権法（昭和45［1970］年5月6日法律第48号）の規定によります。同法第31条（図書館等における複製）第1項1号で、図書館での複製は「図書館等の利用者の求めに応じ、その調査研究の用に供するために、公表された著作物の一部分（発行後相当期間を経過した定期刊行物に掲載された個々の著作物にあっては、その全部）の複製物を一人につき一部」となっているからです。この条文で「発行後相当期間」とは、次の号が刊行されるまでと解釈されており、換言すれば、最新号であるうちはコピーできないことになります。

第4節　学術雑誌の二次資料

　学術雑誌は、その増加とともに二次資料の出現を促しました。一次資料（primary source）が、先取性のある発見や個性的な創作などオリジナルな内容をもつのに対し、**二次資料**（secondary source）は、その一次資料の内容に圧縮・統合・再配列などの加工や編集を施したものです。膨大な一次資料のなかから、効率的に必要な情報を入手すべく、解説・評価・速報・検索といった目的のもとに二次資料はつくられます。たとえば、資料本体の書誌事項をリストアップした書誌や目録、あるいは資料の構成要素を抽出した索引は、いずれも代表的な二次資料といえるものです。

　以下、学術雑誌に関連する二次資料を紹介します。大半が印刷資料ですが、デジタル化されてネットワーク情報資源となっているものも少なくありません。

●1. 抄録誌

抄録（しょうろく、abstract）は、原著論文の内容を正確かつ簡潔に要約した文章です。原著論文の字句にはとらわれずに別な表現形式で要約されています。抄録と同義の言葉に「抜粋」、「要旨」、「梗概」、「概要」などがありますが、これらは原著論文の文章から字句を変えずに抽出して内容をとりまとめたものとみなし、抄録とは区別しておきます。

抄録の性格には、原著論文の内容を的確にまとめることを重視する報知性のもの（報知的抄録）と、原著論文を通読する必要性の有無を判断させる指示性のもの（指示的抄録）とがあります。抄録の字数は、それぞれの学術雑誌ごとに論文の投稿規程や執筆要項で定められており、たとえば、和文で400字以内、欧文で200語以内というように、厳密な制限が設けられています。また、構造化抄録（structured abstract）といって、論文の目的・方法・結果・考察といった項目別にまとめられた抄録も編まれています。

抄録誌（abstract journal）とは、複数の学術雑誌に掲載された論文について、その抄録を集めて、タイトルや著者名などの書誌事項とともにリストアップした二次資料です。通常は主題別に体系付けてあり、いわば主題書誌に抄録を付け加えたものが、この抄録誌といえます。代表例は、1907年にアメリカ化学会（American Chemical Society）によって創刊された『Chemical Abstracts』です。日本の抄録誌では、科学技術の分野別に『科学技術文献速報』が編纂されており、科学技術振興機構から発行されています。略称は『Ｂｕｎｓｏｋｕ』。

●2. レビュー誌

レビュー論文（review article）は、過去に発表された論文を総覧し評価することで、研究の現状をとらえ今後の動向を示唆する内容をもった論文です。特定主題の研究活動を歴史的に展望するものと、一定期間に発表された特定主題の論文を要約して評価するものの二種類があります。

レビュー誌（review journal）とは、レビュー論文の掲載を専門とする二次資料です。英語圏のレビュー誌の多くは「Annual Review of ……」「Recent Advances in ……」「Yearbook of ……」といったタイトルをもっています。代表例はアメリカのモスビー社（Mosby）から刊行されている医学分野の『Year Book』シリーズ。

●3．雑誌記事索引誌

雑誌記事索引（periodical index）は、論文・記事を対象とした索引です。論文・記事の存在を特定すれば、その論文・記事がどのような雑誌に掲載されたものなのかを知ることができます。論文・記事は標題・著者名・主題などで検索し、その存在が特定できれば、論文・記事のデータ（標題・著者名・主題など）とともに、掲載誌のデータ（誌名・巻号次や年月次・掲載ページなど）が併せて分かるのです。

学術雑誌では、自誌に掲載した論文・記事についての雑誌記事索引を作成しています。巻の単位でとりまとめて主題別に再編成し、その巻の最終号に掲載したり、一定期間の雑誌記事索引をとりまとめた累積版を、別冊や増刊号に仕立てて刊行したりしています。

雑誌記事索引誌（periodical index journal）は、複数の異なる雑誌を横断して作成された雑誌記事索引が収録されている二次資料です。

代表例は、国立国会図書館の編纂する『雑誌記事索引』（略称：ざっさく）ですが、冊子体での刊行を中止してからは同館のサイト「ＮＤＬ ＯＮＬＩＮＥ」のなかで検索できます。『大宅壮一文庫雑誌記事索引総目録』は、明治から現在までの商業雑誌に特化した雑誌記事索引誌で、データベース化もされています。皓星社（こうせいしゃ）は、明治から戦中までの雑誌を対象に『明治・大正・昭和前期 雑誌記事索引集成』（120巻、1994-1999年）をまとめましたが、これを「雑誌記事索引集成データベース（愛称：ざっさくプラス）」として2008年か

ら稼働させています。国立情報学研究所は、1986年から学会誌や大学の紀要を対象に雑誌記事索引データベースの提供を始め、2005年に「ＣｉＮｉｉ」として一般公開、2011年からは「ＣｉＮｉｉ　Articles」と名称を改めてリニューアルしました。

●4．引用文献索引誌

引用文献索引（citation index）は、論文に引用されている文献（論文や図書）を対象とした索引です。文献の存在を特定すれば、その文献がどのような論文で引用されているかが分かります。文献は、標題・著者名・主題などから探索して存在が特定できれば、文献のデータとともに、その文献を引用している論文のデータ、それに掲載誌のデータを知ることができるのです。

引用文献索引はガーフィールド（Eugene Garfield）によって提案されました。かれは、1951年から米ジョンズ＝ホプキンス大学のウェルチ医学図書館で機械索引法の開発プロジェクトに参加し、基礎研究としてレビュー論文の分析を行なっていました。この当時、シェパード社（Shepard）の判例引用集に出会って着想を得、1955年に「科学のための引用索引（Citation indexes for sciences）」という論文を『Science』に発表します。先行文献Ａが後続の論文Ｂのなかで引用されているとき、文献Ａと論文Ｂとは相互に主題のうえで関連性があるはずなので、先行する文献Ａを手掛かりにすれば（文献Ａを引用していて）類似の主題を扱っている、別な論文（つまり論文Ｂ）が検索できるはずと考えたのです。そして、1958年にみずから Institute for Scientific Information 社（ＩＳＩ社）をおこして引用文献索引誌を手掛けます。

引用文献索引誌（citation index journal）は、引用文献索引を収録した二次資料です。ＩＳＩ社から、自然科学の分野の『Science Citation Index』（1963年創刊）、社会科学分野の『Social Sciences Citation Index』（1972年創刊）、人文学分野の『Arts & Humanities Citation Index』（1979年創刊）が刊行されました。

その後の1992年に、ＩＳＩ社はカナダの情報サービス企業・トムソン社（Thomson）の傘下に入ります。トムソン社は2008年にイギリスの通信社・ロイター社（Reuters）を買収したことで、これ以降はトムソン＝ロイター社（Thomson Reuters）として活動、引用文献索引誌は「Web of Science」という名称のデータベースになりました。ところが、2016年にトムソン＝ロイター社は、「Web of Science」を含む、特許と学術論文の関連事業を二つの投資会社に売却。これにより、クラリベイト＝アナリティックス社（Clarivate Analytics）という新会社が設立され、「Web of Science」を始めとする学術事業は、この新会社のもとで引き続き運営されています。

　ガーフィールドの当初の発想は、論文のあいだの引用関係から同じような主題を扱っている別な論文を検索しようというものでした。ところが、そもそも引用とは他の研究者に「注目された」という事実を示すことから、引用文献索引誌を活用して、論文の「注目度」すなわち引用された回数を計量し分析するという、計量書誌学の研究分野に応用されたのです。結果として、優れた内容をもつ文献ほど被引用回数もまた多いことが実証され、論文の先取性は被引用回数に比例することが分かりました。このことから、研究業績の目安は単なる論文数ではなく、それらの論文の被引用回数を勘案するようになったのです。

　なお、「Google Scholar」（2004年開始）は、グーグル社（Google）による無料の検索サービスですが、論文や書籍などの学術文献を特定でき、その文献の被引用回数が分かります。

　ガーフィールドはさらに、雑誌別に算出した1論文あたりの被引用回数の平均値を**インパクト＝ファクター**（impact factor）と名付けて、掲載誌の「影響力」に関する格付けの指標を案出しました。インパクト＝ファクターは雑誌の3年分のデータから計算されます。対象とする年の前年と前々年に掲載した論文の総数を分母におき、分子には対象とする年にその過去2年間の論文が引用された延べ回数をおいて、除算するのです。たとえば、ある雑誌に過去2年間

で1000本の論文が掲載され、当該年にそれらが延べ500回引用されたとしたら、この雑誌の当該年のインパクト＝ファクターは0.5となります。

『Nature』や『Science』のインパクト＝ファクターは非常に高く、大学の紀要などはほとんどゼロであるところから、意欲的な研究者たちはこぞってインパクト＝ファクターの高い学術雑誌に投稿するようになり、競争も激しくなって淘汰され、さらに先取性に卓出した論文だけが掲載されるという好循環を生み出しています。インパクト＝ファクターは、こんにちでは、クラリベイト＝アナリティックス社の「Journal Citation Reports」という学術雑誌評価のためのデータベースで発表されています。

●5．目次速報誌

目次速報（contents sheet service）とは、特定の主題分野の新着雑誌についてその目次ページ部分をコピーし、その分野に関心をもつ利用者に定期的に配布する図書館のサービスです。利用の集中する雑誌の最新号をできるだけ多くの利用者に提供したいという図書館側の意図にもとづくものです。

目次速報誌（contents list bulletin）は、テーマが共通する複数タイトルの雑誌から目次ページのみを集めて編纂した二次資料です。目次速報のサービスを冊子体にしたものといえます。目次速報誌のアイデアは、引用文献索引誌と同様に、ガーフィールドによって実用化されました。ウェルチ医学図書館でのプロジェクトに携わりながら、目次ページを縮小コピーし雑誌として発行したのです。1956年には経営・社会科学の分野で『Current Contents』という目次速報誌を、後にＩＳＩ社となる自分の会社から発行。その後、対象分野を増やしたり、市場の要求に応じて分野を組み替えたりして発展させてきました。こんにちでは、クラリベイト＝アナリティックス社の「Current Contents Connect」という目次速報データベースになっています。なお、英語の「bulletin」とは「お知らせ」のニュアンスをもつ定期刊行物の意です。

[注記１]　学術雑誌に論文を発表する前に、編集者に現在進行中の研究内容を手短に知らせるという慣習があり、「編集者への短い報告（letters to editor）」、「研究ノート（research notes）」などと呼ばれるコラム欄となっていました。学術雑誌は投稿から掲載まで時間がかかるために、これらのコラム記事が発展し、研究成果の速報という性格をもった**レター論文**（letter article）となり、査読制度も設けられました。

レター誌（letters journal）とは、レター論文のみを雑誌本体から独立させて集めた一次資料です。後に論文の全文（full paper）が掲載されることを前提に先取権を主張するもので、学術雑誌本体に対する姉妹誌という位置付けです。代表例は、アメリカ物理学会（American Physical Society）が1958年から発行する『Physical Review Letters』。

[注記２]　著者の個人的な配布物に、次の二つがあります。

プレプリント（preprint）とは、学術雑誌に掲載予定の論文を、その刊行前に個人負担で印刷したものです。いち早く研究者仲間から先取権の承認を得る目的で配布します。プレプリントの作成時期は、①草稿段階、②投稿直前、③査読結果待ち段階、④掲載直前などさまざまですが、狭義では④の雑誌掲載の決まった時期のものだけを指します。

抜き刷り（offprint）とは、刊行された学術雑誌から特定の一論文だけを取り出して余分に印刷したものです。著者からの贈呈用として作成され同僚研究者に配布されます。プレプリントが学術雑誌の刊行前に配布されるのに対し、抜き刷りは刊行後の配布です。

[注記３]　**テクニカル＝レポート**（technical report）は、研究機関が政府などから受託した研究の成果報告書です。アメリカで国防省（DOD）や航空宇宙局（NASA）が委託する政府契約研究の成果を報告するときの形式として発展しました。原則として「一案件一冊子」ですが、分量には制約がないため大部となりがちで、並製本により不定期に発行されます。

［注記４］　一般に「会議」というと、関係者が一堂に会して意見や情報を交換する場のことですが、大別してカンファレンス型とフォーラム型とがあります。カンファレンス型は、特定の議題について審議し参加者のあいだで何らかの合意を得ることを期待するものです。英語で「conference」、「assembly」、「convention」と呼ばれるものが、この型です。一方のフォーラム型は、参加者が意見を出し合うだけで特段の結論を期待しないものです。英語で「forum」、「seminar」、「workshop」、「symposium」と呼ばれるものは、この型です。実は、学会主催の研究大会は、このフォーラム型の会議に相当するもので、開会式、基調講演、プレゼンテーション、パネル＝ディスカッション、懇親会、閉会式、記者会見というスタイルが踏襲されています（場合によっては協賛企業の展示会が併設されます）。

　会議に関連する一連の資料を**会議資料**（conference material）と呼んでいます。開会前に配布される「予稿集」や閉会後に作成される「会議録」などです。学術系の会議では、これらの会議資料に、研究発表のもとになった論文の全文（full paper）が査読制度を経て掲載され、学術雑誌掲載の査読付き論文と同等の位置付けとみなす場合もあります。

　なお、ＤＯＩ（ディーオーアイ、Digital Object Identifier）は、電子ジャーナルの論文を始め、デジタル化されたコンテンツを識別するための国際的なコード体系です。多くのデジタル化された学術論文に付与されていて、ＩＤ番号としての役割を担っています。下記に二つの事例を示します。

　（例）　10.1038/nature06830　　　10.1241/johokanri.57.591

　斜線記号の前段は、出版社などを特定するコードで、ＤＯＩ登録機関によって設定されます。後段は、出版社などが自身の管理するコンテンツに対して付与するもので、その形式は自由です。ＤＯＩをＵＲＬの「http://doi.org/」に続けて入力すると、その論文のあるＵＲＬに自動的に変換されて、該当するサイトが表示されるようになっています。

ＤＯＩは、国際ＤＯＩ財団（ＩＤＦ）が1998年から統括していますが、登録や管理はＩＤＦが認可したＤＯＩ登録機関に委譲されています。ＤＯＩ登録機関には、学術コンテンツに対して付与を行なうCrossRef（クロスレフ）、研究データに付与しているDataCite（データサイト）などの組織があり、日本ではジャパン＝リンク＝センター（ＪａＬＣ、ジャルク）が付与活動を行なっています。ＪａＬＣは、科学技術振興機構（ＪＳＴ）、物質・材料研究機構（ＮＩＭＳ）、国立情報学研究所（ＮＩＩ）、国立国会図書館（ＮＤＬ）が共同で運営する、ＤＯＩ登録機関（2012年に認可）です。

　本章は、古川安著『科学の社会史：ルネサンスから20世紀まで』増訂版（南窓社、2001年）、掛谷英紀著『学問とは何か：専門家・メディア・科学技術の倫理』（大学教育出版、2005年）、梶雅範編『科学者ってなんだ？』（丸善、2007年）、ヴァージル＝ディオダート著、芳鐘冬樹ほか訳『計量書誌学辞典』（日本図書館協会、2008年）、木下是雄著『理科系の作文技術』（中央公論社、1981年）、杉原厚吉著『どう書くか：理科系のための論文作法』（共立出版、2001年）、科学技術振興事業団 科学技術情報事業本部編『ＳＩＳＴハンドブック：科学技術情報 流通技術基準』1998年版（科学技術振興事業団、1998年）、窪田輝蔵著『科学を計る：ガーフィールドとインパクト＝ファクター』（インターメディカル、1996年）、出口正之著『初めての国際学会』（日本評論社、2008年）、佐藤貴彦著『ＳＴＡＰ細胞：事件の真相』（パレード、2016年）を参照しました。■

第7章　新聞

　新聞は、新鮮で重要度の高い出来事をニュース（news）として報道し論評する逐次刊行物です。速報性を重視して日刊などのごく短い間隔で刊行されます。形態は、紙葉が折りたたまれたまま重ねられているだけで、綴じられてはいません。

　この章では新聞全般について論じながら図書館での閲覧・保存を考察します。

第1節　新聞の機能と種類

●1．新聞の機能

　新聞の機能は、①報道、②論評、③通覧、④記録、です。

　「報道」の機能は、社会でおきている無数の出来事を新聞社が選別して価値付け、ニュースとして世の中に広く速く正確に知らしめることです。そもそも出来事は非日常的であればあるほどニュースとしての価値が高いとされています。その非日常の出来事も最初におきたときは異常なのですが、二度目に同様のことがおきても初回ほど新鮮な驚きを与えず、ニュース価値は低くなります。新聞社の側は常に新しい非日常の出来事を求めており、影響・関心・必要・有名などの観点から特異性を強調して読者に伝えようとしているのです。

　ニュース報道に求められることは、事実の公正・中立な伝達とともに、隠された事実の発掘です。日本の新聞の特ダネは時間差を競ったものが大半ですが、真のスクープ（scoop、ニュースの独占の意）は、他紙との単なる先陣争いなどではなく、闇にまぎれた事実を突き止めて暴き出すことにあります。出来事は、報道されなければ、問題の所在が社会に知られることもなく議論されることもなく、永遠に「存在しないもの」となってしまうからです。

　「論評」の機能は、ニュースの意味するところを解説して出来事の本質を明ら

かにすることです。時事的な問題に対しての価値判断的な考え方を提供します。論評に必要なことは、読者に正確で豊富な判断材料を披歴し、多様な見解を伝えることです。有識者や一般読者までを動員して特定の主張だけを展開する紙面づくりではなく、反対意見についても公平に紹介する配慮が必要です。新聞の論評機能は「社会の木鐸（ぼくたく、古代中国の、内側に木製の振動子をもつ鈴のことで、世の中に警告を発し教え導くものの意）」と称せられ、その役割が期待されています。

なお、ジャーナリズム（journalism）とは、報道と論評とを統合した概念です。新聞のみならずメディア全般を舞台に、ペン・カメラ・マイクなどを駆使しての活動ですが、メディアじたい（新聞・通信・放送・雑誌）、あるいはその提供母体（新聞社・通信社・放送局・出版社）を指す場合もあります。

「通覧」の機能とは、社会のなかのさまざまな出来事を一覧できることです。いわば掲示板を眺めるように、世の中のブラウジング（browsing, 漫然と見て回ること）ができます。新聞を読むことで、政治から経済まで、学芸からスポーツまで、あらゆる動向をみわたすことができ、「新聞を読まないと世間話にもついていけない」というように、社交上の手段ともなっています。

新聞は「読み捨てる」のが常ですが、毎日毎日、継続して定期購読されるために雑誌よりも強力な読者層の集団をおのずと形づくり、その集団への帰属意識を発生させます。特定の考え方にもとづく紙面が短期間に繰り返されることで、読者の考え方を刷り込み効果により一定の方向に動員し、世論（よろん、public opinion）として組織化する力も備わっているのです。

「記録」の機能は、同時代の事実を書きとめて後世に判断材料を提供することです。見出し（headline）や割付（layout）の変則性から、出来事が与えた当時のインパクトを測り知ることができます。一日経てば「旧聞」となり価値の急落する新聞ですが、一定期間分をまとめて顧みれば、日々の小さな変化から時代の潮流が浮かび上がるなど、記録性が供する新たな発見もあります。

［注記］ 接尾辞「-ism」は、「主義」、「装置」、「症状」などの意味を担っています。たとえば、「socialism」は「社会主義」という思想を表し、「mechanism」は「機械構造」という装置の意であり、「alcholism」は「アルコール中毒」という症状のことです。本来「journalism」とは、「journal（日誌・日報）」を定期的に発行する装置（システム）を意味するものであり、語源としてはメディアの提供母体を指し示しています。

●2．新聞の種類

　新聞の種類について、まず紙面内容の観点からは、あらゆる分野にわたる広範なニュースを扱う「一般紙」と、特定の産業や専門の分野の話題に特化した「専門紙」に区分できます。さらに、専門紙は以下のごとく細区分することがあります。①ビジネス全般の「経済紙」（『日本経済新聞』は発行部数が特に大きいことから一般紙扱いです）、②特定業種のニュースをきめ細かく報じる「業界紙」（たとえば、出版業界の『新文化』や『文化通信』）、③スポーツを中心に芸能や娯楽を取り上げる「スポーツ紙」、④新刊の書評を専門とする「書評紙」（『図書新聞』や『週刊読書人』）、⑤政党や宗教団体の機関紙（たとえば、日本共産党の『しんぶん赤旗』や創価学会の『聖教新聞』など）です。

　刊行頻度からも区分できます。新聞は速報性を特徴としているために「日刊紙」であることが基本ですが、それ以外にも「隔日刊紙（含週3回刊）」、「週刊紙（含月4回刊）」、「旬刊紙」、「月刊紙」、「不定期刊紙」などが存在します。日刊紙以外は、その形態から新聞と称されているものです。

　一般紙は、配布地域別に「全国紙」と「地方紙」に分けることができます。

　全国紙は『読売新聞』、『朝日新聞』、『毎日新聞』、『日本経済新聞』、『産経新聞』の5紙です。日本ＡＢＣ協会の「新聞発行社レポート」（2017年1月－6月平均）によれば、当該半期における平均値で、全国紙の朝刊の販売部数は、読売883万部、朝日626万部、毎日302万部、日経272万部、産経156万部です。新聞

の販売部数は、戦後一貫して堅調な伸びをみせたものの、1980年代後半から成長率が鈍化し、1997年ごろをピークに減少に転じています。

地方紙は、複数の県にまたがる広域地域を対象に、発行部数の多い「ブロック紙」と、都府県単位で発行される「県紙」とに分かれます。

ブロック紙は、3紙。北海道全域をカバーする『北海道新聞』、東海三県をエリアとする『中日新聞』、福岡を中心に九州で発行する『西日本新聞』です。北海道は一つの地方公共団体ですが、広域であるところから例外的にブロック紙とみなします。中日新聞社は、『中日新聞』のほか、『東京新聞』、『北陸中日新聞』、『日刊県民福井』を発行し、4紙合計は毎日や日経の部数と肩を並べます。

県紙は、一都府県の全域に及ぶ新聞です。戦時下の一県一紙体制に源流をもつのですが、同格の2紙が共存していたり、発行エリア内の世帯普及率では全国紙を抑えて優位に立っていたりする現象もみられます。県紙とは別に、都道府県・市町村内の一部地域のみで配布される「地域紙」も存在します。なお、県紙や地域紙は1980年代以降、廃刊・休刊が相次いでいます。

新聞の判型には、大型と小型があります。大型には、日本のローカル＝サイズであるブランケット判（406×545㎜）があり、その半分のサイズの小型のものを、タブロイド判（日本では273×406㎜）と称しています。

第2節　新聞の流通

●1．新聞販売店

一般社団法人日本新聞協会は新聞・放送・通信の各社を会員とする組織で、2017年の加盟130社のうち、新聞社は97社。ニュース報道を主とし発行部数1万部以上の日刊紙を扱うところが会員です。日本新聞協会の編纂による『日本新聞年鑑』2018によれば、2016年で、新聞の発行部数（朝夕刊セット紙は1部として計算）は4328万部、2010年に5000万部を割り込みました。各年の住民基本台帳から算定した世帯数と比して「1世帯あたりの新聞部数」を算出すると、

2016年は0.78部で、2008年から1部を割り込んでいます。
　新聞の発行部数のうち、家庭や事業所の元へ新聞販売店が戸別に配達する「宅配（たくはい）」によるものは、率にしておよそ95％。日本では宅配制度が広く普及しており、それ以外は、駅売店やコンビニ店などで扱われる1部売りの「即売（そくばい）」か、郵便を使った送付です。
　一般紙には朝刊と夕刊の別があり、両者を一組とする「朝夕刊セット紙」として販売されてきました。一つの新聞が同じ題号で、朝夕の二回発行されているという形態は日本独特のものです。ただし、印刷拠点から遠く離れているという輸送上の時間的な制約から夕刊の届かない地域が存在してしまうために、全国紙では「統合版」という朝刊が配られています。これは、朝刊と前日の夕刊の内容を取り込んで朝刊と同様の体裁にしたものです。なお、朝夕刊セット紙とは別に、朝刊だけが発行される「朝刊単独紙」や、夕刊だけが一つの題号で独立している「夕刊専門紙」も存在します。
　朝夕刊セット紙という販売方法は、1970年代から崩れ出しました。夕刊は不要という購読者が増えて、俗に「セット割れ」と呼ぶ現象が進みました。朝刊単独の購読は「朝刊→夕刊→朝刊→夕刊」と連続していく記事の提供方式が成り立たず、やむなく夕刊に依存しない紙面づくりも行なわれました。2002年には『産経新聞』の東京本社版が3月30日付をもって夕刊廃止に踏みきるなど、朝夕刊セット紙から朝刊単独紙に移行した新聞もあります。
　ともあれ、一般紙の実に9割以上が新聞社から新聞販売店を経由して購読者の元に宅配されていることになり、「生産者→小売店」という、卸売業者を介さない流通経路をとっているのです。総務省統計局ほか編『平成24年 経済センサス──活動調査報告』第7巻その4（経済産業統計協会、2014年）によると、新聞小売業事業所つまり新聞販売店の数は2012年2月時点で1万1371店。その種類には、いずれかの新聞社の系統に属し当該系統の新聞のみを扱う「専売店」、新聞社の系統に属しながら他紙も取り扱っている「複合店」、一定地域におい

てすべての新聞を扱う「合売店」の別があり、割合は専売店約50％、複合店約45％、合売店約5％と推定されます。日本新聞協会加盟の新聞社は年間十日ほどの「新聞休刊日」を一斉に設けていますが、これは従業員の「福利厚生の拡充」と説明されています。

　新聞販売店の収入源は、第一に販売手数料です。購読者から徴収する月決めの購読料金と新聞社からの仕入れ価格とのあいだの売買差益が、新聞販売店のマージンとなります。一般の小売店と同じですが、違っているのは、新聞社の指示する価格で販売しなければならないこと、責任配達地域が新聞社のほうであらかじめ決められており、そのエリアを越えての営業活動ができないこと、他の新聞を取り扱うには新聞社の同意を求めるといった、いくつかの制限が加えられている点です。

　収入源の第二は、折込広告代理店から供される折込広告（チラシ）の折込料です。新聞社の印刷工場から刷り上った新聞は直接、新聞販売店に運び込まれて配達されるのですが、この過程で新聞に折込広告が挟み込まれます。

　収入源の第三は、新聞社からの補助すなわち販売促進費です。新聞販売店における販売部数が増えれば増えるほど、新聞社からの販売促進費が増加するといわれています。以上、新聞販売店での収入源は、割合として販売手数料約50％、折込広告収入約40％、販売促進費約10％と推定されます。

●２．新聞特殊指定

　第３章第３節「再販制度」でみたように、新聞業でも事業者のあいだの取り決めが積み重なって定価販売が制度化しています。再販制度を採択するか否かは各事業者の任意であって法律上の義務ではなく、独占禁止法にてらしてみれば「定価販売は、本来は禁止だが例外として認める」というものです。

　実は新聞業という業種では、再販制度に加えて**新聞特殊指定**という規定があります。こちらは公正取引委員会が独占禁止法にもとづいて行なう行政措置で

「ぜひとも定価販売をせよ」という強い要請となっています。

　独占禁止法では、公正な競争を阻害するおそれのある行為として「私的独占」、「不当な取引制限」、「不公正な取引方法」の三つをあげて禁止の対象としました。三番目の「不公正な取引方法」とは、地域または相手方により対価に差異を設けて行なう販売方法が、競争事業者の活動を不当に阻害するなど市場における公正な競争秩序に悪影響を及ぼすおそれの認められることをいいます。その具体的な内容は、それぞれの業界の実態にそって公正取引委員会が告示（→ p.162）で指定することになっており、すべての業種に適用される「一般指定」と、限られた特定の業種に適用される「特殊指定」があります。特殊指定は、①新聞業、②物流業（特定荷主が物品の運送または保管を委託する場合）、③大規模小売業（大規模小売業者による納入業者との取引）の、三つです。かつて存在した、教科書業、海運業、食品缶詰・瓶詰業、広告のオープン懸賞にかかわる四つの特殊指定はいずれも2006年に廃止されました。

　物流業と大規模小売業の特殊指定は、それぞれ2004年と2005年に新設されたものですが、新聞特殊指定は古く1955年12月に告示されています。そのときは、以下のような行為が「不公正な取引方法」として示されました。①金銭や物品その他の、いわゆる景品類を配布して購読を勧誘すること、②無代紙・見本紙の濫用によって購読を勧誘すること、③地域または相手によって差別した、異なる定価を付けること、④新聞社が部数増へ駆り立てるために、注文数を超えた部数を新聞販売店に押し付けること、です。当時すでに新聞の販売競争が過熱し、強引な契約勧誘が社会問題となっていたことを指摘できます。

　1990年代に公正取引委員会は規制緩和の一環として新聞特殊指定にも手を入れ、学校教育教材用、大量一括購入、長期購読、口座振替、一括前払いなど正当かつ合理的な理由があれば、多様な売価を設定しても特殊指定上は何ら問題がないとの但し書きを挿入しました。このときは著作物の再販制度見直しの方向性が定まっておらず、暫定的なものにとどまったのです。すなわち、1999年

に告示された新聞特殊指定（平成11［1999］年7月21日公正取引委員会告示第9号、正式名称「新聞業における特定の不公正な取引方法」）では、以下の行為が「不公正な取引方法」として示されました。①新聞社が、地域または相手によって差別した異なる定価を付けること。「ただし、学校教育教材用であること、大量一括購読者向けであること、その他正当かつ合理的な理由をもってするこれらの行為については、この限りではない」、②新聞販売店が、地域または相手によって差別した異なる定価を付けること、③新聞社が新聞販売店に対し、注文数を超えた部数を押し付けること、です。

著作物の再販制度が当面の存続と決定された2001年3月の時点から、新聞特殊指定について廃止も含めたさらなる見直し論が浮上しましたが、日本新聞協会の特殊指定堅持の特別決議など強い抵抗を受け、2006年6月、公正取引委員会は第1項に但し書きを挿入した以上に踏み込むことは見合わせました。

第3節　新聞の紙面

●1．紙面の構成

新聞では、冊子体でのページに相当するスペースを「面」と呼んでいます。記事は、1行が10〜13字程度の帯状に組まれており、この帯の一つが「段」です。新聞の一つの面は、おおよそ11〜15段で構成されています。

紙面構成はほぼ固定されていますが、それは、編集局内部での部門編成（政治部・経済部・社会部・外信部・文化部・運動部など）と呼応しています。

第一面はその日の重大ニュースです。右上に「トップ記事」、その左側の「サイド記事」、トップとサイド以外の「段もの」、矩形の枠で囲まれた「囲み記事」、1段見出しの「ベタ記事」、活字の小さい「短信」などから成ります。

見出しは重要度により、タテ見出しが2段から5段をまたぎ、サブ見出しが付くこともあります。大ニュースにはヨコ見出しが加わり、ヨコ見出しが縦幅2段で横いっぱいの黒地に文字が白抜きだと、超弩級のニュースです。編集局

には整理部という部門があり、記事に見出しを付け、写真や図版とともに割り付ける作業を行なっています。

　第一面以外が中面（なかめん）です。第二面・第三面は総合面で、社説を含め、第一面に入りきれなかった重要記事が掲載されます。第四面以下には、政治面・国際面・経済面・地域面・運動面などが続きます。

　社会面は、最終面の内側のページで、事件はもちろん、社会現象全般にわたる記事が組まれています。かつて明治初期に新聞が4ページ立てのころ、紙面は天下国家を論評することが主流とされ、市井の出来事は数段低くみられて第三面に集められていました。そこからゴシップやスキャンダルなどの社会関連の記事を「三面記事」と、やや軽蔑を含んで呼称するようになったものです。新聞の「定価」は、この社会面の欄外にしるされています。

　最終面は、ラジオ・テレビ番組案内面（ラテ面）です。1970年代に新聞各紙はテレビ番組案内の強化をはかり、『毎日新聞』が1971年7月から番組案内を最終面に移したのを契機に、多くの新聞でこのスタイルが定着しました。

　新聞記事、とくにニュース報道の記事は、個別に見ると、見出し・リード（lead、前文）・本文という順序で構成された「逆三角形型」となっているのが特徴です。

　一般に文章の構成には「叙述型」と「逆三角形型（倒述型）」があります。叙述型は、順を追って述べていくもので、主題や問題点をまず提示し、論証を重ねながら、最後にもっとも主張したい事柄へと導く「序論→本論→結論」という順序で進みます。これに対して逆三角形型は、叙述型を転倒させて結論を先行させた「結論→要旨→補足説明」という構成です。客観的な事実を伝える新聞記事には論証が不要なことから、情報の核心を見出しでまず明かし、本文の第一段階に相当するリードでニュース全体を要約し、第二段階以降の本文でより具体的な補足説明を施すということが可能なのです。この逆三角形型では、何が重要な案件かを読む者が即座に理解できるというメリットがあります。

●2．紙面の印刷

　新聞社の組織は、編集局、広告局、制作局、販売局、事業局、総務局などに分かれ、工務局として自前の印刷工場をもっています。百万単位の大量部数を日刊で維持するために必要であるとともに、言論の独自性を保つためにも業務委託することを嫌うからです。人材・取材網・編集設備・印刷工場・輸送手段を自社でもち、専用の巻取紙や新聞インクも押さえて、販売ルートも系列化し、すべてを丸抱えしていることになります。

　新聞の面数には、物理的な制約があります。一台の輪転機では基本的に4面（見開き2面で、オモテ裏の計4面）だけを印刷するので、たとえば32面の新聞をつくるには輪転機が8台必要となるように、所有する輪転機の台数で面数の上限が決まるのです。したがって、重大な事件がおきるとその報道に紙面がさかれて本来載るはずの記事が割愛されたり、逆にニュースが乏しいときには似た事例を集めて一つの記事にする「まとめモノ」が掲載されたりします。

　紙面の印刷は、時間を追って何回も繰り返されます。同じ内容で印刷された全体が「版（edition）」です。新聞のもっとも外側1枚のオモテ裏（第一面・第二面・社会面・ラテ面）は、更新も頻繁で最新の記事が掲載されます。最終版（もっとも新しい版）は、およそ朝刊が14版、夕刊が4版です。輸送上の制約で、印刷工場から遠い地域ほど早い時期に印刷された古い版ということになり、同じ日に紙面内容の異なるものが混在しているのです。

　夕刊の第1版は午後1時ごろに刷り上ります。その後に逐次新しいニュースが入稿されて重要度の低い記事と差し替えられていき、4種類ほどが印刷されます。これに続けて夕方の6時ごろには翌日の朝刊の第1版が印刷され始めます。以後、内容をどんどん更新しながら、朝刊の印刷は明け方の4時ごろまで続き、およそ14種類の版が印刷されるのです。当然ながら早い版の新聞は、ほとんど社外には出回らず、基本的に新聞社のなかでの検討用のものとなります。新聞社の印刷工場は1日の大半を印刷にあてて輪転機を回し続けており、多く

の版をつくって記事の速報性を確保しています。

　　　［注記］「号」は、日刊の新聞で1日に1号増えていく創刊時からの通し番号です（通巻号数）。重大事件の発生したときに街頭で無料配布される「号外」は、号の「外側」にあるという意味で、通し番号にはカウントしない特例のものです。

●3．新聞広告

　新聞広告は、紙面そのものを直接の媒体とする純広告です。折込広告（チラシ）は含みません。広告スペースは段数と横幅で計算され、第一面とそれ以外の面、朝刊と夕刊、発行される季節などでも料金設定が異なります。

　新聞広告のスペースは多彩です。小さなものには、第一面の題字の真下に入る「題字した」、記事と記事のあいだにおかれる「記事なか」、紙面の左右の端に突き出したように入る「突き出し」、記事のなかに横幅1センチの1段で小さく挟み込まれる「記事はさみ」などの種類があります。

　紙面下辺の「記事した広告」で第一面におかれるのは、「さんやつ」が3段を縦に8つ割りした広告スペース、「さんむつ」が3段を縦に6つ割りしたスペースです。ともに慣行としては出版物の広告にあてられます。第二面以降の記事した広告では、5段を通しで使う「全5段」、その半分のスペースの「半5段」があります。なお、これらの広告の呼称は、一面を15段に区切った場合のものです。

　一面すべてを使った「全面広告」、中央部分の左右二面で展開する「センター見開き広告」もあります。新聞社の広告局が、あるテーマのもとに広告特集紙面を企画・制作することもあり、複数企業を募って純広告を並べて掲載したり、広告主に関連する企画記事を純広告に隣接させたりします。

　新聞に特有な内容の広告として、主義主張を表明する意見広告、商品のリコールや経営者の訃報などの社告、不祥事のお詫びを紙面で行なう謝罪広告、俗

に三行広告と呼ばれる求人募集などがあります。

　新聞社は販売収入と広告収入とで運営されていますが、広告収入への依存度が高いと発行部数を維持して広告媒体としての価値を高めなければなりません。そのために過大な販促活動が展開され、勧誘員による購読契約の強要や行過ぎた景品供与、「押し紙（新聞社が、強制的に新聞販売店へ押し付けた部数）」や「積み紙（新聞販売店が、実際に販売する以上に新聞社から仕入れた部数）」といった、納品されても配達されない「残紙」問題などが発生しています。

　『日本新聞年鑑』2018によれば、2016年で、新聞社の総売上高は1兆7675億円。うち、販売収入1兆0208億円（57.8％）、広告収入3801億円（21.5％）、その他収入3667億円（20.7％）です。部数減は当然のこと売上高の減少を招き、長らく維持してきた2兆円台は2010年から崩れています。

●4．ニュース＝ソース

　大手新聞社は、大都市に本社それに支社、地方各地におよそ二百から三百の支局をかかえ、海外にも二十か所以上の海外支局をおいて、自前の取材網を展開しています。国内ニュースの大半は、本社や支局勤務の記者がそれぞれの記者クラブを活動拠点に記事を作成しているのです。

　記者クラブは、新聞・通信・放送の記者がつくる取材報道のための自主運営組織です。日常的に情報が発生する可能性の高い場所に記者クラブをつくり、「記者室」をしつらえて記者を配し、情報収集の網を張っているのです。記者クラブは、①警察庁や警視庁・県警本部などの捜査機関、②国会や各省庁、都道府県庁や市役所・町村役場など政府や地方公共団体の機関、③民間企業や各種の業界団体などに個別に存在しており、八百以上ともいいますが正確な数は不詳です。記者会見（発表者が報道陣と対面し、主張を述べたり質疑に応じたりする場）を主催し、ときには報道協定などの措置を取り決めます。

　しかしながら、記者クラブでの発表ものに依存して無批判に伝達する「発表

ジャーナリズム」が日常化し、記事執筆の「横並び」という弊害も指摘されています。追加取材・確認作業・価値判断といったプロセスの抜け落ちた、記事の安直化です。排他性も批判の対象となっています。記者クラブの大半が、日本新聞協会か日本民間放送連盟に加盟している社の、テレビ・ラジオ・新聞・通信の記者だけに入会資格を限定し、雑誌・海外メディア・ネット媒体・フリーランスの記者は、原則として会員にはなれないからです。

　もちろん、新聞社側の全責任において独自の取材を展開する、**調査報道**が行なわれることもあります。その報道姿勢には、権力の不正を暴く社会的な告発あるいは埋もれている事象を長期間にわたって報じる問題提起の要素を含みます。調査報道には、記者クラブに属さない「遊軍」と呼ばれるベテランの記者が担当します。結果としてスクープをものにすることもありますが、十分な確認作業を怠って事実と異なる報道をしたり（誤報）、架空の事件を捏造して報道してしまったり（虚報）する危険性も含みます。

　新聞記事はまた、**通信社**からニュース素材の提供を受けています。通信社は、新聞社や放送局、民間企業や官公庁に向けてニュース素材や金融情報を配信する組織です。みずから記事や番組を作成してニュースを公表することはしませんが、ニュース素材の価値を判断し格付けを決めて、提携先に配信します（ただし、通信社の自社ウェブ＝サイトでの公開という例外はあります）。新聞社の側も、とくに国際ニュースは海外支局に特派員をおいて独自取材も行なっていますが、取材態勢を手厚くするには膨大な経費がかかるところから、基本的な情報は通信社に任せて一斉に配信してもらっています。

　通信社の業態は大きく三つに分かれます。一つ目は「協同組合型」です。報道機関が共同出資で運営する非営利の通信社で、ＡＰ（米）、ＡＡＰ（豪）、共同通信（日）などです。二つ目は「商業主義型」です。報道機関のほか、一般企業や官公庁にも金融情報を配信する通信社で、トムソン＝ロイター（英ロイター社をカナダのトムソン社が2008年に買収）、ブルームバーグ（米）、時事通

信(日)などです。三つ目は「国営型」です。政府による政府のための通信社で、新華社(中国)、中央通信(台湾)、イタル＝タス通信(ロシア)、戦前の日本の同盟通信などです。

日本の通信社は、戦前の同盟通信社が1945年の解散時に二つに分裂し、一般報道部門を引き継いだ共同通信と、経済報道部門の後継である時事通信となりました。一般社団法人 共同通信社は新聞社や放送局に向けたサービス、株式会社 時事通信社は銀行・証券会社・商社などの民間企業それに中央省庁や地方自治体向けのサービスといったように、両者は棲み分けました。

共同通信社は、大半の県紙とブロック紙3紙の新聞社、全国紙の毎日新聞社、日本経済新聞社、産業経済新聞社、それに日本放送協会(NHK)の計56社(2017年7月現在)の共同出資で、これら「加盟社」からの出資が収入のおよそ9割に相当します。他の新聞社(10社)と全国の民間放送局(110社)は、共同通信社との「契約社」として一部のニュースの配信を受けています。

第4節　図書館での新聞

●1. 閲覧

図書館での新聞の閲覧には、いくつかの方法があります。①新聞のノドの部分を長尺の綴じ具で挟み込み、その両端を新聞架(新聞を掛ける専用のラック)に乗せておく、②ノドの部分をステップラーでとめて折りたたみ、格子状に間仕切りした木箱に投げ入れておく、③見開きで読むことのできる、傾斜のついた新聞閲覧台をしつらえ、中央部分を金属棒でとめておく、などです。新聞は閲覧のみで、貸出には対応していません。

　　[注記]　新聞社は、1995年8月の「ａｓａｈｉ．ｃｏｍ」(朝日新聞社)を皮切りに、各社が自前のサイトを開設して当日の記事などを提供、無料で閲覧ができました。2010年代になると、並行して有料・会員制の新聞電子版サービスが始まります。2010年3月の「日本経済新聞電子版」が最初

で、「朝日新聞デジタル（有料版）」、「読売プレミアム」、「中日新聞プラス」などが続きます。紙面のイメージをそのままネット上で見られるものや電子版独自のコンテンツを含むものなど多様です。

　インターネット上のニュース＝サイトなどを集約して提供するサービスも登場しました。1996年7月開始のヤフー＝ニュースは、その先駆的な代表例です。ニュースのまとめサイトは、モバイル機器にも広がり、スマートフォンでは数十のニュース＝アプリが乱立している状態です。

●2．保存

　図書館での新聞原紙は、基本的に「消耗品扱い」（→ p.236）の資料で、1年を目途に廃棄されます。保存にさいしては、どこに何新聞の何月分があるのかという明細を、バックナンバーの束を収めたケースの背に大きく記入して一目で分かるようにしておきます。12か月分は保存し、月初めに13か月前の1か月分をまとめて廃棄するというサイクルです。

　新聞原紙以外での記事の探索には、新聞縮刷版が用いられます。新聞縮刷版は、新聞の紙面をそのまま四分の一程度に縮小して冊子体にしたものです。本社のある地域の最終版を元に、1か月の単位でつくられます。いわば、新聞のミニチュア版ですから、掲載年月日さえ分かれば、その日の紙面から記事全文を探すことができます。全国紙では、『読売新聞縮刷版』（同社、月刊）、『朝日新聞縮刷版』（同社、月刊）、『毎日新聞縮刷版』（同社、月刊）、『日本経済新聞縮刷版』（同社、月刊）が発行されています。

　マイクロフィルムや光学式ディスク（ＣＤ-ＲＯＭやＤＶＤ-ＲＯＭ）にも新聞記事が蓄積されており、探索することができます。

　オンラインでの新聞記事データベースには、「日経テレコン21」（日本経済新聞社）、朝日新聞オンライン記事データベース「聞蔵Ⅱビジュアル・テキスト」（同社）、「ヨミダス文書館・歴史館」（読売新聞社）、「毎索（まいさく）」（毎日

新聞社)、「The Sankei Archives 産経新聞ニュース検索サービス」(同社)などがあります。

　新聞のクリッピング情報誌は、特定のテーマ別に新聞記事をクリッピングして冊子体にしたものです。定期的に発行され、もとの紙面レイアウトのままで記事全文を読むことができます。時事ニュースを分野別にまとめた『月刊 新聞ダイジェスト』(新聞ダイジェスト社、月刊)などがあります。

　　［注記1］　新聞の歴史を簡単に振り返ると、15世紀後半のヨーロッパで——グーテンベルクらによる活版印刷術の普及後に——災害、戦争、怪奇譚などを伝える一枚刷にしたビラが、街頭での呼び込みとともに売られるようになります。たとえば、1492年のコロンブス新大陸到達を報じる「フルークブラット（Flugblatt）」と呼ばれたドイツでのビラが有名です。

　　これらの印刷ビラのたぐいは不定期刊行でしたが、17世紀には近代的な新聞の祖ともいうべき週刊単位の印刷物が誕生します。独シュトラスブルク（現在は仏領）の『レラツィオン（Relation）』(1605年)、独アウグスブルクの『アビーゾ＝レラツィオン＝オーダー＝ツァイトゥンク（Aviso Relation order Zeitung）』(1609年)、オランダで印刷され英国に輸出された『コラント（Coranto）』(1620年)、イギリスの『ウィークリー＝ニューズ（Weekly News）』(1622年)、フランスの『ガゼット（La Gazette）』(1631年)などです。馬に乗った郵便配達人によって運ばれ、ヨーロッパの交通の要衝で——週1回の郵便集配に合わせて——貴族や豪商らに販売されました。

　　日刊紙としての嚆矢は、1650年創刊の独ライプチヒの『ライプチガー＝ツァイトゥンク（Leipziger Zeitung）』——当初の標題は「Ein Kommende Zeitung」、1660年に「Neu Einlauffende Nachricht von Kriegs und Welt Händeln」と変わり、ほどなく週刊に後退して何度か紙名変更したのち、1810年から「Leipziger Zeitung」に改題し1918年まで存続——です。続い

てイギリスの『デイリー＝クーラント（Daily Courant）』（1702年）、フランスの『ジュルナール＝ド＝パリ（Journal de Paris）』（1777年）などが刊行されます。当時のドイツすなわち神聖ローマ帝国は、三百以上の領邦や自由都市の寄合所帯で、近代的な新聞の歴史を初期にはリードしたにもかかわらず、三十年戦争（1618-1648年）による領土荒廃が災いし、その後の発展ではイギリスなどの後塵を拝します。

17世紀後半のイギリス。商人層など新しく台頭した市民階層は、コーヒー＝ハウスを溜まり場とし、客寄せのためにおかれた新聞を回し読みしながら、政治談義を闘わせたり船舶情報を交換したりするようになります。たとえば「マーキュリー（Mercury）」や「ポスト（Post）」といった題号の付いた新聞は、新聞社の主張を中心とした政論新聞（opinion paper）で、中産階級の政治的見解を代弁し意見形成に影響を目論むものでした。

植民地時代のアメリカでの最初の新聞は、実質的には1704年創刊の『ボストン＝ニューズ＝レター（Boston News Letter）』です。筆禍事件から裁判をおこして言論の自由を確立する契機をつくった印刷出版業者・ゼンガー（John Peter Zenger）が、『ニューヨーク＝ウィークリー＝ジャーナル（New York Weekly Journal）』を創刊するのは、1733年のことです。

19世紀には新聞の大衆化が英・米・仏でほぼ同時に始まります。先陣をきったのは、1833年に米ニューヨークで創刊された『サン（The Sun）』で、フランスでは『プレス（La Presse）』（1836年）、イギリスで『デイリー＝テレグラフ（The Daily Telegraph）』（1855年）などの数紙が続きます。以後、高級紙（quality paper）とともに、これらのタブロイド判で廉価な大衆紙（popular paper）が読者を開拓し、19世紀末にはアメリカの大衆紙のあいだで手段を選ばぬ販売競争が繰り広げられ「イエロー＝ジャーナリズム（yellow journalism）」なる言葉も生まれました。

［注記２］　日本では、1868（明治元）年２月に『中外新聞』が洋学者の

柳河春三（やながわ しゅんさん）により創刊されます。部数はわずか1500部ほどですが、国内外のニュースを一般読者に向けて書いていること、定期的に発行されたことなどを勘案して、日本人が発行した初の本格的な新聞といえます。同年4月、福地桜痴（ふくち おうち）らが『江湖新聞』を創刊。当時は新聞と雑誌に明確な区別はなく、この両者とも冊子体でした。

　1870（明治3）年には、日本初の邦字日刊新聞『横浜毎日新聞』が誕生。現在の『読売新聞』は1874（明治7）年、日本経済新聞の前身である『中外物価新報』が1976（明治9）年、『朝日新聞』は1879（明治12）年に、それぞれ生まれました。

　明治政府は当初、新聞の普及が国民の啓蒙に役立つとの認識から、新聞を積極的に保護する政策を取りました。たとえば、新聞縦覧所（しんぶんじゅうらんしょ）という新聞の閲覧施設が、日本各地に開設されたのです。当時の新聞は非常に高額で、個人の定期購読は負担が大きかったところから、官営のもの、民営のもの、無料のもの、湯茶付きで有料のものなど、さまざまな様態でもって設営されました。

　［注記3］　郵便制度は、1516年、英国王室が馬に乗って手紙を運ぶお抱え運搬人をもったことに端を発します。1635年に、この王室郵便が一般公衆にも開放されるのですが、配達の遅延や料金の不払いなど多くの問題点がありました。1837年、教師だったローランド＝ヒル（Rowland Hill）が「切手による料金前払い」や「重量基準による全国均一料金」などの改革案を唱えるのですが、これが導入されて近代的な郵便制度が始まります。

　本章は、浜田純一ほか編『新訂 新聞学』（日本評論社、2009年）、天野勝文、橋場義之編著『新 現場からみた新聞学』（学文社、2008年）、小糸忠吾著『新聞の歴史：権力とのたたかい』（新潮社、1992年）、花田達朗ほか編著『実践ジャーナリスト養成講座』（平凡社、2004年）、幸田泉著『小説 新聞社販売局』（講談社、2015年）を参照しました。■

第8章　政府刊行物

　政府刊行物は、国が刊行した資料のことです。立法・行政・司法の機関が直接あるいは間接的に関与した出版物をいいます。

　この章では、政府刊行物のなかから、行政資料として官報と白書、立法資料として法令集、司法資料として判例集を取り上げて、それぞれを概観します。

第1節　政府刊行物の種類と収集

●1．政府刊行物の種類

　図書館で政府刊行物というと、立法・行政・司法のすべての部門の機関、すなわち、①国会、②内閣府と各省、それらの外局（庁、委員会）、③裁判所、④その他特殊法人など政府関係機関、による刊行物の総称となります。

　これらの国の諸機関が直接に著述・編集・発行にかかわった場合はもちろん政府刊行物ですが、民間出版物であっても国の機関が監修・委託・共同などのいずれかに関与したことが明らかであれば、これも政府刊行物に含めます。

　したがって、その種類は、①立法資料として、国会会議録（本会議録・委員会会議録）や法令集などがあり、②行政資料には、官報を始め、業務報告書（白書・年報など）、統計書、審議会・委員会の答申、事業計画書、調査・研究の報告書、広報資料などが含まれ、③司法資料としては、裁判記録（判例集・訴訟記録）や司法調査資料などがあります。その他、関係機関の人名鑑、便覧、一般啓蒙書、雑誌なども含まれます。

　政府刊行物はまた、市販されるものと市販されないものとに分けられますが、市販されるものであっても、その流通は円滑とはいえません。

　市販の政府刊行物は、独立行政法人 国立印刷局、各省庁が所管する非営利団体、民間出版社などから発行されています。その販売は、①国立印刷局直営の

政府刊行物サービス=センター（2012年度末ですべて閉店）、②全国官報販売協同組合（全官報）直営の政府刊行物センター（2店舗）、③国立印刷局が設置した政府刊行物サービス=ステーション（官報販売所、48店舗、2014年7月現在）、④政府刊行物の常備寄託（→ p.63）契約を結んだ政府刊行物取扱書店を通じてか、あるいは、⑤全国官報販売協同組合のサイトからの通販でなされます。また、市販品の書誌として『国立印刷局刊行物目録』（同局、年刊）や『政府刊行物等総合目録』（全国官報販売協同組合、年刊）がまとめられています。

　非市販品の政府刊行物は、関係機関や担当部局に直接頒布されるので、その多くは灰色文献の性格をもっています。1980年以降、各省庁の広報担当課に文書閲覧窓口が設けられるようになったほか、当該省庁のサイトに発表後三年間を原則として掲載されるようにもなりました。

　政府刊行物を、狭義に解釈して単に「行政資料」と称したり、地方行政資料と合わせて「官公庁出版物」と呼んだりすることもあります。

● 2．政府刊行物の収集

　政府刊行物の収集は、国立国会図書館が納本制度のもとで行なっています。**納本制度**（legal deposit）とは、出版物をその国の責任ある公的機関に納入するよう、法律の定めのもとで発行者に義務付けている制度で、日本では国立国会図書館法（昭和23［1948］年2月9日法律第5号）に規定があります。

　納本の対象となる出版物は、図書・雑誌・新聞のほか、楽譜・地図・映画フィルム・音楽レコード盤など多岐にわたっており、発行者によって、国・地方公共団体・独立行政法人・国立大学法人などの発行する出版物（官公庁出版物）と、その他の者の発行する出版物（民間出版物）とに、二分されています。官公庁出版物は、公用あるいは外国政府出版物との国際交換という目的のもと、規定による複数部数を発行後ただちに納入しなければならないとし、民間出版物のほうは、文化財の蓄積と利用に資するという目的のもとに、発行の日から

30日以内に1部納入と定めています。

　国立国会図書館への納入は、政府の出版物が各省庁にある国立国会図書館の支部図書館を経由して、地方公共団体の出版物は郵送で、民間の商業出版物は日本出版取次協会経由（取次のトーハンと日販が半年交代で代行）でなされます。民間出版物には代償金として定価の50％が支払われています。

　パッケージ型の電子資料は、2000年10月から納本対象です。ネットワーク情報資源のうち、公的機関のものはウェブ＝アーカイビング（→p.190）事業の枠組みで実施されています。自動収集されない民間のものは、2013年7月から「オンライン資料収集制度」として義務化されています。図書・逐次刊行物に相当し、ＤＲＭ（ディーアールエム、Digital Rights Management、デジタル著作権管理）が付いていない、無償のネットワーク情報資源に限定され、納入方法は、ＵＲＬの申告、ファイル送信、記憶媒体での郵送の、いずれかです。

　図書館法にも政府刊行物の納本制度についての規定があります。同法第9条（公の出版物の収集）第1項に「政府は、都道府県の設置する図書館に対し、官報その他一般公衆に対する広報の用に供せられる独立行政法人国立印刷局の刊行物を二部提供するものとする」とうたわれています。

●3．地方行政資料の収集

　地方行政資料は、狭義には、地方公共団体の行政に関する資料のことです。広義には、地方公共団体の関係機関が刊行した資料、それら関係機関の委託により民間機関が作成した資料、国の地方行政機関で刊行した資料、政府刊行物のうち当該地域の行政に関する資料などを総称しています。本書では地方行政資料を郷土資料に含めていますが、その収集については本項で述べます。

　図書館法第9条（公の出版物の収集）第2項には「国及び地方公共団体の機関は、公立図書館の求めに応じ、これに対して、それぞれの発行する刊行物その他の資料を無償で提供することができる」とあり、「求めに応じ」とうたわれ

ているように、公共図書館の側からの積極的な働きかけが必要とされています。

地方行政資料の収集には、**地方議会図書室**が公共図書館以上に多くの役割を担っています。地方議会図書室は、地方公共団体の議員の調査研究を助けるために、地方自治法（昭和22［1947］年4月17日法律第67号）の第100条第18項にもとづいて地方議会に附置することが義務付けられた図書室です。国の議会（国会）におかれる国立国会図書館と同様の機能を、地方公共団体の議会（地方議会）でも実現することを意図したものです。地方自治法の第100条第16項には「政府は、都道府県の議会に官報及び政府の刊行物を、市町村の議会に官報及び市町村に特に関係があると認める政府の刊行物を送付しなければならない」とあり、同条第17項で「都道府県は、当該都道府県の区域内の市町村の議会及び他の都道府県の議会に、公報及び適当と認める刊行物を送付しなければならない」とうたって納本制度を規定しています。

地方自治法第100条第19項では、地方議会図書室は一般に開放して利用に供することもできるとしています。都道府県や政令指定都市の地方議会図書室は規模も大きく、独立の部屋をもち専任の図書館員をおいて運営されているのですが、大半は十分な図書館サービスに至っていないのが現状です。

第2節　官報・白書

●1. 官報

官報（gazette）は、国の施策を国民に周知する目的で発行される、国の機関紙です。1883（明治16）年7月2日に創刊されて以来、国の役所が開かれている日は毎日発行されており（土曜・日曜・祝日と年末年始は休刊）、国立印刷局が編集・製作を担っています。1973年4月に「読みやすい官報」へと紙面を刷新し、創刊百年目にあたる1983年7月2日で2万9960号に達しました。本紙以外にも、官報号外（随時）、官報政府調達公告版（随時）、官報資料版（毎週水曜日、ただし、平成19［2007］年3月28日号をもって発行終了）、官報目録（月

1回）が発行されています。

　官報本紙に掲載される内容は、第一に法令の公布です。成立した法令を公表して一般国民が知ることのできる状態におく役割を担っています。法令が現実に効力を発するためには、官報による公布の要件を満たすことが必要です。

　第二は国民全体へのお知らせ事項です。国会事項（議事日程や議案関係）・人事異動・叙位叙勲・褒章・皇室事項（行幸啓や宮中諸儀）・官庁事項（国家試験や地価公示）などが掲載されます。

　第三は特定の利害関係者へのお知らせ事項です。各省庁での入札、裁判所の破産手続や失踪宣告、特殊法人では高速道路会社の工事完了・工事開始、地方公共団体の地方債償還や行旅（こうりょ）死亡人公告などが掲載されます。

　国立印刷局のサイトには、有償のデータベース「官報情報検索サービス」があり、官報（本紙・号外・政府調達公告版・資料版・目録）の検索と閲覧ができます。同サイトの「インターネット版官報」のほうは無料で利用でき、直近30日分の官報（本紙・号外・政府調達公告版・目録）が閲覧できます。

●2. 白書

　白書（white paper）とは、政府の公式報告書のことです。それぞれの省庁が所管する行政分野での活動の現状・課題・対策・展望などを国民に知らせる目的で発行します。

　この「白書」という名称は、英国政府の外交に関する報告書が白い表紙で刊行され「White Paper」と呼ばれたことに由来します。日本では1947年7月に、当時の片山哲（かたやま　てつ）内閣が『経済実相報告書』（後の『経済白書』、こんにちの『経済財政白書』）を出したのが始まりです。以来、主要な省庁が年次の業務報告書として作成しています。

　政府刊行物としての白書は、①法律にもとづいて国会に提出した報告書をそのまま刊行する白書、②閣議に報告し了解を得た後に公表する白書、③それ以

外で通称「○○白書」と呼ばれているもの、に分けられます。2001年1月の中央省庁再編で白書も統廃合され、名称が変わったり廃刊になったり、また新たに創刊されたものもあります。

　白書のあり方は一様ではありません。外務省のものは「白書」の語を使わず『外交青書』と称しています。英国の議会の報告書が青い表紙で「Blue Book」と呼ぶ慣わしとなっているのにならったのです。あるいは『ものづくり白書』（経済産業省・厚生労働省・文部科学省）のように、複数の省庁にまたがったものもあります。なかには『○○白書』は単なる通称で、正式には『○○の概況』、『○○年次報告書』といったタイトルをもつもの、同じタイトルで公文書版と市販本版の2種類があるもの、『図説○○白書』、『目で見る○○白書』など内容を分かりやすく編集した図説版を発行しているものなどがあります。

　地方公共団体においても、住民に身近な行政の課題を『市民生活白書』などの名称で発行する例がみられますし、民間の出版物であっても「白書」と銘打って特定分野の動向をしるした出版物が出されたりします。

　白書の内容は、各省庁のサイトにも掲載されていますが、ウェブ版は概要や要約のみで冊子体と同じとは限りません。どのような白書があるかを調べるには『政府刊行物等総合目録』（全国官報販売協同組合、年刊）に一覧表があるほか、インターネット上の「電子政府の総合窓口（ｅ－Ｇｏｖ［イーガブ］）」のサイトから「カテゴリ別行政情報案内」→「政策」→「白書、年次報告書等」と進むと、各省庁のページにリンクがはられています。また、『白書の白書』（木本書店、年刊）には白書のダイジェストが掲載されています。

第3節　法令

●1．法令の種類

　法令は、社会生活を営むうえでの法規です。国民に義務を課し権利を認める定めですが、狭義には、法律（国会が制定する法規）と命令（国の行政機関が

制定する法規）とをいい、広義には地方自治体の例規（条例と規則）や国と国とのあいだの条約なども含めます。法令は階層構造をなして優劣の関係があり、上位の法令に反する下位法令は効力をもちません。

　憲法は、国家存立の基本的要件を定めた根本法です。法令の上位にあり法体系の最上位を占めています。近代的な憲法では、主権すなわち国の最高意思は国民によって形成されるという考え方にもとづき、その本質を国民の基本的人権の保障にあるとの原則においています。そのために、国家権力を立法・行政・司法という三権に分立させて相互に抑制をはかり、権力の行使に枠をはめて基本的人権に対する無秩序で恣意的な侵害が行なわれないような仕組みを形づくっています。憲法は国民が国民投票などを経て制定し、政府とその職員のもつ公権力に制限を加えるものであって、法律のように国民に向けたものではありません。

　法律は、日常的に使う言葉ですが、厳密にいうと国会決議を経て「法律」というかたちで制定されたものだけを指します。次項で詳しく述べます。

　命令には、以下のものがあります。政令は、内閣が制定し閣議で決定されるもので、名称に「○○法施行令」とあれば政令です。ちなみに内閣とは、内閣総理大臣とすべての大臣で構成される合議体をいいます。次に府省令（府令・省令）ですが、府令は内閣府の長としての内閣総理大臣が、省令は各省の大臣が、それぞれに定めるものです。名称に「○○法施行規則」とあれば府令・省令です。たとえば、図書館法施行規則（昭和25［1950］年9月6日文部省令第27号）は文部科学省令です。政令と府省令（府令・省令）には、法律の規定を実施するための手続きが定められています。

　その他、内閣からある程度独立した行政機関の規則（会計検査院規則や人事院規則）、本省とは別におかれた外局が例外的に出すことのできる規則（国家公安委員会規則や中央労働委員会規則）、それに行政機関ではありませんが、衆参両院の議員規則や最高裁判所規則があり、法令に含めます。

例規（条例と規則）は、地方公共団体の定めるローカル＝ルールで、その自治体内でのみ効力をもちます。議会が定めるのが条例、首長が定めるのが規則です。首長以外の一部の行政委員会が定める規則もあり、教育委員会規則や公安委員会規則などがあります。なお、地方公共団体の規則は、条例と対等な関係にありながら条例ですべてを定めきれない場合に「○○条例施行規則」として条例の下位法令の役割も果たしています。

条約は、国と国とのあいだの取り決めです。二国間条約のほか、複数の国と結ぶ場合もあります。「憲章」、「宣言」、「協定」、「議定書」などと呼ばれる国家間の合意も広い意味での条約です。条約の優先順位は、憲法に次ぎ、法律に先立ちます。

なお、法令には属しませんが、行政機関などが発する訓令・通達、告示、それに要綱・要領・ガイドライン・指針といったものがあります。

訓令・通達は、上位の行政機関から管轄の下位機関の職員へ、法令の解釈や運用方針などを伝えるものです。行政機関の内部に向かって発せられるもので、法律のように直接国民を拘束するものではないのですが、実際には管轄する業界などに規制を及ぼしています。訓令と通達の区別は必ずしも明確ではありません。通達に似たものに「通知」がありますが、これは通達の出せない相手に「従ってほしい」という気持ちを込めて出すものです。

告示は、国の機関が決定した重要事項を広く国民に知らせるものです。訓令・通達が「公務員への命令」だとすると、告示は「国民へのお知らせ」です。ただし、法律に根拠がある場合には単なる「お知らせ」にとどまらず、法律に準ずる効力をもつことがあります。図書館の「望ましい基準」（→ p.247）、新聞特殊指定（→ p.142）、学習指導要綱、生活保護基準、常用漢字表などはいずれも告示です。ちなみに、類似の言葉の「公示」、「公告」は、公の機関による通知公表の行為を指す一般的な名称です。たとえば、衆議院総選挙と参議院通常選挙に限って選挙期日のお知らせには「公示」を用います（ただし、国会議員

の補欠選挙や地方自治体の首長と議会議員の選挙には「告示」が使われます）。

　要綱・要領・ガイドライン・指針は、いわば「公務員向けのマニュアル」です。公務員が日常の事務処理を行なうさいに必要となる基準や方向性が示されています。

●2．法律の成り立ち

　法律の制定過程は次のとおりです。まず、内閣提案か議員提案によって法律の原案（法案）がつくられます。大半が内閣提案で、この場合は所管官庁で法案がつくられ、内閣法制局で憲法その他の法律と抵触・矛盾しないかなどの審査を経て、内閣総理大臣から国会（衆議院・参議院）に提出されます。議員提案の場合は、発議者が衆議院か参議院の法制局での審査を受け、賛同者と連署して国会に提出します。

　提出を受けた議院の議長は、これを適当な委員会に付託（ふたく）。委員会では、基本的には趣旨説明・質疑・討論・採決の流れで審査します。委員会が採決のさいに法律運用上の注意や要望を伝える附帯決議を行なうことがありますが、法的な拘束力はありません。その後に衆議院と参議院の本会議に送られ、基本的には委員長報告・討論・採決の流れで審議されます。法案は、両院で可決されて初めて法律として「成立」します（継続審議あるいは継続審査とされた案件は次の会期で引き続き審議・審査されますが、審議未了あるいは審査未了となった案件は国会の会期終了と同時に廃案となります）。

　法律について最後に議決を行なった議院の議長は、内閣を経由して天皇に奏上し、裁可があると官報に全文が掲載されます。これが法律の「公布」で、奏上の日から30日以内になされることになっています。天皇の御名（ぎょめい）と御璽（ぎょじ）のなされた公布原本は、国立公文書館に保管されます。この公布によって国民全体に法律の存在が周知されるのです。たとえば「図書館法（昭和25年4月30日法律第118号）」と引用されるとき、この最初の日付は法律の

公布日を示し、次の号数は法令番号で、法令形式ごとに毎年1月1日から公布の順番に与えられます。つまり、図書館法は1950年4月30日付けの官報に掲載された、同年で118番目の法律です。

法律は公布されたのちに「施行（しこう、慣用で［せこう］と読むことも）」されます。施行とは、法律として効力を発揮し動きだすことで、実際には法律ごとに政令で定めることが多く、法律の附則のところに施行期日がしるされます。期日の規定がない場合には、公布の日から起算して二十日を経過した日から施行されることになっています。

以上のように、法律は、法案が出てから成立・公布・施行の過程を経て現実に有効なものとなり、国民を拘束する力が生ずるのです。

法律の正式な名称を「題名」といいますが、長文の場合は略称も存在します。たとえば「私的独占の禁止及び公正取引の確保に関する法律」は、略称で「独占禁止法」（あるいは「独禁法」）です。

法律の内容は大きく「本則」と「附則」に分けることができ、題名から附則の前までが本則です。本則・附則ともいくつかの「条」から成り立っており、条文が多いときには章や節でまとめられ目次がおかれることもあります。条の右肩（官報掲載時は縦組みなので右肩の位置）には、条の「見出し」が丸カッコ記号にくくられて付いています。1947年から見出し付きの法律が出現し、1949年以降はすべての法律に見出しが付けられています。

条のなかをさらに区切るときは算用数字が用いられ、これを「項」と呼びます。ただし、第1項には数字をあてておらず、第2項以上が生じた場合に「2」から数字が使われていきます。条や項のなかで同列・同格の事柄を列記したいときには漢数字が用いられ、これを「号」と呼び「一、二、三……」と用います。号のなかでさらに事項を列記するときには「イ、ロ、ハ……」を用います。

●3．集成法令集

　法令は時代の要請に合わせて改正されたり効力を失ったりすることがあります。改正にあたっては「○○法の一部を改正する法律」といった題名の法令が制定され、新たに規定した箇所が従前の条文のなかに組み入れられて、新しい規範として読めるように整えられます（この作業を「溶け込まし」とか「織り込み」と呼びます）。附則には、改正法の施行期日とともに、必要とされる経過措置がしるされます。効力を失う場合は「○○法を廃止する法律」を制定するか、あらかじめ有効期間を定めた限時法（げんじほう、時限立法ともいう）とするといった方法があります。

　法令が変更を繰り返すなかで、これまでにどのようなものがつくられてきたのかを蓄積しておくことには意味があります。集成法令集は、こんにちではすでに改正・失効の法令も含めて、すべての法令を編年体で収録しているもので、日本では国立印刷局の発行する**『法令全書』**がそれにあたります。

　1883（明治16）年創刊の『法令全書』は、1867（慶應3）年10月14日の大政奉還までさかのぼって、それ以後に公布された各種法令が順次まとめてあります。官報に掲載された法令が、その法令形式ごとに法令番号順に掲載されており、1か月ごとにまとめて発行されています。

　明治期の分は『明治年間法令全書』（全237冊）、大正時代のものは『大正年間法令全書』（全150冊）、昭和元（1926）年から昭和26（1951）年までは『昭和年間法令全書』（576冊、引き続き刊行中）として、原書房から復刻版が出版されています。国立国会図書館のサイトにある「国立国会図書館デジタルコレクション（→ p.196）」でも、『法令全書』の一部が閲覧できます。

●4．現行法令集

　現行法令集は、現在有効な法令だけを集めて編集されているものです。憲法や条約なども載っており、百巻前後に及ぶ大部なものとなっています。代表的

な現行法令集には『現行日本法規』(法務省大臣官房司法法制調査部編、ぎょうせい)と『現行法規総覧』(衆議院法制局・参議院法制局編、第一法規出版)があり、いずれも、法令の改廃があった場合には変更箇所をページ単位で差し替えることのできる**加除式**(かじょしき、loose-leaves)の形態がとられています。

総務省行政管理局が運営する「電子政府の総合窓口(e‐Ｇｏｖ)」のサイトには「e‐Ｇｏｖ法令検索」があり、現行法令を題名や条文中の言葉で検索し閲覧できます。国立国会図書館の提供する「日本法令索引」は、条文本文は収録していませんが、制定・改廃の経緯や法案の審議経過を検索できます。

なお、六法全書とは、現行法令集のなかから必要最小限の法令を取り出してまとめたものです。一般に「六法」とは、憲法・民法・刑法・商法・刑事訴訟法・民事訴訟法のことですが、実際には、このほかにも実務上重要とみなされる法令が選ばれて掲載されています。特定の限られた分野についても「税務六法」、「環境六法」、「教育六法」など「六法」というタイトルが付けられた現行法令集があります。

法令の条文について、立法趣旨や成立の経緯などを説明した逐条解説書も、「コンメンタール」、「注釈」、「条解」などの語句が付いて出版されています。

第4節　判例

●1．判例

法律はその性質上、一般的・抽象的なので、裁判所が実際に適用する場合には内容を解釈したうえで具体的な判断を下さねばなりません。ある特定の案件について裁判所が下した法的判断のうち、今後の基準となりうるものを、**判例**といいます。広義にはその法解釈が先例となるものを指しますが、狭義には、最高裁判所(最高裁、大法廷と第一・第二・第三の小法廷)の法的判断を判例とし、最高裁の判例がなかった場合には高等裁判所(高裁、札幌・仙台・東京・名古屋・大阪・高松・広島・福岡の8庁)の法的判断も判例となります。ただ

し、地方裁判所（地裁、全国に90庁）・家庭裁判所（家裁、全国に50庁）・簡易裁判所（簡裁、全国に438庁）の法的判断は、判例とは考えません。

なお、判例を参照・引用する場合は、以下のような略称が用いられます。

　　「最大判」（最高裁判所　大法廷　判決）

　　「最判」（最高裁判所　小法廷　判決）

　　「東京高判」（東京　高等裁判所　判決）

　　［注記］　裁判所の下す法的判断は「判決」、「決定」、「命令」に分けられます。判決は、権利義務を確定したり有罪を宣告したりといった裁判所の法的判断をいい、審理が公開でなされ、口頭弁論が開かれ、公開の法廷で言い渡しがなされます。決定・命令は、裁判手続き内における裁判所の意思を示すもので、口頭弁論の必要はなく言い渡しも必須ではありません。裁判所が行なうものが決定、一人の裁判官が行なうのが命令です。

●2．司法の仕組み

　裁判は「民事裁判」と「刑事裁判」に分かれ、それぞれに、①訴えた人、②訴えられた人、③判断する人、④代理人が登場します。このうち、判断する人が「裁判官」、代理人は「弁護人」で、この呼称は民事・刑事とも共通です。

　民事裁判は、私人と私人のあいだの、社会生活上のもめごとを裁きます。私人は、個人と法人を含みます。民事裁判では、訴えた人が「原告」、訴えられた人は「被告」です。原告・被告とも法律の専門家である弁護人を代理人として雇い、裁判官の判断を受けます。民事裁判で相手方が国や地方公共団体である場合をとくに「行政裁判」と呼ぶことがあります。

　刑事裁判は、犯罪事件の処罰にかかわる裁判で、私人と国家とのあいだの争いを裁くものです。警察機関が犯罪の捜査・摘発（逮捕）・送検にあたり、検察機関が勾留・起訴・裁判・求刑を担当します。刑事裁判の場合、訴える人は「検察官」で、訴えられた人は「被告人」です。ただし、起訴前の者は「被疑

者」あるいは一般的に「容疑者」と呼ばれ、これを検察が起訴に踏みきるのは、確実に有罪を見込んだときとされています。被告人は、法律の専門家である弁護人を代理人として雇います。

なお、夫婦や親子関係の紛争に関する案件（家事事件）と、二十歳未満の少年が非行を犯した案件（少年事件）は、家庭裁判所の管轄となり、プライバシー保護の観点から原則として非公開で行なわれてきました。

日本の裁判は三審制をとっています。第一審・第二審・第三審と三つの審議過程を設けており、裁判結果に納得がいかないと当事者が考えれば、原則として3回まで裁判を受けられます。ちなみに、法廷での官位である「裁判官」、「検察官」、「弁護人」は、職業としてはそれぞれ「判事」、「検事」、「弁護士」と呼ばれています。

　　［注記］　陪審制（ばいしんせい）とは、国民のなかから選ばれた一般の人たち（陪審員）が裁判に参加する制度です。陪審員は裁判官からは独立して、証拠や証人の信用性を判断し、刑事裁判であれば有罪か無罪かを、民事裁判であれば有責かどうかを決定します。裁判官は証拠の取捨選択や法律の適用など、裁判手続きを運営する専門的な仕事を行ないます。陪審制は、かつての日本でも1928年から1943年まで実施されたことがあります。

　　参審制（さんしんせい）とは、国民のなかから選ばれた一般の人たち（参審員）と裁判官とが合同で裁判を行なう制度です。上記の陪審制は、陪審員（評決）と裁判官（裁判の運営）との分業体制ですが、参審制のほうは、参審員と裁判官が一緒になって合議体を形づくり、裁判を運営し評決を下します。日本で2009年に始まった「裁判員制度」は、この参審制に相当します。

　　国家作用の三権のうち、立法と行政は選挙を通じて多数派の民意を反映する仕組みになっていますが、司法部門のみはあくまでも法にもとづく裁定が原則とされ、いわゆる「人民裁判」は許されていません。ただし、市

民の正義感覚から大きく懸け離れた司法判断には正当性が付与されず、非難の的となります。法曹の瑕瑾（かきん）を民主的にコントロールする意味で「市民の司法参加」がうたわれ、日本でも、裁判員制度や検察審査会制度が生まれたものです。なお、検察審査会制度は、国民のなかから選ばれた一般の人たち（検察審査員）が検察の不起訴処分の当否を審査する制度です。すでに1948年にできていましたが、司法制度改革の一環として2009年からは検察審査会の議決に拘束力が生じるようになりました。

●3．公式判例集

　公式判例集は、判例として公表に値するものを裁判所側が選定・収録したものです。現在継続して発行されているのは、**『最高裁判所 判例集』**（最高裁判所判例調査会、月刊）です。これは、タイトルには「最高裁判所 判例集」とあるのですが、内容は民事と刑事の二部に分かれています。ほとんどの図書館では、民事と刑事の部を分けて別々に製本し「最高裁判所 民事 判例集」（民集）、「最高裁判所 刑事 判例集」（刑集）として利用しています。

　最高裁判所のサイトには「裁判例情報」のページがあり、最高裁判例集・高裁判例集・下級裁判例集・行政事件裁判例集・労働事件裁判例集・知的財産裁判例集の6種類に区分されて判例や裁判例のデータが蓄積されており、横断検索もできます。

●4．判例の速報

　新しい判例を調べるには、新聞や雑誌を利用します。一般紙には、判決当日もしくは翌日に、話題になった事件の判決の抜粋や要旨が掲載されます。判例の全文を掲載する雑誌としては、『判例タイムズ』（判例タイムズ社）や『判例時報』（判例時報社）があります。このほかに、労働や金融など特定分野の判例を収録する雑誌が出ています。

判例評釈（判例批評、判例研究、判例解説ともいう）は、判例の内容を分析し解釈を加えるものです。『最高裁判所判例解説』（法曹会）は、雑誌『法曹時報』（法曹会）に毎月掲載されている「最高裁判所判例解説」を年度ごとにまとめたものです。『最高裁 時の判例』（ジュリスト増刊、有斐閣）は、雑誌『ジュリスト』（有斐閣）に毎月掲載される「時の判例」という記事の累積版です。いずれも最高裁判所の調査官が執筆を担当しています。商業雑誌で判例評釈が掲載されるのは、研究者・実務家向けの『ジュリスト』（有斐閣）や『法律時報』（日本評論社）、主に学生対象の『法学教室』（有斐閣）や『法学セミナー』（日本評論社）などです。本誌のほか、別冊や増刊号のかたちで定期的に刊行されています。その他に、法学分野の学会誌や大学の紀要にも判例評釈は掲載されます。

インターネット上には判例を集めた商用データベースとして、「Ｄ１－Ｌａｗ．ｃｏｍ」（第一法規）、「Ｌｅｘｉｓ　ＡＳ　ＯＮＥ」（レクシスネクシス＝ジャパン）、「Ｗｅｓｔｌａｗ　Ｊａｐａｎ」（ウエストロー＝ジャパン）、「ＬＥＸ／ＤＢインターネット」（ＴＫＣ）、「判例秘書ＩＮＴＥＲＮＥＴ」（ＬＩＣ）などがあります。

本章は、いしかわまりこほか著『リーガル＝リサーチ』第５版（日本評論社、2016年）、中野次雄編『判例とその読み方』３訂版（有斐閣、2009年）を参照しました。■

第9章　ネットワーク情報資源

　こんにち、デジタル技術の進歩とコンピュータ＝ネットワークの整備によって、情報表現のチャンネルが増え、出版の概念が広がり、図書館業務の対応も多様なものとなりました。
　この章では、インターネットを介するネットワーク情報資源を概観します。

第1節　出版基盤の電子化

●1．出版史の節目

　出版の歴史を西洋の側から振り返ると、そこにはおそらく三つの大きな節目が認められます。それは、①活版印刷術の創案、②高速印刷機の出現、③コンピュータ技術の普及、です。こんにちまでの出版の歴史は、これらの節目によって下記のような四つの時代に振り分けることができるでしょう。

　　　写本の時代→古典籍の時代→大量印刷物の時代→デジタル情報の時代
　　　　　　　　↑　　　　　↑　　　　　　↑
　　　　　　活版印刷術　　高速印刷機　　コンピュータ技術

　最初の節目は、15世紀半ばにグーテンベルク（Johann Gutenberg）が活版印刷の技術を創案したことです。それ以前の、筆写という手段によって書物をつくる「写本の時代」とは明らかに異なる生産体制を確立させ、印刷技術を用いた刊本の普及で国家の言葉（国語）が形を成します。グーテンベルクの平圧式印刷機の原理は、以後三百年以上にわたってほとんど改良されることなく存続しました。本書では、遅くとも『四十二行聖書』が完成したと推測される1455年ころから、15世紀のインキュナブラ（incunabula -羅-、1500年までの揺籃期活字本）を経て、19世紀になって印刷機が手動による平圧式から大きく飛躍するまでの期間を「古典籍の時代」と呼ぶこととします。

第二の節目となる技術革新は、印刷機の高速化です。産業革命の過程で蒸気機関を動力とする円圧式の印刷機が19世紀初頭に生まれ、折からの新聞印刷の需要に応えます。1846年にはアメリカのロバート＝ホー（Robert Hoe）とその息子のリチャード＝ホー（Richard Hoe）が、初めて輪転式の印刷機（輪転機）を実用化したことで印刷のスピードは飛躍的に増大。19世紀半ば以降には製紙工程も機械化されて、ここに「大量印刷物の時代」が到来し出版の生産性が著しく向上します。初等教育が義務化され識字率も向上して広く読者層を形成し、膨大な数の印刷物をあまたの人々が受容する時代となったのです。

　そして第三の節目は、20世紀後半からのコンピュータ技術の進捗で、これ以降は現在まで続く「デジタル情報の時代」となります。出版分野での電子化は、二つの局面にみることができます。一つは、紙媒体の印刷資料に対する製作工程・流通販売・目録検索といった基盤技術が変化したことであり、もう一つは、出版物の内容そのものがデジタル化されたことです。とくに、後者のコンテンツの電子化によっては、文字・写真・音響・映像などの表現形式を一元的に処理することが可能となり、紙に代わる新たな媒体がその再生装置とともに生まれました。さらにコンピュータ同士が有線・無線の通信回線で接続されたインターネットの普及により、デジタル情報はリアルタイムに配信されるようになり、図書館情報資源の扱いにも大きな変化がもたらされました。

●2．コンピュータの出現

　歯車が主体の（離散的な数値を使った）機械式の計算機は、17世紀にフランスのパスカル（Blaise Pascal）やドイツのライプニッツ（Gottfried Leibniz）が製作しています。19世紀に英国のバベッジ（Charles Babbage）は、蒸気動力の利用で、機械操作の手順を穴のあいたカードで供給するという構想を思いつくのですが、実際の完成には至りませんでした。

　20世紀になると電気信号で計算が行なえるコンピュータが登場します。ＡＢ

Cマシン（1942年）やコロッサス（1943年）です。前者は米アイオワ大学のアタナソフ（John Atanasoff）が連立方程式を解くための専用機として開発し、後者は英国のチューリング（Alan Turing）らが参画したプロジェクトのなかでドイツ軍の暗号解読用につくられました。

　世界最初のコンピュータを厳密に指定するのは難しいのですが、プログラミング可能な汎用機として、ＥＮＩＡＣ（エニアック）が候補に上げられます。対空高射砲の照準計算を高速に行なうためにアメリカ陸軍が資金を拠出したプロジェクトにより、1946年に完成。真空管（電子管）を数多く用いた非常に巨大なもので、プログラムは配線により外部から供給しました。中心的役割を担ったペンシルバニア大学のエッカート（John Eckert）とモークリー（John Mauchly）は、開発の過程でプログラム内蔵方式を考案。中途から顧問として参加したフォン-ノイマン（John von Neumann）が、この方式に関する理論と技術をレポートにまとめ、公表しました。

　1960年代、コンピュータは大企業の基幹業務で使用され「メインフレーム」と呼ばれました。この分野では1970年代までＩＢＭ社が圧倒的シェアを保ったのです。一方で、大学や研究所などの小規模な環境で使える中型機（当時は「ミニコン」と呼ばれた）も開発されました。

　1960年代後半には、ＩＣ（半導体集積回路、→ p.93）が登場。コンピュータとしての機能を単体のＩＣのなかに組み込んだマイクロプロセッサが開発されるのです。世界で最初のものは、1971年にインテル社（Intel）がリリースした、4ビットの「4004」です。4ビットとは、一度に扱えるデータの大きさが2進数で4桁までという意味です。インテル社の共同創業者の一人は「半導体の集積密度は18か月ごとに2倍になる」という、技術開発のスピードに関する経験則を1965年に提唱。このムーアの法則が示すように、1970年代初めには8ビット、1970年代終わりには16ビットが主流となり、その後の1980年代半ばには32ビットが、2000年代には64ビットのものが登場します。

半導体集積回路の発展もあり、1980年代に入ると、メインフレームを多数人で共用する形態から、小型機の個別利用へと大きくシフトするのです。個人用途のコンピュータは、当初「マイコン」と呼ばれたのですが、程なく「パソコン」と称されるようになります。

● 2．製作工程の電子化

　出版基盤のデジタル化は、製作システムからおこりました。それは、写真植字と平版（へいはん）オフセット印刷の普及に端を発しています。必要な金属活字を活字ケースから1文字ずつ拾って（文選）、ページ単位で組み上げ（植字）、でき上がった印刷用原版の凸面にインクをつけてプレスする（凸版印刷）という、いわゆる活版印刷の工程を急速に廃れさせ、デジタル化へとつなぐ橋渡しとなったのです（ちなみに活版印刷の印刷用原版は、左右逆像です）。

　手動の写真植字機は石井茂吉（いしい　もきち）と森澤信夫（もりさわ　のぶお）の二人によって1925年10月に試作第一号機がすでにして完成、翌1926年11月に石井の自宅で写真植字機研究所（1972年に株式会社 写研と改称）が設立されるのですが、活版印刷を大きく凌駕するのは戦後になってからです。

　1951年、石井は大修館書店の社主・鈴木一平（すずき　いっぺい）から写真植字用の書体製作を依頼されます。諸橋轍次（もろはし　てつじ）編纂の『大漢和辞典』に使用するためです。『大漢和辞典』は1943年9月に第一巻を刊行したものの戦災で印刷用原版のいっさいを焼失していました。石井は独力で五万字になんなんとする写真植字用の原字を書き上げ、結果として写真植字の普及に多大な貢献を果たしました。このころ森澤は石井と決定的にたもとを分かち、1948年に写真植字機開発株式会社（1971年に株式会社 モリサワと改称）を設立しました。写真植字の技術は、利用できる書体の種類を増やし、文字の大きさの単位に十進数の「級」を採用するなどしたことで、出版物の表現力を大きく向上させます。

平版オフセット印刷の手順は次のとおりです。写真植字機によって文字のネガを印画紙に焼き付けて印刷用のフィルムをつくり（写真植字）、アルミ板に感光剤を塗布したＰＳ版（pre-sensitized plate）に乗せて露光させ非画線部の親油（撥水）層を取り除きます。このＰＳ版を湿し水（しめしみず）にひたすと親油層の除かれた部分にのみ水分が付きます。続いてインクを塗布するのですが、非画線部では水があるためにインクをはじき、画線部にのみインクが付着した状態になります。このインクを、ＰＳ版からブランケットと呼ぶゴム筒にいったん転写した後、改めて紙に印刷するのです。オフセット（offset）とは、離して（off）付ける（set）といった意味で、原版からダイレクトに紙に印刷せず、一度ゴム＝ブランケットにインクを転写し（off）、その後に紙に刷り出す（set）ことを指しています（ために原版は左右逆像ではなく正像となります）。

1970年代になって写真植字と平版オフセット印刷の普及は決定的なものとなりますが、それは女性ファッション誌の隆盛にみることができます。たとえば、先駆となった『ａｎ・ａｎ』（平凡出版、1983年にマガジンハウスと改称）が、フランスの雑誌『ＥＬＬＥ』の日本語版として創刊されるのは、1970年3月のことです。ローマ字のタイトルロゴ、大判のカラーグラビア、レイアウト先行といった雑誌づくりには、写真植字と平版オフセット印刷の技術が大きな役割を果たしました。

1980年代になると、写真植字機はコンピュータを利用した電算写植システム（computer typesetting system）へと切り替わり、1980年代後半にはパソコンと専用組版ソフトによるＤＴＰ（ディーティーピー、desk top publishing、卓上出版の意）へと移行します。

ＤＴＰは、1986年に米アルダス社（Aldus）が初めて提唱したもので、文字の入力からレイアウト、さらに版下（はんした、印刷用原版の直接の原稿となるもの）の作成などの一連の作業をパソコン上で処理するシステムをいいます。専用組版ソフトには、アドビ＝システムズ（Adobe Systems）が1994年に

アルダス社を買収することで入手した「PageMaker」や、その後開発された「InDesign」、クォーク社（Quark）の「QuarkXPress」などがあります。

写植機メーカーの写研やモリサワは、金属活字のデザインをベースとして電算写植用の和文書体の開発を続けていたのですが、モリサワは1980年代にアドビ＝システムズと提携し、和文書体を個人事業の編集プロダクションなどにも単体で販売するという道を選択して積極的にＤＴＰシステムと関わりました。一方の写研は「正しい文字組みが保証された環境を維持したい」という方針から、業務用販売のみに終始してＤＴＰシステムからは距離をおいたのでした。

● 4．パッケージ型電子資料

出版界での（パッケージ型の）電子出版のビジネスは、1980年代に登場したＣＤ－ＲＯＭ（compact disc read only memory）とともに始まりました。ＣＤ－ＲＯＭは、楽曲の再生専用である音楽ＣＤ（正式名称はＣＤ－ＤＡ、compact disc digital audio）を、コンピュータのデータを読み出すための外部記録媒体に流用させた光学式ディスクです。フィリップス社（Philips）とソニー（Sony）が共同開発して1983年に発表しました。

このＣＤ－ＲＯＭを媒体にした電子資料は、1985年10月に発売された、三修社の『最新科学技術用語辞典』（当時の実勢価格で6万円）が日本での第一号です。その二年後の1987年7月に岩波書店がＣＤ－ＲＯＭ版『広辞苑』（当時の実勢価格で2万8000円）を発売したことで社会的に広く認知されました。

ＤＶＤ（digital versatile disc）は、ＣＤ－ＲＯＭよりもさらに大容量のデータを記憶できる光学式ディスクで、映画一本分の収載を目的に開発されました。当初は2つの規格が競合しましたが、1996年までに統一がはかられ、映像メディアである映画ＤＶＤ（正式名称はＤＶＤ-Video）と、コンピュータのデータを読み出す外部記録媒体としてのＤＶＤ－ＲＯＭが策定されています。

パッケージ型電子資料の成功例としては、電子辞書の存在も忘れてはなりま

せん。電子辞書は、辞書データと検索エンジンをともに半導体集積回路に収録し、キーボードと液晶表示画面を備えた、携帯型の専用装置です。1992年1月に、セイコー電子工業（現・セイコーインスツル）から「ＴＲ-700」という電子辞書が、研究社の『新英和中辞典』と『新和英中辞典』の内容を搭載して発売されます。それが本格的な電子辞書の嚆矢でした。データをディスクの差し替えで読み出すのではなく装置本体に搭載済みとし、英語を専門とする人向けの英和・和英辞書の内容を丸ごと収録したのです。

これ以降の電子辞書は、高機能化が格段に進みます。英和と和英の定番に加え、国語・類語・諺語・新語など収録コンテンツの数や種類を増やすとともに、名刺ケースサイズほどの小型・軽量化を実現したり、操作性向上に向けタッチパネルや手書き入力を採用したりして、定番の商品となりました。

第2節　ネットワーク環境の整備

●1．インターネットの始まり

インターネットの元祖とされるＡＲＰＡＮＥＴ（アーパネット）は、アメリカ国防総省の高等研究計画局（当時）と、各大学との共同プロジェクトとして始まり、1969年に実稼働しました。最初の4か所の大学・研究所が専用の通信回線で結ばれたのです。コンピュータ同士をつなぐことで、遠隔地の大学にある学術研究のリソースを、自分の大学の端末機から使いたいという現実的な理由がありました。実際にもっとも使われた機能は、電子メールでした。

ＡＲＰＡＮＥＴには次の特徴がありました。第一に、迂回や転送が可能な、複数の経路をもった分散型だったこと。第二に、データは特定の単位で細分化されてバラバラに送り出され、目的地に到着して元に戻すというパケット交換方式が採択されたこと。第三は、異なる機種のあいだでネットワークを組むために中継用のコンピュータを設けて、データの送受信や経路の制御を任せたことです。この中継コンピュータが、こんにちのルーターです。

1983年に、異なるネットワークのあいだをつなぐために、二つの相補的なプロトコル（通信規約）のＴＣＰとＩＰとが、ＡＲＰＡＮＥＴに実装されます。このＴＣＰ／ＩＰを用いることで、それぞれの地域で構築されたネットワークが次々と相互につながるようになり、インターネット——複数のネットワークを相互接続した、世界的規模でのネットワーク全体——に発展したのです。

　1989年には、World Wide Web（ワールド＝ワイド＝ウェブ、WWW）と呼ぶ機能が提案されます。文書内にリンク情報を埋め込み、別の文書へと表示を切り替えられる機能でした。文書のなかには、画像や音楽、映像も含めることができます。そして、インターネット上でWWWを表現する言語（ＨＴＭＬ）、インターネット上でのWWWの通信規約（ＨＴＴＰ）、WWWを呼び出すためのインターネット上の番地（ＵＲＬ）が設計されました。WWWを表示する文書のことをウェブ＝ページ（ウェブ＝ページの集合単位はウェブ＝サイト）と呼び、1993年には閲覧用の専用ソフトも公開されました。

　日本では1985年に、それまで国営だった通信事業が民営化され、電電公社（日本電信電話公社）が解体して、いまのＮＴＴの母体ができます。この通信自由化により、民間会社が通信事業に参入でき、たとえばパソコン通信が立ち上げられていいます。パソコン通信は、特定のホスト＝コンピュータと個人のパソコン（当初は「マイコン」と呼ばれた）とを既存の電話回線で結んでデータ通信を行なう（中央集中型の）サービスです。二大商用サービスの、ＰＣ－ＶＡＮ（1986-2001年）とＮＩＦＴＹ－Ｓｅｒｖｅ（1987-2006年）は、それぞれ百万人を超える会員を集めました。一般的な使われ方は、共通の趣味嗜好をもった人たちがグループをつくり、記事を書き込んだりコメントを付けたりできる掲示板機能（ＢＢＳ）や、文字ベースで雑談するチャット機能でした。

　ちなみに、自分の関心事に対する知識と執着の著しい人を「おたく」と呼んだりするのですが、この言葉が（当初はひらがな表記で）初めてメディアに登場したのは、1983年のことです。この1983年にはまた、任天堂から家庭用ゲー

ム機の「ファミコン」が発売されています。テレビ受像機をディスプレイに転用し、ゲーム=ソフトをカセットに収めた据え置き型で、本格的なコンピュータ=ゲームの到来を告げるものでした。

　日本で、インターネット接続を提供する民間企業のプロバイダが、サービスを開始するのは1993年。1995年には、マイクロソフト社（Microsoft）の基本ソフト「Windows95」にインターネット関連機能が搭載されて発売され、インターネットに対する認知と普及に大きく拍車がかかりました。

●2．初期インターネットとその後の商業化

　初期のインターネットには、アメリカ西海岸発祥のヒッピー文化が色濃く反映されていました。個人の政治的・経済的な自由を最大限に重視し、そこに制約を加える国家などの役割を最小限にとどめようとする考え方です。その典型は、ステュアート=ブランド（Stewart Brand）による1984年の発言「Information wants to be free（情報はフリーになりたがる）」にみることができます。この「フリー」という言葉には、「自由」と「無料」の二つの意味が重ね合わされているのです。ブランドは1968年に『全地球カタログ（Whole Earth Catalog）』を創刊した編集者で、この1984年にはソフトウェアを扱う雑誌をつくっており、複製可能なデジタルの情報を念頭においての発言でした。

　およそ1970年代まで「メインフレーム」と呼ばれて大資本に独占されていたコンピュータを、個人がもてるようにしようというハッカーたちの活動も、ここに端を発しています。ハッカー（hacker）とは、アップル社（Apple）を共同で創業したスティーブ=ジョブズ（Steve Jobs）のように、コンピュータについて常人よりも深い技術的知識をもつ人々のことをいいます。

　1991年にはフィンランドの大学院生だったリーナス=トーバルズ（Linus B. Torvalds）が、基本ソフトのＬｉｎｕｘ（リナックス）を開発します。ソフトの設計図にあたるソース=コードが広く公開され、だれでもが自由に使って機

能改良し、それをまた公開することでバージョンアップされました。

　その一方で1990年代に入ると、インターネットをビジネスに活用しようという風潮が高まります。WWW技術の出現で、ネット上に情報を流通させるためのコストが劇的に下がったからです。商業化にあたっては、放送からビジネス＝モデルを受け継ぎました。放送は、電波の希少性や法律上の規制もあって新規参入が難しく、しかしながらいったん参入できれば、それはきわめて利益率の高いものとなります。利用者にとって無料のようにみえる商業放送は、二つの点で有料です。広告が商品である番組に上乗せになっていることと、視聴に不可欠なラジオ受信機やテレビ受信機を個人に負担させていることです。

　インターネットも同様に、サイトに広告を組み込むことと、コンピュータ端末機は利用者が自己負担することの２点を受け継いでいます。ただし、ネットへの参入はいたって容易で、インターネットを商業利用しようという起業家が世界中に数多く出現しました。検索エンジン、ネット通販、オンライン＝ゲーム、ニュースや記事のまとめサイト、音楽や映画の配信、短文投稿や画像・動画の投稿、オークションやフリーマーケットといった個人間取引、ホテルや飲食店の予約・評価、宿泊施設や移動車両でのシェア、人と人との交流促進のサービス、分散型台帳技術を中核とする暗号通貨などなど、実に多様なビジネスの基盤事業が形となっています。国や自治体、企業や各種の団体なども、インターネット上に自身のサイトを設営できます。図書館では、これらのサイトのうち、文化財や公共財として有益と認められるものを、**ネットワーク情報資源**（networked information resource）と称しているのです。

　個人のレベルでもインターネット上に自分のサイトをもつことができます。プロとアマチュアの区別が曖昧となり、だれもが自分の見解を文字にして発信することができ、だれでもが画像や映像を使って日常の行動を投稿することができます。商取引での売り手になり、はたまた買い手になり、見知らぬ相手と接触する当事者ともなりえます。ネット空間の匿名性のもとでは、クリックの

回数や追随者の人数を優先する余り、炎上やなりすまし詐欺などのトラブルや犯罪に巻き込まれたり、コンピュータ＝ウイルスに侵入されてしまったりといったような、少なからぬ問題もまた発生しています。

●3．アマゾン

　米アマゾン（Amazon.com）は1995年にインターネット上にサイトをつくり、書籍の通信販売を開始します。オンライン書店の先駆けでした。サイトでコンピュータ目録を公開し、出版社の書籍を取り寄せて物流センターにストックしておき、注文を受けるとピッキングして梱包し、配送するというビジネスです。アマゾン日本法人の設立は2000年11月。これに刺激されて日本の取次や大手書店チェーンなどもオンライン書店の運営に乗り出します。資料検索が容易になったことで、出版社の在庫だった既刊の本が非常に広い範囲でごく少部数ずつ売れていくという「ロングテール現象」も喧伝されました。

　アマゾンのサイトでは販売機能が強化され、顧客が商品を評価し投稿できる「レビュー」、過去の購入履歴から読書傾向を割り出し、合致すると思われる商品を推奨する「レコメンデーション」、中古品を顧客同士で売買できる「マーケットプレイス」、書籍の内容の一部分を、いわば立ち読みのように見ることのできる「なか見！検索」などの新機軸が次々と打ち出されました。

　取り扱い品目も出版物にとどまらず、音楽・ゲーム・家電・食品・玩具・ファッション・健康美容など多岐に広がっていき、企業などが出店できるショッピング＝モール型の事業へと成長。物流センターも当初の千葉県市川市から全国の十数か所へと広げ、有料会員向けサービス「プライムナウ」強化のための配送センターも都市部に複数開設し、自前でのインフラ整備を進めて日本のネット通販業界で配送料無料や当日配送をいち早く導入しました。

　電子書籍の販売サービスと専用端末機のリリース、ビデオのオンデマンド視聴サービス、クラウド提供のサービスなど、ビジネスの範囲を広げています。

●4．グーグル

グーグル社（Google）は検索エンジンの会社として1998年に創業。電子メール、地図アプリ、スマートフォン用の基本ソフトなどを次々と手掛け、2006年に動画共有サイトのユーチューブ（YouTube）を買収し、2009年に自動運転車の開発を始めるなど、新市場への布石をいち早く打ってきました。

グーグルが出版の分野で衝撃を与えたのは、2004年10月にスタートした「グーグル＝ブック検索（Google Book Search）」です（当初の名称はGoogle Print、現在はGoogle Booksと改称）。

この全文検索のプロジェクトは、ハーバード大学・スタンフォード大学・ミシガン大学・オックスフォード大学・ニューヨーク公共図書館と提携し、その蔵書の全文を高度なスキャニング技術を用いてデジタル化し、インターネット上で利用できるようにするものでした。その趣旨は、図書館蔵書に眠るはぐれ作品（オーファン＝ワークス、orphan works）──著作権保護期間が残っているものの、原著作者の所在が不詳であったり譲渡先の著作権者が不明なままであったりする絶版本のこと──を世に出すことにあったのです。

しかしながら、2005年に米国作家組合（Authors Guild）と全米出版社協会（Association of American Publishers）が著作権侵害でグーグルを提訴。グーグル側も「公正な利用」であれば著作権侵害には該当しないとするフェアユース規定を根拠に争いました。ただし、アメリカの集団訴訟制度の特徴として、訴訟に直接参加していない利害関係者にまで効力が及ぶことから、日本を含む、世界中の著作権者を巻き込んでの騒動となりました。著作権許諾について、拒否しない限り同意しているとみなすという方法をグーグルがとったことも混乱に輪をかけました。

2008年10月、双方はグーグルが一定の金額を支払うことなどで和解案に合意。ただし、集団訴訟制度の和解は当事者同士だけでは完結せず、裁判所の承認が必要なのです。翌2009年11月には、公開対象を米国内の出版物に限定した修正

和解案を提出し、裁判所の判断を待ちました。

　2011年3月、ニューヨーク州南地区連邦地方裁判所は、修正和解案は妥当性を欠くとして和解の承認を拒否。訴訟は振り出しに戻りました。そして2013年11月、地裁は「Google Books はフェアユース規定の範囲内」との判断を下し、グーグル側の一審勝訴が確定したのです。権利者側は控訴したので裁判は継続していますが、大勢は決まったものとみられています。グーグルはスキャニングを着々と進め、権利処理済みの電子書籍については販売も開始しました。

● 5．モバイル端末機

　移動電話サービスは、すでに1950年代から個人の自動車で利用できたのですが、厳しい制約がありました。そうしたなかで、地域をセル（cell、小区画の意）と呼ぶ小さなエリアに分割し、それぞれのセル内では小さな出力で通話が可能という技術が開発されます。むろん、通話者の移動によってセルからセルへと通話を手渡す交換方法が欠かせません。1970年代初めには、米モトローラ社（Motorola）が携帯型の電話による初めての通話に成功します。

　日本では、1985年に通信が自由化され、国内長距離電話、国際電話、衛星通信の分野に新規事業者が参入しました。移動体通信の分野でも複数の会社が設立されて自由競争に入り、1987年に「携帯電話」という名称が登場してサービスが始まります。

　1999年2月には、ＮＴＴドコモがインターネット接続の「ｉモード」サービスを開始し他社も追随したことで、インターネットから情報を授受する端末機としての使われ方が確立します。

　2000年11月にＪ-フォン（現・ソフトバンク）からカメラ付きの携帯電話が発売。翌2011年夏のキャンペーンで、電子メールに画像を添付して送受信するサービスに「写メール」という名称を付け、大ヒットします。携帯電話のカメラ機能はこのときから標準的なものとなったのです。

携帯電話向けの音楽配信が始まったのは、2002年12月にａｕが開始した「着うた」サービスからでした。楽曲の15秒から30秒程度を携帯電話にダウンロードして着信音などに設定できるもので、2004年11月には「着うたフル」としてまるまる一曲のダウンロードもできるようになります。

　2000年代前半にはケータイ小説が耳目を集めました。「ケータイで書いてケータイで読む小説」ですが、アクセス数の多いものが書籍化されて、美嘉著『恋空：切ナイ恋物語』（スターツ出版、2006年）などのベストセラーが生まれました。小説投稿サイトというジャンルが確立されたのです。

　さて、カナダのリサーチ＝イン＝モーション社（Research In Motion、当時）は、携帯電話にテキスト入力機能をプラスした「ブラックベリー（BlackBerry）」と呼ぶ機種を発売して、2000年代に人気を得ます。そして、2007年6月にはアップル社が「アイフォン（iPhone）」を発売するのです（日本での発売は翌2008年）。携帯電話で、インターネット接続ができ、音楽プレーヤの機能も併せもった機種でした。キーボードはタッチパネル操作で、複数の指を同時に繰って画面の拡大縮小ができました。アイフォンの登場で「スマートフォン」と呼ばれるようになるモバイル端末機の存在が確立します。

　オンラインでの電子書籍のビジネスは、2003年4月のアップル社による「アイチューンズ＝ストア（iTunes Store）」の音楽配信サービス開始によって、ビジネス＝モデルが確立したといえるでしょう（当初の名称はiTunes Music Store、日本版開始は2005年8月）。

　インターネット上の配信サイト（iTunes Store）にアクセスし、専用のアプリケーション＝ソフトウエア（iTunes）を使って、商品であるコンテンツ（楽曲）を専用の携帯端末機（iPod）にダウンロードし、利用者が聴取するという商用サービスです。配信サイト・専用アプリ・専用モバイル端末機を組み合わせて、デジタル＝データを流通させていく仕組みが確立したことで、電子書籍の販売もこのビジネス＝モデルに影響を受けているのです。

電子書籍専用のモバイル端末機で、タブレット型というガジェットを提案したのは、2007年11月発売の米アマゾンによる「キンドル（Kindle）」でした。音楽における携帯プレーヤのように、電子書籍のコンテンツを気持ちよく読むためのモバイル端末機が求められていたところへ、まさしくキンドルは登場しました。板状の本体にディスプレイを内蔵し、通信機能をもっているのでパソコンを介さずに米アマゾンに直接アクセスして電子書籍コンテンツを購入できます。画面の地色の白と表示される文字の黒とのコントラストが非常にはっきりした、読書専用の端末機でした。

　実は、日本でも2004年2月に松下電器産業（現・パナソニック）が「シグマブック」、同年4月にソニーが「リブリエ」という電子書籍リーダー機を発売していたのです。パソコンを仲介してコンテンツをダウンロードする、文庫本に似せた大きさの端末機でしたが、商業的な成功には至らず、それぞれ四年ほどで撤退しました。

　キンドルに続いて、2010年1月にはアップル社から「アイパッド（iPad）」が発売されます。やはり通信機能をもったタブレット型の端末機ですが、こちらはカラー液晶画面をもった汎用機で、電子書籍リーダー機としても使えるという商品でした。

　デジタル＝コンテンツの配信サービスは、キンドルやアイパッド、スマートフォンといったモバイル端末機を再生装置にして、配信事業者のサイトへ専用のアプリを使ってアクセスし、ネット配信された文章を読み、音楽を聴き、動画を楽しむというスタイルとなりました。もっとも人気のあるコンテンツはゲームですが、電子出版ではコミックスが圧倒的なシェアを保ち、定額の読み放題や、広告依存型で一日に無料で読める話数や時間が限られるサービスなどがあり、海賊版コミックスへと誘導するサイトが問題となりました。『出版指標年報』2017年版によれば、電子出版の市場規模は2016年で1909億円。内訳は、電子コミックス76.5％、電子書籍13.5％、電子マガジン10.0％です。

第3節　図書館とネットワーク情報資源（1）

●1．書誌記述の標準化と共有

　1940年代のアメリカで**書誌コントロール**（bibliographic control）という考え方が生まれます。図書館目録のなかで、書誌記述の部分を標準化し、複数の図書館のあいだで共有しようというものです。記述の方法論が互いに合意できる基準として定められていれば、書誌情報の流通は容易なものとなります。国を単位に標準化された全国書誌を作成し、それを頒布・交換することにより、国内はもとより国際的にも書誌情報の集積を可能なものにしようとしたのです。1960年代には米国議会図書館（ＬＣ）で全国書誌を機械化するプロジェクトが進行。1968年にＬＣ／ＭＡＲＣ（エルシー＝マーク）として完成し、翌年から磁気テープのかたちで北米の各図書館への頒布サービスが始まりました。

　日本でも、国立国会図書館に業務機械化調査会が発足したのが、1965年。1971年には大型コンピュータが導入され機械可読目録の開発が始まりました。こうして生まれたのが、デジタル化された全国書誌の（同館の蔵書目録データベースでもある）ＪＡＰＡＮ／ＭＡＲＣ（ジャパン＝マーク）です。

　磁気テープ版が公共図書館へ頒布されるサービスは、1981年4月からスタート。ＣＤ－ＲＯＭ版の販売はＪ－ＢＩＳＣ（ジェイ＝ビスク）の名称で日本図書館協会が1988年4月から手掛けました。国立国会図書館のサイトからＪＡＰＡＮ／ＭＡＲＣのデータが一般利用者向けに提供されるのはＷｅｂＯＰＡＣ（ウェブ＝オパック）の名称では2000年4月、機能を充実させてＮＤＬ－ＯＰＡＣ（エヌディーエル＝オパック）となったのは2003年4月から、インタフェースがリニューアルされてＮＤＬ　ＯＮＬＩＮＥ（エヌディーエル＝オンライン）となったのは2018年1月です。同時に、書誌情報のダウンロードに特化したサービスのＮＤＬ－Ｂｉｂ（エヌディーエル＝ビブ）もスタートしました。

　ところで、書誌記述の「標準化」で中心的役割を担ったのは、ＩＦＬＡです。

UNESCOと協力し、書誌記述のための国際的なガイドラインであるＩＳＢＤ（アイエスビーディー）を制定します。1974年に単行書用が発表され、その後に資料種別ごとで作成され、2011年に統合版が公表されました。以後の各国の目録規則は、基本的にＩＳＢＤに準拠して編成されました。

　ＩＦＬＡはまた、デジタル化された書誌情報の交換のために、コンピュータ目録の国際標準フォーマットとして、ＵＮＩＭＡＲＣ（ユニマーク）を1977年に制定。その後の拡張を経て、改訂版も刊行されました。

　一方で、書誌記述の「共有」には新たな形態が生まれました。**書誌ユーティリティ**（bibliographic utility）です。書誌情報を安定して供給する、公益的な事業体を意味しています。国立図書館が単独で全国書誌を集中的に作成するのではなく、複数の図書館がネットワークを組み、分担して書誌記述を作成するものです。ネットワークのなかで既成の書誌記述は共有され、参加館が必要に応じてコピーし、ローカルな所蔵事項を付加することで、図書館目録を完成させます。そこでは、おのずと総合目録データベースが形づくられるのです。

　書誌ユーティリティの具体例としては、1967年に米オハイオ州内の大学図書館が共同で設立した、非営利組織のＯＣＬＣ（オーシーエルシー）があります。1971年に54機関でオンラインの分担目録作業をスタートさせ、こんにちでは世界中に参加館が広がっており、総合目録データベースであるＷｏｒｌｄＣａｔ（ワールド＝キャット）を提供。日本では、国立情報学研究所を中核とする大学図書館間のネットワークが、書誌ユーティリティに相当します。

●２．日本の書誌ユーティリティ

　1976年、東京大学の附属図書館で業務機械化がスタート。1984年末に、東大のシステムは東京工業大学を最初の接続先として連結されます。大学図書館を結んだコンピュータ＝ネットワークのなかで、書誌情報を分担作成し共同利用するための目録所在情報サービス業務（**ＮＡＣＳＩＳ-ＣＡＴ**［ナクシス＝キャ

ット〕)が、実質的に始まったのです。1986年には東京大学文献情報センターを改組して、学術情報センター(現在の、国立情報学研究所)が正式に発足します。

1980年代後半から1990年代にかけて、大学図書館の業務はＮＡＣＳＩＳ－ＣＡＴを中心に回っていました。大学教員は、先行研究の文献情報を論文巻末の参考文献リストなどで知ると、原報の入手を図書館に申請。図書館員は、ＮＡＣＳＩＳ－ＣＡＴで論文の掲載誌を検索し、巻号次を確認のうえ、所蔵館を特定して、相手先の大学図書館に当該論文のコピー郵送を依頼するのです。こうしたサービス活動は(総称として)ＩＬＬサービスと呼ばれています。1992年からは、先方へのＩＬＬサービスの申し込みがＮＡＣＳＩＳ－ＣＡＴのオンライン＝システムのなかで可能となりました(ＮＡＣＳＩＳ－ＣＡＴ／ＩＬＬサービス)。ＮＡＣＳＩＳ－ＣＡＴの成果である総合目録データベースは、Ｗｅｂｃａｔ(現・ＣｉＮｉｉ Ｂｏｏｋｓ)の名称で、1998年から一般公開されています。

1990年代以降には、論文のフルテキストがデジタル化されて、電子ジャーナルが形づくられていきます。個別の論文を検索できる雑誌記事索引データベースも出現し、国立情報学研究所がＣｉＮｉｉ(現・ＣｉＮｉｉ Ａｒｔｉｃｌｅｓ)の運用を2004年に開始します。論文を探すだけでなく、デジタル化された原報のフルテキストも多くがネット上で閲覧できるようになりました。

●3.ウェブ＝アーカイビング

ウェブ＝アーカイビング(web-archiving)は、ウェブ＝サイトで公共性をもった文化財的なリソースを、将来の世代のために保存しようという試みです。英語の「archive」は「保管する」という意味の動詞で、「web-archiving」は「ウェブ＝サイトを(ネット上に)保管すること」といった意味になります。

パブリック＝ドメイン(public domain)――出版物が著作権の保護期間を経過して、だれでも自由に利用できるようになった状態――の著作物をデジタル化し、インターネット上に保存し公開するという試みは、ウェブ＝アーカイビ

ング活動の前史といえるものです。その嚆矢となったのが、プロジェクト゠グーテンベルク（Project Gutenberg）です。1971年に米イリノイ大学の学生だったマイケル゠ハート（Michael S. Hart）によって始められました。日本でも1997年に富田倫生（とみた みちお）らが呼びかけ人となって開始された「青空文庫」が同様の活動をインターネット上で行なっています。

　ウェブ゠アーカイビング事業の先駆けとなったのは、1996年にブルースター゠ケール（Brewster Kahle）によって設立された、インターネット゠アーカイブ（Internet Archive）です。米サンフランシスコに本部を置く、この非営利組織は、ある時点において収集されたウェブ゠ページのコピーを保存するウェイバック゠マシン（Wayback Machine）というサイトを運営しており、1990年代まで遡って閲覧サービスを提供しています。また、収集したパブリック゠ドメインの書籍や動画像のデジタル゠コレクションは、オープン゠ライブラリ（Open Library）というサイトでも公開しています。

　ところで、Google Books のプロジェクトに参加した大学図書館は、契約により、グーグルが電子化したデータの提供を受けられることになっていました。そこで、ミシガン大学が中心となり、グーグル側から取得した電子書籍のデータを保存するための共同事業を立ち上げました。2008年10月に始まったハーティ゠トラスト（HathiTrust）です。「Hathi」はヒンドゥ語で象（記憶力に優れているとされる動物）の意。アメリカの大学図書館は、グーグルという私企業のプロジェクトから恒久的な保存事業を構築することに成功したのです。

　同様にヨーロッパでも、Google Books をきっかけに、米国発の巨大ＩＴ企業によって文化財的なリソースが寡占化されてしまうことに対しての危機感が醸成され、2005年にヨーロピアーナ（Europeana）が立ち上がります。欧州連合（ＥＵ）全域の、デジタル化された文化遺産を集めて公開する情報基盤事業で、域内の図書館・博物館・文書館のデータベースを統合的に検索できます。

　日本でも、国内のウェブ゠サイトを収集・保存し、将来にわたってアクセス

できるようにする試みがなされています。国立国会図書館の「インターネット資料収集保存事業（Web Archiving Project、ＷＡＲＰ）」です。2002年に実験プロジェクトが始まり、2010年に現在の名称に改まりました。国立国会図書館法にもとづいて、国の機関、地方自治体、独立行政法人、国公立大学などの公的機関のサイトを収集するウェブ＝アーカイビング事業です。民間では、公益法人、私立大学、学協会などを対象とし、発信者の許諾を得られたものを収集しています。民間のもので、このＷＡＲＰ事業により収集されれば、納本制度にしたがった納入は必要ありません（→ p.157）。

　国立国会図書館では、集めたウェブ＝サイトの検索効率を高めるべく「国立国会図書館ダブリンコア メタデータ記述要素」を定めて印（しるし）付けを行なっています。サイトをありのままに表示するだけでなく、その内容を分析して「タイトル」「著者」「主題」「日付」など十五項目にわたるメタデータ記述要素でマーキングを施し、これらの部分の検索を効率よく行なって表示できるよう工夫しているのです。また、集めたウェブ＝サイトのなかから図書・雑誌・論文・記事などの刊行物を取り出して保存し、国立国会図書館デジタルコレクション（→ p.196）に加えています。

>　［注記］　ＮＤＬ Searchは、国立国会図書館の蔵書を始め、全国の主だった公共図書館の蔵書、それに博物館や文書館といった学術研究機関のコレクションについても、横断して統合的に検索できる総合目録データベースです。国立国会図書館デジタルコレクションなど、デジタル化された資料へのアクセスも可能です。ＮＤＬ ＯＮＬＩＮＥのデータに加えて、日本全土のさまざまな機関がもつ、多様な領域のコンテンツを集約して検索でき、入手手段まで案内することを目指した、国立国会図書館の情報基盤事業となっています。

　ＩＩＰＣ（International Internet Preservation Consortium）は、世界のウェブ＝アーカイビング機関が2003年に結成したコンソーシアムで、技術開発やツ

ールの無償公開などを行なっています。日本は、国立国会図書館が2008年4月に加盟しています（2016年現在で52機関が加盟）。

第4節　図書館とネットワーク情報資源（2）

●1．電子ジャーナル

電子ジャーナル（online journal、digital journal、electronic journal）は、インターネット上で学術論文のデータを定期的に閲覧できる仕組みです。論文のフルテキストが電子化され、複数のデジタル論文が束ねられ、雑誌としてのまとまりを保って、配信事業を担う出版社から継続して提供されます。1990年代に形づくられ、インターネット環境の整備が進むのと相まって普及しました。

電子ジャーナルは、機関購読が主流です。大学図書館や研究所など、機関の単位での契約となります。同時アクセスのできる端末数などに応じて年間の固定料金が設定され、機関に所属する人間がオンライン接続された組織内のパソコンから利用します。契約機関の敷地以外からのリモート＝アクセスが許可されるオプションもあります。あるいは、ペイパービュー（pay per view）といって、アクセス権のない個人が1論文の閲覧ごとにクレジットカードで決済するという、個人購読の方法もあります。

利用形態は、電子ジャーナル提供元のサイトに直接にアクセスして、閲覧するというものです。電子ジャーナルの「購読」とは、提供元のサイトにアクセスする権利を買うことなので、購読中止の時点で過去のバックナンバーは閲覧できなくなります。

一種類の電子ジャーナルのみを個別契約する、同等の内容をもつ印刷版と合わせて契約する、といった契約方法がありますが、機関購読で多く用いられているのは包括契約です。この**包括契約**（big deal）とは、大規模な商業出版社の発行する、数百の電子ジャーナルすべてを束ねて一括購読させるものです。すべての雑誌が必要であれば、1誌ずつ積み重ねた契約よりは割安なのですが、

特定タイトルを選んで購入数を調整することはできず、契約じたいはかなり高額なものとなっています。

包括契約に対抗して大学図書館側が打ち出したのが、**図書館コンソーシアム契約**です。英語の「consortium」は、「団体の連合体」といった意味です。複数の図書館が集まって図書館コンソーシアムを結成し、出版社とのあいだで価格交渉を行なって共同購入を実現させ、購読料は加盟館で折半します。日本では、国公私立大学図書館のコンソーシアム、日本医学図書館協会と日本薬学図書館協議会のコンソーシアム、国立・独立行政法人の研究所図書館によるコンソーシアムなどが結成されています。

●2. シリアルズ＝クライシス

電子ジャーナルが普及する以前に、**シリアルズ＝クライシス**（serials crisis）と呼ばれる現象がおこりました。大学図書館における、学術雑誌の受入状況の悪化です。北米では1970年代から指摘され始め、日本でも1980年代以降に海外学術雑誌で問題視されるようになりました。

シリアルズ＝クライシスは、学術雑誌の大幅な価格高騰が原因です。とりわけ「ＳＴＥＭ（ステム）雑誌」と呼ばれる、科学（S）・技術（T）・工学（E）・医学（M）分野の学術雑誌は、著しい高騰が続きました。投稿される論文の増加でページ数が増え、製作経費が増大したことも一因です。もともと学術雑誌は売れ行きがあまり見込めないため、どうしても値段は高くなりがちでした。大学図書館では資料費が頭打ちとなり漸減傾向にあるなかで、雑誌の単価が上昇すれば受け入れるタイトル数は否が応でも減っていき、資料費が雑誌に回れば書籍の購入にも影響します。

1970年代以降、エルゼビア社（Elsevier）、シュプリンガー社（Springer）、ワイリー社（John Wiley & Sons）といった学術出版社が買収・合併を繰り返し、巨大な多国籍企業に成長して、市場の寡占化が格段に進んだことも背景にあり

ます（→ p.123）。ある出版社が吸収されると、そこで発行していた雑誌が大幅に値上がりするという事態もおきました。

　シリアルズ＝クライシスの一方で、1990年代から電子ジャーナルが普及します。国際的な販売網をもつ学術出版社は、電子ジャーナルを貴重なビジネス＝チャンスととらえて配信事業に乗り出し、さまざまな契約体系によって大学図書館の購読を束縛しました。購読料が毎年のように値上がりする傾向も止まりませんでした。シリアルズ＝クライシスは、紙媒体雑誌から電子ジャーナルの購読問題へと焦点を移したのです。

　こうした状況下、大学図書館は学術系商業出版社への批判を強めました。アメリカでは1998年に、研究図書館協会（Association of Research Libraries、ＡＲＬ）が中心となってＳＰＡＲＣ（スパーク、Scholarly Publishing and Academic Resources Coalition）という運動体が設立され、国際的な学術出版社への対抗策を次々と打ち出したのです。この反商業主義の機運のなかから浮上したのが、「オープン＝アクセス運動」でした。

●3．オープン＝アクセス運動

　オープン＝アクセス運動（open access movement）は、査読制度を経た学術論文をデジタル化して流通させ、無料であって、なおかつ利用の制約がない、だれにでも開かれたアクセスを実現しようとする運動です。

　2001年12月にオープン＝アクセス運動の関係者を集めた初めての国際会議が、ハンガリー共和国の首都・ブダペストで開催され、翌2002年2月には会議の成果が「ブダペスト宣言（Budapest Open Access Initiative）」として発表されます。ブダペスト宣言では、無料で利用の制約がないアクセスを実現させる方策として、二つの柱が打ち出されました。一つは「セルフ＝アーカイビングの実施」、もう一つは「オープン＝アクセス雑誌の刊行」です。

　セルフ＝アーカイビング（self-archiving）とは、雑誌公表の論文について、

著者がその原稿をデジタル化して無料公開する試みをいいます。あくまでも原稿（著者最終稿）であって、雑誌のページ面のデジタル化ではありません。学術雑誌に一度掲載されたものを、いわば二次的に公開する試みです。英語の「archive」は（すでに述べたように）「保管する」という意味の動詞で、「self-archiving」は「自分自身で保管すること」といった意味合いとなります。

ただし、学術論文の著作権は、雑誌掲載時には出版社側に移譲されてきましたので、掲載後のセルフ＝アーカイビングは、出版社の許諾が必要となります。出版社によっては半年なり一年なりの公開禁止期間を過ぎれば、原稿ベース（あるいは誌面イメージ）での公開を許可しているところもあります。

セルフ＝アーカイビングには、著者がみずからウェブ＝サイトを運営して公開する、学会がアーカイビング用サーバを運営して会員の論文を公開する、といった方式がありますが、広く行なわれているのは「機関リポジトリ」です。

機関リポジトリ（institutional repository）は、セルフ＝アーカイビングの一つで、大学図書館がアーカイビング用サーバを運営して、所属教員の論文を公表する方式をいいます。大学図書館が、当該大学に所属する研究者に対して論文（原稿）のデジタル化を促し、インターネットを通じて無料公開するのです。英語の「repository」は「貯蔵庫」とか「集積所」といった意味合いで、「archiving」とほぼ同義です。機関リポジトリの対象コンテンツは、論文以外にも会議発表資料や授業関連教材などに広がっており、さらには、講義のデジタル動画をネット上に公開するという新たな方向にも進んでいます。

オープン＝アクセス運動の、もう一つの柱は、「オープン＝アクセス雑誌の刊行」です。**オープン＝アクセス雑誌**（open access journal）とは、無料で利用の制約がないアクセスを実現した電子ジャーナルです。

典型的なオープン＝アクセス雑誌は、著者が論文掲載料（article processing charge）を支払うことで運営されています。この著者負担型モデルは、新たな商業出版社が手掛ける、既存の学会が手掛けるといったケースがあります。既

存の電子ジャーナルであっても、著者が希望してオプション料金を支払えば、その論文のみ（誌面イメージで）無料公開するというものもあります。購読料の必要な電子ジャーナルのなかに、無料公開の論文が混ざっているタイプです。ちなみに、米国の認知科学者・ハーナッド（Stevan Harnad）は、オープン＝アクセス運動（ＯＡ運動）のなかで、セルフ＝アーカイビングの実施を「緑の道」「グリーンＯＡ」、オープン＝アクセス雑誌の刊行を「金の道」「ゴールドＯＡ」と名付けました。

　オープン＝アクセス運動ではさらに、論文の根拠となった実験データなども公開していこうという動きが加わりました。データがあれば、論文で主張していることの再現が容易にできるからです。データに関する無料で利用の制約がないアクセスは**オープン＝データ**と称され、政府や公的機関の保有するデータの公開についても含めるようになっています。

　また、公的資金からの助成を受けた学術研究は、その成果を広く国民に公開すべきという機運も高まっています。政府による研究助成金とは税金の投入であり、その成果は納税者である国民のものでもあるという考え方にもとづいて、セルフ＝アーカイビングを義務化しようという動きです。舞台となるのは、機関リポジトリです。研究者を雇用している大学や研究所、あるいは研究補助金を出している助成団体などは、「オープン＝アクセス方針」を定めて、所属の研究者や補助金を受けた研究者にセルフ＝アーカイビングの履行を求めています。

　オープン＝アクセス運動は、専門的な研究活動のなかに普通の人々の参加を促すようになりました。研究者が成果をより広く公開し、人々がさまざまなかたちで学術研究をサポートできるような、ゆるやかな体制づくりを目指しています。インターネットでの集合知を活用したり、資金面でネット上から支援を求めたりして、科学をいま以上に発展させていこうという試みです。こうした動向は、2010年代に入って**オープン＝サイエンス**（open science）と呼ばれるようになりました。

●4．電子書籍の「貸出」

　電子書籍（electronic book、digital book）は、デジタル化された文字ベースのコンテンツが、配信事業者からインターネットを介して閲覧機器に配信され、本を読む疑似体験のできる仕組みをいいます。

　電子書籍に相当するのは、①デジタル化されたパブリック＝ドメインの作品、②国立国会図書館が配信する「図書館送信資料」、③参考図書をデジタル化した全文データベース、④小説投稿サイトのように、誰もが無償で長文の書き込みを提供できるもの、⑤地域資料など各図書館が著作権利用の許諾を得てデジタル化したもの、⑥障害者に向けたＤＡＩＳＹ形式の録音資料、などがあるのですが、一般的には、⑦著作権が有効な新刊書で、配信事業者の商用サービスによって提供されるものがイメージされています。

> ［注記］　2009年の著作権法改正で第31条（図書館等における複製等）に第２項が新設され、国立国会図書館が納本制度で収集した資料は「保存のため必要がある場合」を待たずに、複製できるようになりました。劣化を待つまでもなくデジタル化が可能となったことで大規模デジタル化事業に予算措置がなされ、**国立国会図書館デジタルコレクション**が形づくられたのです。2011年からサービスが開始され、「貴重書画像データベース」や「近代デジタルライブラリー」なども、ここに統合されました。
> 　2012年の著作権法改正では第31条第３項が新設され、デジタル化された所蔵資料の活用方法について、図書館などへの送信と、これらの施設でのプリントアウトが認められることとなったのです。これが「図書館向けデジタル化資料送信サービス」で、その対象が「図書館送信資料」です。

　商用サービスの電子書籍「購入」にさいしては、図書館は配信事業者とのあいだでシステム契約を結びます。同時アクセスが可能な人数や年間の総アクセス回数の上限、「貸出期間」の設定やプリントアウトの可否などの条件を詰めるとともに、電子書籍のデータ形式（ファイル＝フォーマット）や、閲覧用ソフ

トウェア（電子書籍ビューア）の種類、対応するモバイル端末機の機種についても確認しなければなりません。読書履歴が配信事業者に把握されることについては、利用者側の許諾を得る必要があります。

　もっとも留意すべきは、電子書籍コンテンツの集積場所が図書館側のコンピュータにはなく、インターネットにつながっている配信事業者のサーバ上に存在することです（あるいは、データ＝センタと呼ばれる大規模なサーバ集積施設です）。外部のサイトにあるデータは、いつ内容が更新（登録・修正・削除）されるかを把握しがたく、図書館側の主体的な管理の及ばないものとなっています。電子書籍の「購入」とは、配信事業者のサイトへのアクセス許可を得たということであり、契約が終了あるいは解除されて配信事業者が撤退すれば、原則として図書館側のコンピュータにコンテンツは何も残りません（したがって、会計処理上も「資産」ではなく「費用」として計上します。→p.237）。

　電子書籍の「貸出」サービスを実施している図書館も少なくありません。「貸出」方式の一つは、コンテンツをダウンロードして閲覧するものです。自宅のパソコンや個人のモバイル端末機から、図書館のサイトを経由して配信事業者のサーバにアクセスし、読みたいコンテンツをダウンロードします。個人の機種に保存されるファイルはオフラインの状態でも閲覧できるのですが、「貸出期間」を過ぎると自動的にファイルを開けなくなる仕組みになっています。

　もう一つの方式は、パソコンやモバイル端末機でインターネットに常時接続したまま、コンテンツを閲覧するものです。図書館のサイトを経由して、配信事業者のサーバ上に利用者個人の「スペース」をつくり、借入した電子書籍はその「本棚」に収められ、いつでもどこからでもアクセスできて、「続き」を閲覧できます。ただし、「貸出期間」の制限はあります。

　実は、常時接続での閲覧のケースには著作権法の支分権の一つである公衆送信権が働くのですが、2009年の著作権法改正で、第47条の8（電子計算機における著作物の利用に伴う複製）が新設され、著作権の行使に制限が加えられま

した。コンピュータがオンラインのときであっても「情報処理を円滑かつ効率的に行うために必要と認められる限度」では著作権の侵害ではないという例外規定です。コンピュータ内部の主記憶装置——データは一時的に蓄積されるが、電源を切ると内容は失われる——を使って、デジタル＝データを見聞する行為は「複製」にはあたらないとしたのです。

図書館における電子書籍の「貸出」は、来館不要で24時間対応のサービスであり、豊富な読書支援機能（試し読み、文字拡大、全文検索、文字と地の黒白の反転、ハイライト表示、音声読み上げ、付箋の添付、読後感想の共有など）を提供できます。図書館側でも電子書籍は管理しやすいものであり、利用による破損や亡失の心配がなく、手間のかかる返却処理からは解放され、延滞者への督促も要りません。蔵書が増えて書架の物理的なスペースを拡充しなければならないことも求められないのです。

電子書籍の市場じたいがまだまだ成熟しておらず、解決すべき課題も少なくないのですが、提供されるデジタル＝データが、文字もの以外の分野、すなわち朗読、音楽、アニメーション、テレビ番組、映画などに広がっていくのは当然の帰結です。近い将来ネットワーク情報資源だけを扱う純粋な**電子図書館** (digital library) となった場合、図書館は実体のある「館（やかた）」として存在する必要はなくなるのかもしれません。

本章は、浜野保樹著『表現のビジネス：コンテント制作論』（東京大学出版会、2003年）、ポール＝E＝セルージ著、山形浩生訳『コンピュータって：機械式計算機からスマホまで』（東洋経済新報社、2013年）、さやわか著『僕たちのゲーム史』（星海社、2012年）、中野明著『ＩＴ全史：情報技術の250年を読む』（祥伝社、2017年）、保坂睦著『はじめての電子ジャーナル管理』（日本図書館協会、2017年）、植村八潮ほか編著『電子図書館・電子書籍貸出サービス調査報告書2017』（電子出版制作・流通協議会、2017年）を参照しました。■

第10章　図書館業務と類縁機関の情報資源

　図書館法第2条（定義）では、図書館を「図書、記録その他必要な資料を収集し、整理し、保存して、一般公衆の利用に供し、その教養、調査研究、レクリエーション等に資することを目的とする施設」と定義しています。図書館法にしたがえば「図書、記録その他必要な資料」を「収集し、整理し、保存して、一般公衆の利用に供」するのが図書館の業務だと考えることができます。

　「一般公衆の利用に供」することを「提供」と言い換えれば、図書館の業務は、図書館資料（こんにちでは、図書館情報資源）を、①収集して、②整理し、利用者に③提供して、④保存するという四つのプロセスでとらえることができるわけです。このとき、収集から整理そして提供へは一方向の流れですが、提供と保存のあいだは円環を形づくるはずです。提供された資料は保存され、保存されている資料は何度も提供に回されて再利用されるというように、常に巡回を続けるからです。

　この章では、図書館業務のなかでの資料の動きを概観し、同時に図書館の類縁機関である博物館や文書館でのコレクションを考察して図書館資料との相違を把握し、改めて図書館資料の特質を確認することとします。

第1節　図書館業務

●1．収集業務

　図書館の収集業務は、さまざまな記録物・表現媒体のなかから図書館資料として適切なものを選び抜き、書店に発注をかけるなどの作業を通して実際に購入し、集めたものを図書館資料として受け入れていくという作業です。図書館サービスのための蔵書構成を勘案しながら、継続的に図書館のコレクションを形成していく出発点となります。

収集業務をより詳しくみていけば、図書館資料として適切と思われる資料を選び分ける「選定」、資料じたいを実際に入手するための「購入」、集めたものを図書館資料として位置付けていく「受入」という段階があります。選定・購入・受入の作業のなかでさらにさまざまな工程が控えています。

収集業務については、第11章でより詳しく述べます。

● 2. 整理業務

図書館の整理業務は、「組織業務」、「組織化業務」などと呼ぶこともありますが、受け入れた資料を利用に備えて秩序立てる作業です。図書館資料に利用者がアクセスしやすいように、あるいは資料の管理がしやすいように、目録を作成したり資料の書架上の位置を定めたりします。

なかでも、利用者の資料探索に備えての「目録作成」がもっとも大きな比重を占めます。図書館目録の機能は、利用者の求めている資料を探し出し所蔵機関やそこでの所在場所を指示することです。冊子体目録・カード目録・コンピュータ目録といった形態別の種類がありますが、こんにちではほとんどがコンピュータ目録で、ＯＰＡＣ（オパック、online public access catalog）と呼ばれる検索専用の端末機からアクセスします。目録作成の指針や方法を体系的に定めた目録規則は、（図書館関係者の職能団体である）公益社団法人 日本図書館協会の編纂する『日本目録規則』が広く用いられています。

目録作成と並行して、商品であった出版物を実用目的の図書館資料に仕立てる一連の作業、すなわち「装備」の仕事も進行します。

目録ができ装備が施されれば「排架（配架とも表記）」に回されます。排架は、利用のために書架上の所定の位置に資料を並べる作業です。新しく受け入れた新収図書（新規収蔵図書の意、新着図書ともいう）は、通常では、特定の書架で一定期間陳列された後に排架されます。利用を経て返却されてきた資料も書架の定位置に戻しますし、ときには蔵書の増減により書架相互で資料の移動も

行なわれます。

　以上のように、整理業務は目録作成・装備・排架という段階が含まれています。とくに目録作成については、別途「情報資源組織論」、「情報資源組織演習」という司書養成科目（「図書館に関する科目」）で学びます。

●3．提供業務

　図書館の提供業務は、利用者と直接に向き合って、必要とする資料や情報を供する仕事です。本書では、提供業務の内訳を「資料提供」、「情報提供」、「利用者対応」、「施設提供」と大別します。

　資料提供は、資料の利用を図書館内部に限定した館内閲覧（複写サービスを含む）、図書館施設の外へ一定期間持ち出して利用してもらう館外貸出（予約・リクエストを含む）、他の図書館とのあいだで資料提供を行なって、改めて利用者に供するＩＬＬサービスがあります。

　情報提供には、利用案内（図書館広報を含む）、情報サービス、危機管理（苦情処理やトラブル回避）があります。情報サービスは、利用者からの漠然とした資料の問い合わせや具体的なテーマのもとでの質問に応じながら、図書館利用を支援していく活動です。情報サービスには、参考図書を用いて図書館利用を支援するレファレンス＝サービス（reference service）、コンピュータ＝ネットワークを用いる情報検索サービス（information retrieval service）、最新情報を定期的に発信するカレント＝アウェアネス＝サービス（current awareness service）といった活動が含まれています。

　利用者対応は、世代別に対応（ブック＝スタート、児童サービス、ヤング＝アダルト＝サービス、高齢者サービス）、課題別に対応（障害者支援や宿題支援）、潜在層に対応（多文化サービスやアウトリーチ活動）といった活動です。

　施設提供は、図書館の場所を提供することで間接的に図書館利用を支援するもので、読み聞かせ会の開催やラーニング＝コモンズなどがあります。

提供業務については、別途「図書館サービス概論」、「情報サービス論」、「情報サービス演習」、それに「児童サービス論」といった科目で学びます。

●4．保存業務

図書館の保存業務は、提供業務と並行して行なわれます。利用が活発になればなるほど、資料の維持・管理の重要性は増していくことになります。

保存業務もいくつかの段階を経ます。資料の劣化や損傷に対し予防と修復をはかる「資料保護」、コレクションの維持管理を行なう「蔵書管理」、蔵書構成を評価する「蔵書評価」、それに資料そのものに起因する理由により開架式の書架から抜き取って配置換えや除籍の処置を施す「除架」です。

保存業務については、第12章でより詳しく述べます。

ところで、図書館（library、ライブラリ）は、その設置母体に着目して五つの館種に区分するのが一般的です。地方自治体が設置する公共図書館（公立図書館）、小学校・中学校・高校に設けられる学校図書館、四年制大学・短期大学・高等専門学校に設けられる大学図書館、国家が直接に運営する国立図書館（日本では国立国会図書館が相当）、企業や団体が設置する専門図書館です。

図書館で働くすべての人は図書館職員（library stuff）ですが、いずれの図書館職員も、図書館の専門業務にたずさわる専門職員と、図書館の専門業務以外の、事務や技術面を担う職員とに分かれます。**司書**とは図書館法で規定する司書資格を有して公共図書館で働く専門職員に向けられた名称です。司書も含めて、すべての館種にわたっての専門職員に対する呼称には、**図書館員**（librarian、ライブラリアン）が用いられます。

実は、図書館と似たような業務の流れをもっていて、やはりコレクションを形成する公共施設があります。博物館と文書館です。本章第2節以下では、この二つの類縁機関が形成するコレクションと図書館蔵書との相違点を見定めながら、改めて図書館資料そのものの特性を確認します。

第2節　博物館資料

●1．博物館

博物館（museum、ミュージアム）は、歴史・芸術・自然・民俗・産業・科学など特定分野の価値ある物品（生物を含む）を、①収集し、②調査・研究のうえ、これを③展示・教育に供して、④保存（育成を含む）する施設です。

所蔵する展示資料によって、総合博物館、美術系博物館（古美術・現代美術・コミックス・アニメ）、歴史系博物館（歴史・考古学・民俗）、自然史系博物館（動植物標本・鉱物）、理工系博物館（科学・技術・産業）、生態園（動物園・植物園・水族館）、野外博物館、企業博物館などに区分することができます。ただ、この区分は確たるものではありません。また、日常的な用法では、美術館・動物園・植物園・水族館は、博物館とは区別されています。

博物館に配置される専門職員は、学芸員（curator、キュレータ）と呼ばれています。学芸員は、来訪者がその分野について幅広い知識を得ることができるように工夫する展示公開の仕事とともに、収集した博物館資料についての理解を深める調査・研究も行なっています。ただ、英語で「curator」というと、とくに美術館での展覧会企画を業務とする専門職をいい、日本語の「学芸員」とは若干概念がずれています。

博物館法（昭和26［1951］年12月1日法律第285号）は、博物館について規定している法律です。その第23条（入館料等）で無料原則をうたっていますが、図書館法とは異なって「但し書き」が続いています。いわく「博物館の維持運営のためにやむを得ない事情のある場合は、必要な対価を徴収することができる」とあります。したがって公立の博物館であっても、その企画展示の大半が「やむを得ない事情」があることになっていて有償公開です。制度上の区分は、都道府県の教育委員会が所管する登録博物館、国や都道府県から公認された博物館相当施設、博物館法の適用は受けない博物館類似施設、の三様です。

●2．博物館資料

博物館資料（museum material）は、博物館が収集するあらゆる資料です。動物園・植物園・水族館における生き物を始め、自然物の標本、機械模型、考古学的な発掘品、民具や玩具などの民俗品、染織・陶芸などの美術工芸品、彫刻や絵画などの美術作品が相当します。いわば、博物館資料というのは形ある物品（生物を含む）が主体なのです。その形態には、実物・標本・模型などさまざまで、さらに文献・写真・音響テープ・映像フィルムなども含まれます。

しかしながら、単に物品を収集して陳列すればよいのではなく、その物品には博物館資料としての存在意義がなければなりません。それは、端的にいえば、希少価値です。それ一点しか世の中に存在しない、オリジナルなものである必要があります。唯一無二の物品であればあるほど、博物館資料としての存在意義は高まるのです。その点を正確に把握し、物品のもつ独自性を浮かび上がらせるために、学芸員による調査・研究の活動が必要とされます。

ただ、ワン＝アンド＝オンリーといっても、唯一の原作品と複製物の境は相対的なものです。たとえば、考古学的な博物館資料の場合、発掘調査によって遺跡から出土した遺品とその標本写真とでは、明らかに前者が原作品で後者が複製物です。しかしながら、もしも出土遺品そのものが失われてしまったとすると、今度は標本写真のフィルム自体が原作品となり、そこからの紙焼き写真が複製物となります。さらに、もしフィルムが散逸してしまったならば、一枚だけ残ったプリントが原作品となり、そこからのデュープが複製物となっていくことでしょう。

量産品であったとしても、特定の事件や人物との関係で唯一性の価値を後天的に獲得する場合があります。たとえば、ありふれたハンカチに世界的な著名人のサインがなされれば、オークションでの市場価値も加わり、博物館資料としての意義が備わることでしょう。物語や伝説が量産品にユニークな価値を生じせしめるのです。また、ある時代やある地域には豊富に存在しているもので

あっても、時間を経てあるいは場所を変えることで希少価値が生まれることがあります。それは、生物の個体や産業製品のように、同一種のなかでの典型を示す、標本としての価値です。いま読み捨てられている折込広告（チラシ）さえ、いずれは世相を物語る貴重な証言の品となりうるかもしれません。

　このように、博物館資料は物理的な形態をもった物品が主体で、そこに、それ一つしかないという唯一性の価値付けがなされているものです。近年では、来館者の体験する空間や環境、さらにはバーチャルな体験そのものが「博物館資料」とみなされる場合もあります。こうしたケースでも、体験じたいが「一回性」という希少価値をもつものと、とらえられています。

> ［注記］　博物館関係者の国際組織である国際博物館会議（International Council of Museums、ＩＣＯＭ）では、博物館資料の組織化のための活動を行なっており、1995年に「博物館資料情報のための国際指針（International Guidelines for Museum Object Information）」を作成しました。組織化するうえでの指針を示したもので、これを参考にしながら、バラエティに富んだ博物館資料について各博物館が独自に記述の枠組みを設定できるようになっています。

　博物館資料のなかで、専門家による調査や審議会による選定と諮問答申を経て、とくに歴史的・学術的・技能的に価値が確かめられたものを、文化財保護法（昭和25［1950］年5月30日法律第214号）では、「文化財」ととらえています。さらに、有形の文化財のうちで重要と判定されれば「重要文化財」となり、そのなかでも群を抜いて価値の高いものは「国宝」に指定されます。

●３．図書館資料との相違

　博物館資料に対して図書館資料はというと、あくまでも量産品のなかの一点であることが特徴です。印刷などの複製技術により同じ内容をもった資料が複数存在しており、そのうちの一点をそれぞれの図書館が収集し保存しているわ

けで、同じ本を複数の図書館で所蔵できるというのも量産品なればこそです。古代の王家の図書館でも異版を校訂してより本来の姿に近付けるという複製作業が行なわれていましたし、中世の修道院図書館での写本製作はまさしくコピーを生み出すことが目的でした。活版印刷術が生まれた15世紀半ば以降は、図書生産は専門の職人の手に移り、刊本——広義では写本の対義語として印刷技術を用いた本の意で、狭義では木版印刷による版本と区別しての活字本の意——として商業的に量産されましたし、その印刷技術を引き継いだ近代の図書や雑誌は、出版点数の多寡はあるにせよ、すべて量産品であることが明白です。

　量産品である図書のなかで個別のものの差異を特徴付けるのは、版という概念です。**版**（edition, version）とは、本来は、出版物の印刷時にインクを塗布する面のことをいいました。木版印刷では文字を彫りつけた木の板（版木［はんぎ］）であり、活版印刷では金属活字を組み上げて型枠に嵌めた印刷用の原版（刷版［さっぱん］）です。ここから転じて、①版に盛られている内容を指し示し、②その内容を世に問う出版の意味も含むようになります。

　前者①の指示は、言い換えれば、同一の版で印刷されたすべてのコピーのことです。版が同じならば内容も同じになるからです。出版業界では、最初の版からのコピー全体を初版（あるいは第1版）といい、加筆や補筆がなされて版が改まれば、第2版、第3版というように、改変の順序を表示します。序数ではなく「改訂版」、「増補版」などの言い回しを用いることもあります。初版が珍重されるのは、木版印刷の時代に後刷りのものほど文字がつぶれて読みにくくなった経緯があるためです。なお、刷（impression）とは、印刷機にかけて刷り出すことで、同一の版で印刷された1回分のコピーをいいます。

　後者②の意味からは、同じ内容でありながら、形態や媒体を異にする出版物を指し示します。「総革版」、「文庫版」などのような外装・形態の相違、古刊本の「駿河版」、「五山版」などのように印刷所・出版元の異同、あるいは「印刷版」、「オンライン版」といったメディアの違いの表示です。

まとめます。前者①の版（edition）は、内容が時系列にそって改変されていく順を示すことになり、更新されたものを総じて「別版」（「別版本」、「別本」ともいう）と称します。後者②の版（version）は、同一の内容が形態や媒体をまたいで広がっていく様を意味しており、これらは「異版」（「異版本」、「異本」ともいう）と総称されます。ちなみに、このような版の概念を念頭に、量産品である図書を素材や形態、用途や来歴などの観点で識別し、個別に成り立ちを調査するのが「書誌学（bibliography）」という学問です。書誌学の本分は「書物じたいについて書きとめる」ことにあります。

博物館資料には、版に相当する概念はありません。希少価値を有するオンリー＝ワンの物品だからです。一点もののコレクションですから、それぞれの施設は独立して存在しており、図書館のようにネットワークが形成されて相互協力が日常の業務のなかに組み込まれているということはありません。図書館では複製品のコレクションだからこそ、ネットワークに参画する図書館で目録作成を分担して行なうことができ、結果として複数の図書館の所蔵状況を一つに編成した総合目録データベースを形づくることが可能なのです。

歴史的にみるならば、図書館資料と博物館資料とは明確に区別されず、同じ組織のもとで扱われてきた例もあります。そもそも学術研究において、たとえば植物学研究に博物誌と植物標本が必要なように、あるいは古代史研究に史料と考古学的発掘品が不可欠なように、文献と現物とが共存している意義は大きいのですが、こんにちでは収集された資料が一点ものか量産品かによって博物館資料と図書館資料とのあいだを区別しているのです。

なお、図書館でも、貴重書という希少性の高い博物館資料相当を所蔵する例はありますが、それはどちらかといえば副次的な存在です。大半の図書館資料は、実際に手にとって調べたり読み込んだりする「実用品」であって、利用制限を敷いて保管上の安全性を必要とするよりはむしろ、不特定多数の人々が何度も繰り返して活用できるような利用本位のものだからです。

第3節　文書館資料

●1．文書館

　文書館（ぶんしょかん）とは、文書（ぶんしょ）を、①収集し、②保存する施設です。広義の文書のことは、**文書館資料**（archival material）ともいいます。文書館では網羅的な収集を旨とし、取捨選択はせず作成された順に保存して、一般的な利用は限定的です。場合によっては「公文書館」、「史料館」、「文書館（もんじょかん）」、「記録管理院」などと呼ぶこともあります。

　英語で文書館のことは**アーカイブズ**（archives）といい、この名詞は通常は複数形で用います。ただし、アーカイブズは文書館よりも概念が広く、文書だけでなく、人間の活動の所産である写真・音響・映像などの文化遺産も含み、それらを収める施設のことを意味しています。また、収集・保存されているコレクションそのものを指すこともあります。

　たとえば、個人の蔵書を指すにはアーカイブズとは呼ばず、図書館を意味するライブラリの語をあてます。ライブラリが一定の方針・基準のもとに資料を恣意的・選択的に収集するのに対し、アーカイブズは集めることそれじたいに意味を認め、収集対象の価値は問わないからです。

　文書館における専門職員のことは、アーキビスト（archivist）あるいはレコード＝マネジャー（record manager）と呼びますが、日本語訳は定まっておらず、まれに「記録管理者」をあてることがあります。

●2．文書・記録資料

　まず、**文書**（ぶんしょ、document）を定義します。文書とは、特定の個人または組織に向けて何らかの働きかけを行なうために作成する（一枚ものが主体の）書類です。想定する相手に対しての指示・報告・約束などの内容が、効力を保持するために文字で表現され、（メモ書きとは異なる）一定の形式のもとで

しるされています。継続的な影響力を及ぼすところから収受する側にも保存の必要性が生じ、社会性を帯びています。たとえば、契約書・請求書・通知書などのたぐいが、まさに文書です（ちなみに、文書の対義語は「口頭」です）。

　文書は、差出人が受取人に対して何らかの意思や要件を伝達するために作成します。文書作成の動機は、単なる意思疎通にとどまらず、権利を確保したり行動を要請したりする場合も多く、いずれにせよ、その内容を明確に認識できるように、一定の形式にのっとってしるされます。口頭での連絡や要求とは異なり、特定の様式をもった文書に作成しておくことで改変が困難となり、その効力が保持されるのです。発信者と受信者とのあいだで伝達内容や合意事項を確認できる状態にしておくために、文書の「控え」や「写し」を必要部数作成し、同一内容のものが複数あることを証明する割印（わりいん）を押して、関係者おのおのが保管することもあります。割印は、複数枚の文書の上部を重ねてずらし、それぞれに印影の一部が残るようにして押します。ちなみに、文書が１枚に収まらず２ページ以上にわたる場合に、その内容が続いていることを示すためにつなぎ目（つづり目）に押すのは契印（けいいん）です。

　文書が受信者に対する効力を失った場合に、それを記録資料（record material）と定義することとします。記録資料は、文書との比較で考えると、受信者に対する効力を失ったか、あるいは最初から受信者が不在の書類を指すものです。契約期限が切れた契約書や返済の完了した請求書などは、受信者への効力を失っているので記録資料と位置付けられます。記録という言葉の日常的な用法では、個人が自己の備忘などのために一方的に書きとめた書類のことを指しますが、この場合には受信者が初めから存在していません。

　文書館では、文書が受信者への働きかけを失効して記録資料となった後も引き続き保管の対象となります。したがって、特定の受信者に効力をもつ文書と、受信者へ効力を失ってすでに現用のものではなくなった記録資料とを、併せて保管していることになり、本書では両者を合わせて文書館資料と称しています。

なお、図書館法第3条（図書館奉仕）で、図書館が収集・整理・提供・保存の対象とすべきは「図書、記録、視聴覚教育の資料その他必要な資料」と述べているように、記録資料を図書館資料に含めることもあります。図書館法でいう「記録」には、失効した文書であっても、後々まで伝えるべきことがしるされているという歴史研究上の重要性が強調されています。

　　［注記］　一般的な用法で文書（document）というと、複数の段落をもつ文章の集合を意味しますが、ほぼ同義のテキスト（text）と比較対照すると差異が際立ち、その性格がよりはっきりします。両者の決定的な相違は、文書が標題で始まり結語で終わる一定の「形式」をもっているのに対し、テキストは文書から文字指定や書式指定などのいっさいを取り除いて文字列のみという点です。テキストが文字データだけから成る「素顔」だとすれば、文書は、多様な書体や大きさの異なるフォントが使われ、小見出しやノンブルをも備えた、いわば「化粧」の施された文章です。

　どうして文書が形式をもっているかというと、それは「読むべき相手」を想定しているからです。文書を受け取る宛先があらかじめ決まっており、その読み手が理解しやすいように、また読み誤ることのないように形式化されているわけで、やはり特定の人に向けて何らかの働きかけを行なうために作成されていることになります。

　ちなみに、本文（ほんもん、ほんぶん、text）には、以下のような意味があります。①著作の主たる内容である文章（→p.41）、②古典で、元来の状態の文章（この意味から「テキスト＝クリティーク［本文校訂］」とは、いくつもの写本がある場合に、それらの異版を比較校合のうえ適切な本文を確定し定本とする作業）、③研究上の原典、引用上の典拠、翻訳上の底本といったような、土台となる文章（この意味から日本語の「テキスト」が「教科書」や「教本」の意に）、④文字データのみから成る「素」の文章（上記に示した「document」に対する「text」の意）。

●3．古文書

　ところで、文書は歴史的な区分で呼称を変えることがあります。すなわち、近世以前のものを古文書（こもんじょ）、あるいは単に文書（もんじょ）、場合によっては歴史研究に用いる資料という意味で史料（しりょう）または歴史資料と呼びます。対して、近代以降に作成されたものについては、公の機関で作成されたものを公文書（こうぶんしょ）、民間企業や個人の名義で作成された契約書・請求書・領収書・私信などを私文書（しぶんしょ）と称しています。以下、まず古文書を説明し、次項で公文書を詳説します。

　古文書（こもんじょ）は、古代から近世にかけて存在した文書（ぶんしょ）のたぐいです。その様式には、律令格式（りつりょうきゃくしき、古代中国の法令体系）にしたがって発給された公式様文書（くしきようもんじょ）、公式様文書よりも簡便な手続きで発給された公家様文書（くげようもんじょ）、武士階級が公家様文書を下敷きに発給した武家用文書（ぶけようもんじょ）、下位身分の者が上位へ意思を述べる上申文書（じょうしんもんじょ）、譲渡・売買・貸借の内容をしるした証文（しょうもん）などがあります。

　神仏に祈願する願文（がんもん）や資財を奉納するさいの寄進状（きしんじょう）などは、人間の君主を発信者とし神仏を受信者とする契約書の一種と考えられ、古文書の範囲に含めています。戸籍台帳や土地台帳についても、発信・受信の授受関係はありませんが、想定される相手に一定の働きかけを行なうものですので、古文書とみなしています。歴史的な財産目録・家系図・日記などは厳密にいえば記録資料に該当するのですが、研究上はやはり古文書と呼び習わしています。

　古文書はすべて歴史研究に必要なものですので、保存は永続的です。古文書の保存に特化した場合に、その施設（アーカイブズ）をとくに「文書館（もんじょかん）」、「史料館」、「歴史資料館」と呼ぶのです。

● 4．公文書

　公文書（こうぶんしょ）は、国ないし地方公共団体の職にある公務員が、その肩書をもってあるいは職務を行なう公務所の名義をもって、職務権限にもとづき作成する（または収受した）近代以降の文書です。立法・行政・司法の部門を問わず、その職務を遂行する過程で必要とされる何らかの意思を表明した、いわば「仕事上の書類」です。政策決定のプロセスが示されており、国民生活に効力をもちます。たとえば、法律・登記台帳・住民基本台帳・納税通知書などをいいますが、とくに行政機関の職員が作成するものの比重が大きく、公文書といえば「行政文書」とほぼイコールで用いることがあります。また、公人である政治家個人が残した日記なども、私文書とはいえ公的な記録資料の空白を埋めることから、公文書相当とみなします。公文書の保存に特化した場合に、その施設（アーカイブズ）を「公文書館」と呼称するのです。

　第二次世界大戦後、行政機関での文書管理は、戦前と同様に軽視されたものでした。効率化の掛け声のもと、いたずらに文書廃棄が奨励されただけだったのです。日本で**国立公文書館**が設立されたのは、1971年7月。その法的根拠は総理府設置法（昭和24［1949］年5月31日法律第127号）の一部改正によるものでした。すべての中央官庁が保有する公文書の受け入れ先だったわけではなく、宮内庁・外務省・防衛庁（当時）の公文書は、その例外となりました。

　1987年12月には公文書館法（昭和62［1987］年12月15日法律第115号）が公布されます。国や地方公共団体の設立する公文書館に関して必要な事項を定めたものです。その第2条（定義）では「公文書等」を定義して「国又は地方公共団体が保管する公文書その他の記録（現用のものを除く）」とし、第4条（公文書館）で「歴史資料として重要な公文書その他の記録」を含むとしています。すなわち、公文書館法でいう「公文書等」は、非現用のものが対象です。

　1999年6月には国立公文書館法（平成11［1999］年6月23日法律第79号）も単独の設置法として、ようやく定められました。同法がこの時期に制定された

のは、最高裁が保有する民事判決原本を国立公文書館へ移管するためでした。行政文書だけではなく、司法や立法などの重要な公文書も保存できる機関として位置付けようとしたのです。

●5．情報公開

　一方で1970年代に情報公開（information disclosure）の機運が高まります。部外秘扱いのままの公文書を住民が閲覧請求し、行政機関にその開示を義務付けようとしました。公文書の開示は、行政の活動を目に見えるかたちで示すことであり、行政機関としての説明責任を果たすべきものだからです。

　1980年代には、自治体レベルで情報公開条例が制定されていきます。こうしたなか、情報公開と公文書館とが結びつけられ、1987年公布の公文書館法につながります。情報公開の対象は現用文書（国や自治体の機関が事務処理上で利用している状態にあるもの）であり、公文書館は非現用となった文書の移管先という、公文書のライフ＝サイクルが固まっていくのです。

　情報公開については、情報公開法（平成11 [1999] 年5月14日法律第42号、正式名称「行政機関の保有する情報の公開に関する法律」、施行は2001年4月）と、独立行政法人等情報公開法（平成13 [2001] 年12月5日法律第140号、正式名称「独立行政法人等の保有する情報の公開に関する法律」、施行は2002年10月）が定められ、政府の行政機関や独立行政法人などの諸活動を国民に説明する義務を明示し、公文書の開示を請求できる権利を認めています。

　情報公開法では第2条（定義）第2項で「行政文書」を定義し「行政機関の職員が職務上作成し、又は取得した文書、図面及び電磁的記録……（中略）……であって、当該行政機関の職員が組織的に用いるもの」としています。これには但し書きが付され、規定の適用対象から除くものとして、第1号に「官報、白書、新聞、雑誌、書籍その他不特定多数の者に販売」目的のもの、第2号に公文書管理法で規定する「特定歴史公文書等」、第3号に「歴史的若しくは文化

的な資料又は学術研究用の資料として特別の管理がされているもの」を挙げています。つまり、情報公開法でいう「行政文書」は、現用の文書が対象です。

●6．公文書管理法

以上の経緯を踏まえて2009年6月には**公文書管理法**（平成21［2009］年7月1日法律第66号、正式名称「公文書等の管理に関する法律」）が成立しました（施行は2011年4月）。第1条（目的）では、公文書は「国民共有の知的資源」であり、「主権者である国民が主体的に利用し得る」ものであると述べており、事実上の「知る権利」が記載されています。

この公文書管理法では、公文書の内実が、「行政文書」、「法人文書」、「特定歴史公文書等」を総称するものと定められています。行政文書とは、「行政機関の職員が職務上作成し、又は取得した文書であって、当該行政機関の職員が組織的に用いるものとして、当該行政機関が保有しているもの」と定義されています。法人文書は、「独立行政法人等の役員又は職員が職務上作成し、又は取得した文書であって、当該独立行政法人等の役員又は職員が組織的に用いるものとして、当該独立行政法人等が保有しているもの」です。特定歴史公文書等とは、「歴史資料として重要な公文書その他の文書」のうちで、「国立公文書館等に移管されたもの」をいいます。

行政文書や法人文書は現用のものであり、30年の保存期限まではそれぞれの作成または主務機関が保存し、期間満了を迎えたものは内閣総理大臣の同意をえて廃棄するか、それとも国立公文書館などに移管し特定歴史公文書等として保存継続するかを決定します。現用の「行政文書」と「法人文書」、それに非現用の「特定歴史公文書等」とを関連付け、発生から有期限の保管を経て、廃棄あるいは永続保存へと至る、公文書のライフ＝サイクルを定めているのです。

　　［注記1］　文書館関係者の国際組織である国際文書館会議（International Council on Archives、ＩＣＡ）は文書館資料の組織化のために、1994年に

「国際標準文書館資料記述（International Standard Archival Destination）」の一般原則を採択しました。文書館資料の出所別のまとまりを基本単位とし、作成母体の組織体制を反映した階層構造がとられています。

　また、米国アーキビスト協会（Society of American Archivist、ＳＡＡ）によって、デジタル化された文書館資料のデータを検索処理するために印（しるし）付けをする言語が開発され、1995年に「符号化文書館資料記述（Encoded Archival Description）」として発表されました。日本の国立公文書館では、この記述にもとづくデジタル画像の閲覧サービス「国立公文書館デジタルアーカイブ」を2005年にスタートさせています。

　［注記２］　私文書のなかで、経済取引にともなって作成されるものは、その文書の作成者に納税の義務があります。これを、とくに「課税文書」と呼び、印紙税法（昭和42［1967］年５月31日法律第23号）に要件が定められています。申告納付という方法もあるのですが、通常は郵便局などで必要な収入印紙を買って文書に貼り、それを再使用できないように消印することで納税します。

● 7．図書館資料との相違

　図書は、特定の個人や機関が作成しますが、その対象は一人の読者に限定されずあくまでも不特定多数の人々です。特定の受信者のみに効力を及ぼそうとして刊行するものではありません。もちろん、ときとして読んだ人に多大な影響を与えることもありますが、その影響力は不確実で個人差があり、文書のように明確に一定の効力を及ぼして恒常的に相手を束縛するというものではないのです。

　文書館資料は、作成された当時の状況が再現できるように保存することも特徴です。図書館資料のように主題別に分類を施して保存するのではなく、作成した個人や組織の活動の過程をそのまま反映した全体の編成が重要視されます。

発生源での活動をとりまとめて、時系列にそって収集し、当初の形状を損なわずに保存することが求められているのです。

　図書館資料のほうは広く公開利用のもとで永続的に保存されることが原則ですが、文書、とくに行政機関などの現用文書は、開示請求がありしだいの公開です。しかも有期限の保管であって、歴史的な価値をもつとみなされたものは公文書館に移管のうえで引き続き保存の対象となりますが、それ以外は廃棄されます。

　ちなみに、図書館が政府刊行物として扱うものは、不特定多数の読者に向けて配布・刊行するものです。公文書は、特定の相手を想定して作成されるものであって、頒布を目的とするものではありません。政府刊行物と公文書とは、イコールではないのです。ただ、文書館じたいが、歴史資料を活字におこして広く配布したり、その文書の生まれた歴史的な経緯をまとめて刊行したりと、政府刊行物に相当する出版物を生産することはあります。

　本章を閉じるにさいして、類縁機関のあいだの相互協力のことを補記しておきます。2009年には日本でも**MLA連携**（エムエルエーれんけい、MLA partnership）の動きが始まりました。博物館（M）、図書館（L）、文書館（A）のそれぞれが機関の種別を超え、デジタル化の進展にかかわる共通の課題の解決に向けた協議・検討を行なっていこうという運動です。イギリスで1990年代から具体的な取り組みが始まったもので、それぞれのコレクションの異質性を認めたうえで、互いを尊重する相互理解の連携が進みつつあります。

　本章は、日本博物館協会編『博物館関係法令規則集』増補改訂（日本博物館協会、1974年）、総務省行政管理局編『詳解 情報公開法』（財務省印刷局、2001年）、浅井直人ほか執筆『逐条解説 公文書管理法』（ぎょうせい、2009年）、瀬畑源『公文書を使う：公文書管理制度と歴史研究』（青弓社、2011年）を参照しました。■

第11章　コレクション形成（1）　収集

　図書館のコレクションが資料の集合体である以上、そこにはある程度の点数が必要となります。取り集められた資料が少なければ少ないなりに有益かというと、決してそうとは断定できません。蔵書量が百点と百万点では図書館の意味合いも異なり、あるレベル以下の数量にとどまって停滞している限り、長期にわたる利用に耐え続けることは難しいのです。うまずに選定が重ねられ、たゆまずに購入が繰り返され、多くが図書館資料に組み入れられていくなかで、蔵書としての閾値（いきち、あるシステムに注目すべき反応をおこさせるための最小値）を超えていかなければ、コレクションの存在意義はないも同然です。具体的に何点以上なら必要十分と明示できるものではないのですが、新たに世に出ていく記録物が増大していけば、当然のこと、収集の範囲も広がらなければならないでしょう。

　コレクションは短時日では生まれません。持続的な形成には、収集（acquisition）の業務が前提となります。収集業務に含まれる「選定」、「購入」、「受入」という作業が継続的に行なわれ、その絶え間ない積み重ねによって蔵書構成がはかられ繰り返しの利用に備えているのです。

　この章では、図書館業務の収集・整理・提供・保存というプロセスのなかから収集の業務を論じ、コレクションを形成することの重要性を確認します。

第1節　選定

●1．収集方針

　選定（selection、選択、選書ともいう）は、図書館資料に適うものを選り分ける作業です。そこでは、図書館サービスの望まれるべき方向性を蔵書構成に投影させて収集方針を立案し、個々の収集物のタイプが目標とする蔵書構成の

実現に適合するか否かの判断を示した選定基準を設定します。

収集方針（acquisition policy）は、資料収集にあたっての基本方針です。図書館としてどのようなコレクションを構築していくのかという原則が示されています。いかなる資料を取り集めることで目指すべき図書館サービスを達成していくつもりなのか、その決意のほどが明確な目標として掲げてあるのです。

収集方針は文章にまとめられ、図書館職員全員に共通する認識として自覚されていなければならないでしょう。収集が個人の気まぐれでなされては蔵書構成に一貫性を欠くことになるし、図書館長や担当職員が交代したからといって図書館サービスの方向性がねじれてしまってはならないからです。収集方針は、サービス対象である利用者にも公開され、図書館に寄せる期待と信頼の拠りどころとなっていることが望まれます。

日常の図書館活動を支える基本的な理念に「**図書館の自由**」の考え方があり、日本図書館協会の手で「**図書館の自由に関する宣言**」（1954年採択、1979年改訂）として成文化されています。図書館の機能を通して、「表現の自由」を守り、人々の「知る自由」、「知る権利」を保障していくという決意表明です。ここでは、①資料収集の自由、②資料提供の自由、③利用者の秘密保護、④検閲の否定、⑤図書館員の団結がうたわれています。収集方針は、この「図書館の自由」の考え方にのっとって編まれるべきです。

したがって、「こういう資料は収集しない」という抑制的な考え方よりも、「多様な資料を可能な限り幅広く収集する」という拡張的な姿勢を前面に打ち出すことが大切です。とくに、対立する意見のある問題はそれぞれの見解を表した資料を収集し、著者の思想的立場にとらわれて当該著作を排除することなく、図書館員の個人的な選り好みでは収集せず、外部からの圧力を恐れて自己規制すべきものではありません。

収集される図書館資料は現実の出版事情をありのままに反映します。たとえば、オカルト・疑似科学・伝承療法などの誤解や過誤を含んだ資料がコレクシ

ョンに含まれるとすれば、そういった出版物が数多く流通しているからに他ならないでしょう。図書館では「間違った記述のある資料」、「誤りがあると分かった資料」を隠蔽し廃棄してしまうのではなく、こうした資料に対抗した反対意見が載っている資料を収集・提供することにできる限り努めます。「資料には資料でもって対抗する」というのが図書館のやり方です。蔵書にどのような主義・主張が含まれていようとも、それを図書館が支持しているわけでは決してありません。図書館界じたいは差別や偏見に断固として反対の立場ですが、人々の目から遮断し秘匿するという方法では、問題が解消するどころかえって陰湿化するだけだと考えているからです。大切なのは人間を信じ、意識改革の努力を続けることです。刊行物として一般に流布され周知された内容であれば、読者の側に判断が委ねられ読者の良識で選択がなされるのが本筋です。図書館は「思想善導」の機関ではなく、「良書普及」の団体でもなく、「資料提供」の場なのです。

　ただし、「図書館の自由に関する宣言」では、提供を制限すべき例外事項にもふれています。それは、プライバシーその他の人権を侵害するもの、わいせつであるとの判決が確定したもの、寄贈・寄託の当事者が非公開を望む当該資料です。プライバシーその他の人権の侵害で提供制限がなされるのは、『図書館の自由に関する事例集』（日本図書館協会、2008年）によれば、①頒布差し止めの司法判断があり、②そのことが図書館に通知され、③被害者が図書館に対して提供制限を求めたという要件に適合した場合です。

●2．選定基準
　収集方針に見合えばすべての資料を収集するのが理想ですが、現実的には設備面での限定や予算上の制約などによって優先順位が付けられ、収集から外れる資料も出てきます。図書館がもつ人手・設備・予算に見合った範囲のなかで、収集される資料が限定されるのは止むをえないことです。収集方針にしたがい

ながらも、資料を現実に選び取るさいの実務判断の拠りどころとして**選定基準**（selection criteria、選択基準、選書基準ともいう）が必要となります。収集方針と選定基準とは混同されがちですが、収集方針を「総論」とするならば、選定基準はいわば「各論」とみなすことができます。

ただ、「各論」といえども基準というものの性格上ある程度は抽象的にならざるをえず、詳細にして具体的な内容が逐一列挙されているというものではありません。資料が著しく高価で財政状況が許さないといったような明白な逸脱ならともかく、特定資料の採択の当否が機械的に明らかになるような精密性を備えているものではないのです。したがって、選定基準を典拠とする図書館員の裁量に委ねられているのは否定しがたいところであり、その選定の判断は、最終的には図書館員の専門性によって保証されていることになります。

資料の選定にあたって、そのバックグラウンドには大きく二つの考え方があります。一つは、選定の基準は資料そのものの価値におくべき、つまり、いわゆる良書を図書館側が選ぶべきだとする**価値論**（value theory）です。利用者からの要求も図書館側が資料価値ありと判断したときに初めて採択されます。もう一つは、利用者からの要求を優先的に充足させるべきだという**要求論**（demand theory）です。予約やリクエストには最大限に応えて、利用者からの要求を主体とする購入をはかります。

前者の価値論が、半永久的な保存を前提とした資料の再利用を目指す考え方だとすれば、後者の要求論は、まず現時点での利用者がもっている関心や嗜好を全面的に満たそうとしています。どちらが良い悪いという問題ではありません。ただ、およそ1960年代までは価値論優位だったものが、1970年ごろを境に要求論へと転換し、そのまま成熟して優位となりつつも、1990年代以降には価値論にのっとった批判が繰り返されるという図式が見て取れます。次節では、両者の変転を戦後の公共図書館のあゆみのなかに振り返り、図書館サービスとりわけ資料提供にどのような影響を与えてきたのかを概観します。

第2節　図書選定の議論

● 1．価値論の継承

　1960年代までの日本の公共図書館では明らかに価値論が優位を占めていました。戦前からの教育的な考え方が、そのまま継承されたのです。たとえば、当時、日本図書館協会の図書選定委員長だった彌吉光長（やよし　みつなが）は、自著『図書の選択』（日本図書館協会、1967年）のなかで、最大公約数的な価値をもった良書を図書館側が主体となって選定するのは当然であり、多くの利用者に求められていたとしても、その場限りで読み捨てられるようなベストセラーを蔵書に加えるのは慎重にすべきと主張しました。利用者からのリクエストは「現実的にはよい小説のみが要求されるとはかぎらない。むしろ文学的にはたいした価値のないものが、しばしば多くの人々によって求められる場合が多く、小説ノンフィクション共に同様である。」とも述べています。

　当時の図書館の状況はといえば、1950年4月に図書館法が公布され、1954年5月に「図書館の自由に関する宣言」が表明されますが、戦後の貧困な地方財政では図書館に割り当てられた予算も微々たるもので、もつべき資料費は少なく蔵書規模も零細なままだったのです。資料提供は精彩を欠き、閲覧限定・閉架式書架・団体貸出で細々と行なわれていました。主流となっていたのは「席貸し」で、多くの図書館は中学生や高校生の「勉強部屋」にすぎず、一般市民をひきつける魅力には乏しいものでした。

　一方で、1950年代には母親層を中心とする**文庫活動**――子どもの読書環境づくりに取り組む民間の活動――が家庭や地域でおこります。その活動が1960年代に自主的な隆盛を迎えるなか、図書館界のほうでも貧弱な状況を打破する試みとして『中小都市における公共図書館の運営』という報告書、いわゆる『中小レポート』が1963年にまとめられます。日本図書館協会の手になる『中小レポート』では、資料提供が図書館の本質的な機能だと明言し、貸出の重要性に

注意を喚起しました。また、人々の生活圏にある中小規模の図書館こそすべてと断言して、図書館は身近な存在であるべきと主張したのです。

●2．要求論への転換と成熟

『中小レポート』に続いて、1970年に日本図書館協会が公刊した『市民の図書館』では、個人の館外貸出・児童サービス・全域サービス網という図書館運営の最重点目標が示されました。資料の選定についても利用者の要求に積極的に応えていくべきという考え方が明らかにされました。いわく「図書館が、読書とはかくあるべきだという規範をもち、これに合ったものだけを選択するのではない。図書館がいくら良い本だといって購入しても、一度も利用されないのであれば意味がない。図書館の図書選択はあくまで、市民の図書費を図書館があずかり、市民のために図書を選ぶのであることを忘れないようにしよう。」と述べています。このような『市民の図書館』の提言は、「良い本」よりも「読みたい本」の充実を求めたものです。

こうして、1970年代には要求論がしだいに勢いづきます。個人向けの館外貸出が伸張し、図書館と図書館のあいだでの相互貸借制度も始まりました。

1980年代に入ると要求論はいっそう盛んになり、価値論を凌駕するまでになります。貸出サービスはより身近なものとなり、相互貸借制度はＩＬＬサービスへと発展し、大型コンピュータを導入した業務機械化が進捗します。多くの図書館の現場では、予約（返却待ち、後に取り置きも含む）やリクエスト（他館借用・新規購入）を重視し、利用者の声を即座に蔵書構成に反映させていくようになりました。資料要求に応え続ければ、利用者は図書館に対して信頼感をいだき、来館の回数も増えておのずと貸出冊数も多くなるという好循環が期待されたのです。

「良い図書館」とは、すなわち利用が多く貸出が伸びている図書館のことであって、そのためには利用者が「読みたい本」を最優先で提供することが大切

と考えられるようになりました。ベストセラーや実用書など要求が集中する本は同一のものを複数冊購入し、つまり**複本**（added copy）として蔵書に加え、予約やリクエストをした人を長く待たせない努力を怠るべきではないとの主張も展開されました。おりしも、1981年3月に黒柳徹子著『窓ぎわのトットちゃん』（講談社、1981年）が出版され、年末までに430万部を売り上げてベストセラーになったことでリクエストが集中、これを契機に多くの図書館は躊躇なく複本購入に踏みきりました。

　住民の資料要求をそのまま通せばよいとして、選定には司書不要の意見もあがりました。住民が図書選定の一部に参加する「選書ツアー」も行なわれ、要求論は成熟の期を迎えます。

●3．要求論批判と価値論の盛り返し

　ところが1990年代から2000年代にかけては、要求論そのものに向けた批判と、価値論に立脚した新たな見解が、それぞれに顕在化します。それらの声は、むしろ図書館関係者以外からわきおこりました。

　要求論そのものに向けた批判は、出版関係者から突き付けられました。図書館がベストセラーを大量の複本として購入し貸出の便をはかっていることと、出版物の販売額が1996年をピークに連続して前年割れしている事実とを結び付け、貸出増加は出版不況の一因であり作家の利益を侵害していると、日本文藝家協会や日本ペンクラブなどが主張したのです。そして、大量貸出の損失を補うために新たに**公貸権**（public lending right）を設定し、図書館のような公共施設での非営利・無償の貸与であっても、その貸出回数に応じて著者に著作権使用料を支払えと求めました。

　公貸権は、1946年のデンマークを先駆けに北欧諸国で導入されたのですが、その主目的は人口の少ない国における自国言語での出版活動を奨励する助成金という性格のものでした。公貸権の設定は、貸出の有料化を意味するものでは

ありません。日本での著作権使用料の捻出は、国が基金をつくりそこから給付金として支出するとか、図書館での資料購入時に上乗せしてまかなうといった試案が出されており、図書館側と権利者団体側とで文化保護政策の観点からも公貸権の協議は続いています。

　2003年7月には日本図書館協会と日本書籍出版協会が協力して「公立図書館貸出実態調査」が実施され、翌年3月に報告書としてまとめられました。調査結果によると、政令指定都市における文芸書ベストセラーの平均所蔵冊数4.2冊、町村レベルではそれぞれ1.3冊、1.0冊というものでした。しかしながら、数字の評価をめぐって、複本数は思いのほか少ないとの判断と、複本の存在が認められ都市部における商業的な影響は少なくないとする考えのあいだで一致を見出せず、双方の議論は平行線をたどりました。

　もう一方の、価値論に立脚した新たな見解は、図書館をよく利用している有識者のなかから寄せられました。ベストセラー偏重ではなく蔵書構成のバランスを求めるもので、たとえば、1998年の『図書館雑誌』5月号に津野海太郎「市民図書館という理想のゆくえ」、2000年の『文藝春秋』12月号には林望「図書館は『無料貸本屋』か」が掲載されました。

　それらは、図書館と書店とのあいだでは役割分担を設けるべきであって、図書館側が書店と同じように、いま現在だけ売れている本の貸出にのみ終始するのは首肯しがたいという意見です。書物の価値は、書店での売れ行きや図書館での貸出の効率で決まるのではないからというのです。むしろ、地方の出版物や高額な美術書など、一般の書店では目にすることのない本や入手の難しい資料を収集してほしいと主張しています。

　また、ベストセラーを複本として多数冊購入し幅広く貸し出すという習慣は、図書館を単なる「無料貸本屋」におとしめるのではないかという危惧も聞かれました。テレビ番組があおって惹起（じゃっき）した一時的なブームでリクエストが増大したからといって、図書館がどこにでもあるような本を短期間に買

い揃えて「タダ読み」に供することは、気紛れな読み捨ての風潮を後押しするだけだという意見です。

　2010年代に入っても図書館界と出版業界との軋轢（あつれき）は続きました。当時、出版関係者に問題視されたのは「読み終えたベストセラーの寄贈を利用者に求める貼り紙」でした。図書館側には要求論に応えるための方策です。

　2011年には、発売後半年のあいだ、図書館での貸出は猶予してほしい旨を巻末に印刷した単行書が刊行されました。文芸ものは、図書館で借りて済ませてしまうために、買って読む習慣を阻み売り上げを圧迫しているというのです。

　2015年には全国図書館大会で新潮社の社長から、一部の新刊本について一年間の貸出猶予を求めるお願いが発せられました。2017年の全国図書館大会で今度は文藝春秋社長が、図書館での文庫本の貸出を止めてほしいと表明しました。深刻化する出版不況のなか、大手出版社が声を上げるほどに、出版業界の危機感はこの上ないものがあります。

　一方で、要求論にもとづく貸出中心の図書館サービスも衰える気配をみせません。「住民の声を聴く」ことが公共図書館ではいたく大切と考えられ、腹蔵ない善意で推し進められているからです。ただ、利用者の要求といえども、なべて権利には内に含む制約があり、その認められた趣旨目的にしたがって適正に行使する責務があります。そこから極端に逸脱している場合には、図書館の管理運営についての責任を有する図書館長が──公共図書館は地方教育行政の末端におかれ、図書館長は行政畑をまわってきた事務職の地方公務員であったとしても──一定の裁量権を行使することは故なしではありません。

第3節　購入

●1．購入の手続き

　収集方針がつくられ資料種別ごとに選定基準が定まれば、図書館資料に適うものが実地に選り分けられ、購入（purchase）の手続きがとられます。選定

実務と購入手続きは業務分掌にもとづいて担当者が決められ、いわば地続き的な継続性をもって作業がなされるのですが、このとき、一人の図書館員がすべてをまかなうよりも、可能ならば『日本十進分類法』の部門別に担当者をおき、棚の管理も含めて仕事をまかせたほうがよいかもしれません。責任の所在が明らかになり、主題専門性の確立に通じるからです。むろん、ときには蔵書構成の見直しを図書館員全員の合議で行なう必要もあります。

　図書館がもっとも多く選定するのは新刊書です。情報源には、新聞や雑誌の書評欄、出版団体や取次会社の新刊案内冊子、出版社のＰＲ誌、書評専門の新聞や雑誌、日本図書館協会や全国学校図書館協議会の選定速報などがあてられます。流通ルートに乗りにくい地方の小出版物などにも目配りが必要です。新刊以外でも、汚損・破損した資料の買い替え、蔵書点検で不明図書となった資料の補充、利用頻度の著しく高い資料の複本追加などがなされます。

　選定された資料は、その図書館の定められた用紙に書誌事項がリストアップされ、購入金額と予算残額が計算されます。リスト発注ではなく一冊一伝票の方式を原則とすることもあります。注意すべきは、蔵書内容とのダブリです。発注前に現行の目録で重複（ちょうふく）調査をかけ、同じ本を2冊と買わないようにチェックすべきですが、もちろん、リクエストの著しく多い図書を当初から複本として発注することは認められています。

　選定のリストは一定期間で集計され、その図書館の内規にしたがって図書館長の最終的な決済を受けます。その前に、館内の図書館員による資料選定委員会を設けて合議にかけることもあるでしょう。決済後は、年度計画にしたがった予算額を適切に執行すべく、具体的な購入手続きに入ることになります。

●2．注文購入

　具体的な購入手続きでもっとも一般的なのは、書店を通しての注文による購入です。図書館長の決済が下りた選定リストの束は「発注書」を表紙に付けて、

競争入札により年間契約を結んだ地元書店の外商部に渡されます。外商部は、店内の売り場ではなく、まとめ買いの見込める大口顧客のところへ直接に訪問して販売をする部署です。外商部扱いのものは、店頭販売用の出版物とは番線が異なり区別されている場合も多くあります。

　公共図書館では85％以上が、ＴＲＣを発注先に選んでいます。ＴＲＣは、書影や内容紹介も掲載された選書カタログ『週刊 新刊全点案内』（毎週火曜日発行）を公共図書館に向けて配布。オンラインで注文を受け付けると在庫を確認し、在庫がなければ取次会社（一次取次）を通して取り寄せます。集品できたら、図書館ごとに設定した専用のプログラムから請求記号ラベルやバーコード＝ラベルを出力し、カバー＝ジャケットを残してその上に貼付し、全体を粘着透明フィルムでくるみます。装備が終われば、納品原簿を付けて出荷するのですが、この納品のタイミングに合わせて、図書館別にローカル＝データを付け加えたＴＲＣＭＡＲＣ（ＴＲＣの作成する書誌データベース）を、その図書館のＯＰＡＣ用としてダウンロードできるようにしているのです。

　2010年にＴＲＣと丸善は経営統合して、丸善ＣＨＩ（シーエイチアイ）ホールディングスを共同持株会社として設立。親会社は、大日本印刷（ＤＮＰ）です。丸善は、2011年に出版事業部門を分社化して丸善出版を設立、店舗事業部門が分社化した丸善書店は2015年にジュンク堂書店と合併して丸善ジュンク堂書店となりました。2016年に丸善は雄松堂と合併して商号を丸善雄松堂と変更、図書館向けに電子書籍の配信サービスなども手掛けています。

　大学図書館と一部の専門図書館では「洋書」の注文購入もあり、丸善雄松堂や紀伊國屋書店などの洋書の輸入販売業者と取引をしています。価格の算定には、①為替の実勢レートに輸入のための運賃・通関料・保険料などの諸経費を上乗せした「洋書レート」を設定のうえ、現地売価を円建てに換算する、あるいは、②輸入販売業者があらかじめ作成した店頭販売価格（catalog price）に一定の値引き率を乗じて算出する、といった方法があります。近年では、アマ

ゾン＝ジャパンなどオンライン書店の法人向け口座サービスを通して、現地での売価により近い値段で購入できるようになり、在庫確認さえ怠ることがなければ、スピーディーな納品も期待できます。大学図書館ではまた、教員が個人の研究費で購入する「研究図書」の存在があり、その発注の手続きや書誌データの管理に大学図書館としてどう関わるのかは各大学で対応が分かれています。

特殊な発注の方法には、次のようなものがあります。定期購読（予約購読）は雑誌の継続的な購入方法です。購読料金を通常は年単位で前払いしておき、以後、定期的に納品してもらいます。**スタンディング＝オーダー**（standing order）は、図書の継続的な購入方法です。分冊刊行されるセットものやシリーズものを対象に、初回に総合タイトルでもって注文をかけた後は、自動的に個別タイトルのものが納品され続けるというものです。この方法で発注している資料を、俗に「継続図書」と呼んでいます。**ブランケット＝オーダー**（blanket order）は、ある主題分野、ある出版社をあらかじめ図書館側が指定しておくことで、その枠内の出版物に該当するものを書店側からすべて納品してもらうという方法です。一定期間内に関連資料の充実をはかる目的で採択されます。

●3．現物購入

図書館が資料の現物を直接に品定めして購入を決定することもあります。その現物購入でもっとも一般的なのは見計（みはか）らいです。

見計らいとは、書店（あるいは取次）から一定期間ごとに新刊が持ち込まれ、そのなかから直接選定を行なって購入することです。納品する書店側にはその図書館の収集方針をよく理解しておいてもらわねばなりません。書店の外商部が取次に見計らい用書籍の選出を一任することもあります。図書館側は、取次の分野別項目表などで要望を伝え、取次の裁量による新刊を定期的に配送してもらいます。購入しない本は書店を通じて引き取ってもらうのですが、これは、いわゆるパターン配本の一種です。

ただ、図書館側も見計らいだけに頼りきらず、資料収集に漏れがないかを常に注意し、主体性を失わぬよう心すべきです。どこの図書館でも実施されているわけではなく、すべての新刊書をカバーしているものでもありませんが、現品そのものを目にして選定ができるので購入作業としては効率的です。

　見計らい以外の現物購入では、発行元から図書館へ現物資料が販売目的で一方的に郵送されてくる購入要請、発行元が百科事典や実用シリーズを持ち歩いて商いする巡回販売、展示会やブック＝フェアに図書館員が参加しての現地購入などがあります。

●4．無償収受

　図書館が無償で資料を取り集めることがあり、これを仮に無償収受と称しておきます。代表例は、寄贈です。

　寄贈は、個人または団体から無償で資料の提供を受けることです。たとえば、図書館側からの意志で、地方自治体や地場の公共的な団体に寄贈依頼状をしたため、書店では入手しがたい関係資料を提供してもらうケースがあります。

　逆に、先方から自発的に送られてくる場合があります。著者・発行元・政治結社・宗教団体などから贈呈される献本です。図書館長名で寄贈御礼状をしたため、献本者の名義を資料に記載しておきますが、寄贈されたものはすべて開架式の書架に出さなければならないというものでもありません。

　地元の蔵書家が家の増改築や転居、本人の逝去などにともなって大量の寄贈を申し出ることもあります。ときに寄贈者が図書館蔵書への混配を嫌い、全体をひとまとめにしたまま、自分の名前など特定の名称を冠した文庫として別置して欲しいと強く希望することもあります。寄贈資料の別置は利用しにくくなるので慎重に協議しなければなりません。

　無償収受には「寄託（きたく）」という形態もあります。個人や団体が、資料の所有権は移さずに、一定の条件のもとで保管だけを図書館側に委任するも

のです。一般の利用には供するのですが、期間が長くなると経緯が分からなくなってしまうので、当初に寄託の条件を取り決めて成文化しておくことが肝要です。寄託の例として、国連寄託図書館があります。国連との寄託契約のもと、国連の刊行物を収受し利用に供するもので、日本では14館（2017年12月現在）が指定されています。

また、他の図書館と相互に譲与し合うことで、欠本――セットものや多冊ものの一部を欠いている本――あるいは欠号（→ p.127）など、蔵書の欠落部分を補うこともあります。これをとくに「交換」と呼びます。

第4節　受入

●1．納品と検収

注文購入を始めとして、現物購入や無償収受で資料現物が集まってくると、次に受入（accession）という作業に進みます。受入は、収集物を図書館資料として蔵書に加える仕事で、「納品」、「検収」、「登録」という順序で処理します。このときに、「装備」の作業も一部は並行して実施されます。

納品は、書店などから注文品が搬入されることです。この段階では、受領品と「納品書」を突き合わせて確かに発注どおりの物品かが確認され、誤納入があれば返品し正規のものの再搬入を求めます。

検収では、落丁や乱丁をチェックします。納品作業と一体で行なわれ不良品があれば返品し、やはり正規のものの再搬入を求めます。検収が完了すれば、「請求書」の金額を確かめて会計処理に回します。単年度会計ならば、当該年度内で処理するよう注意しなければなりません。

●2．登録

登録の処理は、**図書原簿**（accession register、図書台帳、受入原簿、登録台帳ともいう）を設けて、受け入れた順番に資料のデータを記載するものです。

連番で与えられる**登録番号**（accession number）のもとに、タイトルや著者名といった書誌事項、受入年月日、受入種別、取得価額などがしるされます。

　受入種別は、受け入れた根拠を示すものです。注文であれ現物を直接であれ、買い入れたのならば「購入」と記入して購入先も書き入れ、「寄贈」、「寄託」、「交換」ならばその旨をしるして相手先の名も書き添えます。その他、合冊製本（→ p.51）を行なったのならば「編入」、管理換え（→ p.249）ならば「保管転換」、合綴製本（→ p.51）によって数量が変動したのならば「数量更正」、自館で作成した資料であれば「自館生産」、貸出中に紛失した利用者の弁償ならば「弁償」とします。

　取得価額は、取得時に支払った金額（取得原価）をいい、消費税を含めて計上します。購入以外の場合には、時価を基準とした「公正な評価額」を計上しています。たとえば、寄贈された資料は、通常は定価をもって評価額とします。非売品のように定価表示のない資料については、同様の資料を参考にして価額を見積もります。見積もりが困難な場合には、備忘価額によることができます。備忘価額とは、資産が残っていることを忘れないための名目的な価額で、一般的には１円を計上します。

　ちなみに「価格」は商品の価値を貨幣で表したものですが、これに対して「価額」は（次節で述べる）財務諸表などに記載するときに使う金額のことをいいます。会計上の金額は、対応する商品があるわけではないので「価額」という言葉を使って区別しているのです。

　図書原簿に記載する一方で、現物資料に対しては登録されたことを意味する刻印がなされます。登録番号や蔵書印の付与です。登録番号は、個々の資料に付与されることで図書原簿へ記載済みであることを示します。これによって、記載（図書原簿）と現物（図書館資料）とが番号（登録番号）を介して相互につなぎとめられるのです。蔵書印も個々の資料に押されて、図書館の所有物であることを利用者に示します。

第5節　会計処理からみた図書館資料

●1．会計基準

　会計（accounting）は、金銭の出入りを管理して、開示・報告することです。組織の活動成果を貨幣額換算によって測定し、利害関係者である株主・金融機関・取引先・従業員・顧客などに向けて、説明する（account）行為です。派生語の「accountability」が日本語では「説明責任」と訳されているように、取引事実の「報告」が会計概念の中核にあります。なお、経理（accounting）とは会計の下位概念であって、より日常的な金銭の収支を担当する実務です。

　簿記（bookkeeping）は「帳簿記入」の略で、帳簿（book）に金銭の出入りを記録する（keep）行為です。取引事実の「記録」が簿記機能の中核であり、そのための計算技法を意味しています。会計が、簿記の結果を受けて、組織の実態を外部の関係者に説明するための理論的側面であるのに対し、簿記のほうは内部報告であり、日々の取引を正確に記録する技術的側面なのです。

　会計基準（accounting standards）は、会計の基準とすべきルールであって、米国ではＧＡＡＰ（ギャープ、generally accepted accounting principles）と呼んでいます。この「一般に認められた（generally accepted）」の言葉には、権威ある会計基準の設定機関によって示されたという意味と、もう一つ、長年にわたり実務のなかで培われてきた慣習を理論化したという意味が含まれています。日本の会計基準は、これまでは後者の意味合いが強く、商法（明治32 [1899] 年3月9日法律第48号）系列の諸規定から構成されてきました。

　会計基準にのっとって（簿記の技法にもとづき）作成される書類一式が、財務諸表（financial statements）です。日常用語では、決算書（決算報告書）と呼ばれます。ちなみに、財務（financial）とは、財務諸表をもとにして資金調達や資金運用など（これからの）活動計画を扱う業務であって、会計（簿記）が発生主義にしたがった（これまでの）実態報告であるのとは異なっています。

発生主義とは、取引が行なわれた時点での取得原価が計上されなければならないとする考え方で、会計基準の測定属性となっていました。しかしながら近年の会計基準では、伝統的な取得原価に代わって、時価（公正価値）による評価が求められるようになっています。国際会計基準評議会（ＩＡＳＢ）やアメリカ会計学会（ＡＡＡ）を中心に、将来にわたる資産の管理運用にも責任をもつ受託責任（stewardship）という考え方が打ち出されているのです。

●２．図書館の財務諸表

　図書館においても、図書館サービスを目的とする活動状況を関係者に適正に開示しなければなりません。設置母体組織が遵守する会計基準にしたがって、財務諸表の一端をかいまみておく必要はあるでしょう。とくに、図書館資料が会計上どのように扱われているかは理解しておくべき点です。

　非営利法人に対しては、法人の形態ごとに主務官庁などにより設定されたさまざまな会計基準が適用されています。学校法人会計基準、社会福祉法人会計基準、公益法人会計基準、ＮＰＯ法人会計基準、独立行政法人会計基準、国立大学法人会計基準などです。これらのうち、本書では国立大学法人会計基準に準拠して図書館資料の扱いを説明します。

　国立大学法人会計基準では、財務諸表として「貸借対照表」、「損益計算書」、「キャッシュ＝フロー計算書」、「利益の処分又は損失の処理に関する書類」、「国立大学法人等業務実施コスト計算書」、「附属明細書」が作成されます。

　貸借対象表（balance sheet、B/S）は、一定時点でに財産をどれくらい保有しているかを表す一覧表です。決算期末における、①資産、②負債、③資本という、三つの要素の増減比較計算です。負債は、銀行からの借金など、将来、返す約束で集めたお金。資本は、事業主やその他の株主が出資したお金です。対して、資産は、その事業に帰属し、将来的に収益をもたらすことが期待される経済的価値です。

国立大学法人会計基準において、資産とは、国立大学法人が「支配する資源であって、それにより教育研究の実施能力又は将来の経済的便益が期待されるもの」をいいます（次の第3項で詳説します）。負債は、長期借入金など、義務の履行が「将来、教育研究の実施又は経済的便益の減少を生じさせるもの」です。資本は、補助金や交付金、授業料や寄付金など、国立大学法人の業務を確実に実施するために調達・獲得された財産的基盤及びその業務に関連して発生した剰余金から構成されます。

損益計算書(profit and loss statement、P/L)は、一定期間に儲けをどれだけ生み出したのかを表した一覧表です。事業年度における、①費用、②収益という、二つの要素の変動差額計算です。収益は、稼いで得たお金のこと。費用は、収益獲得のために使われることで、その経済価値を失うものです。

国立大学法人会計基準での損益計算書は、経営成績ではなく、運営状況を明らかにするために作成されます。ここでの収益は、教育研究の実施などの業務に関連して「資産の増加又は負債の減少（又は両者の組合せ）をもたらす経済的便益の増加」をいい、同様に費用は「資産の減少又は負債の増加（又は両者の組合せ）をもたらす経済的便益の減少」をいいます。

●3．有形固定資産としての「図書扱い」

本書で取り上げるのは、まず、貸借対照表（B/S）のなかの「資産」です。資産は、流動資産と固定資産に区分されます。現金や受取手形など、通常業務で発生する資産を流動資産としますが、それ以外のものについても、1年以内に入金の期限（現金化）が到来するものを流動資産、1年を超えるものを固定資産としています。

固定資産は、教育・研究という業務目的を達成するために所有し、加工や売却をせず、耐用年数が1年以上のものです。このうち、物理的な実体を有するものを有形固定資産、もたないものを無形固定資産と称します。

有形固定資産は、土地、建物、構築物、機械・装置、工具・器具・備品、図書、美術品・収蔵品などをいいますが、国立大学法人会計基準では「図書」という資産勘定科目を独立して設けていることに留意します。ここでいう「図書」とは、「印刷その他の方法により複製した文書又は図画、又は電子的方法、磁気的方法その他の人の知覚によっては認識できない方法により文字、映像、音を記録した物品として管理が可能な物」と定義されています。

　有形固定資産は時の経過とともに資産の評価額を減少させる減価償却を行なうことになっていますが、この「図書」については、それぞれの使用頻度が大きく異なることや比較的少額かつ大量であることを考慮して、使用期間中における減価償却の処置は行ないません。このために、他の資産とは区別して別掲されているのです。会計処理からみた場合、図書館資料はここに含まれることになり、図書館では「**図書扱い**」の資料と称しています。

　このように、図書館資料は会計処理上、長期保有を前提とした非償却の有形固定資産として取り扱うのが原則です（非償却資産については、金額にかかわらず、資産に計上します）。「図書扱い」とする資料の形態は、冊子体に限ることなく、テープ・フィルム・ディスクといったパッケージ型の媒体も含みます。加除式の資料も購入時の価格をもって「図書扱い」としますが、加除にかかわる経費は、損益計算書（P/L）の「費用」に計上します。

　データベースで、自館のローカル＝サーバに蓄積し所有できるものを購入した場合は、データベースを管理するソフトウェアと、コンテンツであるデータそのものとに区分して、前者は無形固定資産の資産勘定科目「ソフトウェア」に計上し、後者のコンテンツ部分を「図書扱い」の資料として会計処理します。しかしながら、両者が一体不可分で明確に区分できなければ、その主要な性格はソフトウェアかコンテンツかを判断し、どちらかにみなして会計処理することが認められています。コンテンツの更新にかかわる経費は、原則として「費用」のほうに計上します。

なお、有形固定資産は、資産区分、資産名称、耐用年数、償却方法、取得年月日、取得価額、減価償却累計額、帳簿価額などをしるした「固定資産台帳」を作成する必要があります。固定資産に番号（固定資産管理番号）を割り当てて、その番号のシールを作成して現物に貼付しておくといった管理上の措置もなされます。これは、図書館で行なっている登録の作業に相当します。

● 4．「図書扱い」とはしない図書館資料

　国立大学法人会計基準で「図書扱い」とはしない図書館資料が存在します。端的にいえば、教育・研究の基礎を形成しないものは「図書扱い」の資料に該当しません。次のものです。

　第一に、教育・研究の用に直接は供されない事務用資料です。図書館職員が館内事務室で業務に用いる『日本目録規則』や『日本十進分類法』、コンピュータ関係のマニュアルや備品の仕様書などが相当します。事務用資料は資産勘定科目の「その他」に計上しておきます。

　第二は、図書のうち、重要文化財または国宝の指定を受けている貴重書です。これらは、資産勘定科目の「美術品・収蔵品」に含めます。この「美術品」は、建造物、絵画、彫刻、書籍、典籍、古文書、その他の有形の文化的所産をいい、「収蔵品」とは、教育・研究対象の化石・鉱物・標本などで、美術品を除く物品です。

　第三は、教育・研究上で一時的な意義しか有さないものです。この場合の「一時的」とは、内容上あるいは外装上の理由から、使用予定の期間が1年未満であることを意味しています。これらは「費用」として処理し、費用勘定科目としては「消耗品費」があてられます。これが、図書館でいう「**消耗品扱い**」の資料です。

　図書館資料のなかでは、新聞や雑誌が「消耗品扱い」となります。新聞原紙は一年間の保存の後にひと月分をまとめて廃棄しますし、雑誌も同様に、1年

を目途に各図書館の定めた保存年限がきた時点で廃棄します。ただし、雑誌で資料価値があると判断したものについては、合冊製本して「図書扱い」に変更する場合があります。改めて図書原簿に記載して登録番号を発行し、受入種別を「編入」として処理します。その場合の評価額については、原則として、当該雑誌の購入価格に合冊製本に要した経費を加算して計上するのですが、便宜的に製本経費のみをもって評価額とすることも認められています。

　資料を使用する予定期間の判断は、時間が経過することにともなう内容上での陳腐化の程度、あるいは使用を重ねることによる外装上での物理的な減耗といったことを勘案し、図書館として1年以上にわたって使用するつもりかどうかでなされます。たとえば、旅行ガイドブックのように、堅牢な表紙を備えた冊子体であっても取得時において1年未満の使用しか予定しないものは「消耗品扱い」とし、ムックのように、雑誌の体裁をしていても特段の変更を加えることなく1年以上の利用を予定するものであれば「図書扱い」とします。年鑑も、一般コレクションとしての区分は逐次刊行物ですが、各年度版を揃えながら長期にわたって提供することを意図するのであれば、会計処理上は「図書扱い」の資料としています。

　「消耗品扱い」の資料は、図書館のコレクションのなかでの「例外」です。そもそも蔵書の除籍（→p.251）は、資料そのものに後天的に起因する理由によって止むなくなされるものですが、「消耗品扱い」の資料は、購入の時点ですでに内容上あるいは外装上の理由から廃棄処分が自明のものとなっており、利用期間が限定されているのです。

> ［注記］　電子書籍あるいは電子ジャーナルの「購入」は、コンテンツであるデジタル＝データを自館のローカル＝サーバに蓄積し所有できるものではありません。ネット接続された図書館のコンピュータを経由して、配信事業者のサイトに継続的にアクセスできる権利を取得したに過ぎないのです。したがって、「資産（無形固定資産）」ではなく、「費用」として計上

するのが妥当となります。国立大学法人会計基準の「実務指針」には「サイト契約しているデータベース」について「対価は費用として処理するので無形固定資産には含まれない」とあります。

電子書籍や電子ジャーナルの費用勘定科目は、大項目「業務費」、中項目「教育経費」の下位に位置付けられ、小項目として、賃貸借契約にもとづくコンピュータ＝システムの「賃借料」、あるいはシステム運用の業務委託契約にもとづく「委託料」などがあてられます。「実務指針」には「業務費の表示科目については、その活動の目的に応じて適宜の科目によることができる」とあります。「費用」の内訳は統一的な基準で仕分けされていればよく、税務算定の影響がないところから、多少の異同は実務上での別段の問題とはなりません。

本章は、国立大学法人会計基準等検討会議著『「国立大学法人会計基準」及び「国立大学法人会計基準注解」報告書』（文部科学省、2003年、2016年改訂）、文部科学省、日本公認会計士協会著『「国立大学法人会計基準」及び「国立大学法人会計基準注解」に関する実務指針』（文部科学省、2003年、2016年改訂）、伊藤邦雄著『新・現代会計入門』（日本経済新聞出版社、2014年）、山田真哉著『さおだけ屋はなぜ潰れないのか？：身近な疑問からはじめる会計学』（光文社、2005年）、渡邉泉著『会計学の誕生：複式簿記が変えた世界』（岩波書店、2017年）を参照しました。■

第12章　コレクション形成（2）　保存

　図書館のコレクションは利用されてこそ所蔵している価値が生きるわけですから、常に利用できる状態にしておくべく系統だった不断の努力が求められます。現在から将来にわたる利用を維持するのは、保存（storage）の業務です。そこでは「資料保護」、「蔵書管理」、「除架」といった作業が行なわれます。

　保存業務は、図書館に受け入れた当初の状態を可能な限り変質させずに維持することが原則ですが、蔵書規模や利用実態の側面から現行のコレクションに「蔵書評価」を下す作業も求められます。評価にしたがって蔵書構成を弾力的に運用していくことを怠ってはなりません。

　この章では、収集・整理・提供・保存というプロセスのなかから保存の業務を論じ、コレクションを末永く形成し続けていく重要性を確認します。

第1節　資料保護

●1．予防的な保存措置

　資料保護（preservation and conservation）は、資料に向けられる劣化・損傷から資料を守るための作業で、予防的な保存措置と修復的な保存措置があります。国際図書館連盟（ＩＦＬＡ）は、1973年に保存ワーキンググループを設置し、それを1977年に保存分科会へと昇格させて、1979年に資料保存の国際的な原則を定めました。この1979年版の原則は、1986年、1998年と改訂され、1998年版は『ＩＦＬＡ図書館資料の予防的保存対策の原則（IFLA Principles for the Care and Handling of Library Material）』として公刊されています。

　資料保護のうちで予防的な保存措置（preservation）は、予想されうる劣化・損傷から資料を回避させるために、どうしたら利用阻害要因を取り除いてダメージを抑制できるかを考慮して、先手を打つ施策です。

まず、資料を取り巻く環境に配慮します。温湿度は、ＩＦＬＡ1998年版の原則が、温度10℃以下で相対湿度30～40％の低温低湿を紙の長期保存に適していると推奨しています。ただ、閲覧室のような人のいる空間では、温度22℃前後、相対湿度55～65％が現実的な目安となります。

　光の影響にも留意します。太陽光の紫外線は、窓に紫外線吸収フィルムを貼ったり、カーテンやブラインドを設けたりして遮断し、直射日光が資料に直接あたらないようにします。人工的な光では、蛍光灯が紫外線を多く含むので、紫外線防止タイプのものを選びます。赤外線を多く発する白熱電球やハロゲン電球は熱源となるので、資料近くに設置するのは避けなければなりません。発光ダイオードを使った、紫外線や赤外線の少ないＬＥＤ（エルイーディー、Light Emitting Diode）照明の導入は適しています。

　劣化の原因となる塵や埃は、吸い口にガーゼをあてた掃除機で吸い取ったり、刷毛や特殊繊維の布などを利用して除去したりします。カビは湿度設定に留意する必要があり、発生すればアルコールを噴霧して拭き取るなどの処置をします。虫害は空調の導入が効力を発しますが、生物生息が確認された場合には捕獲用の誘引トラップを設置したり、さらには大規模な燻蒸が必要となります。その他、地震・台風・火災・水漏れといった災害にも備える必要があります。

　資料の取り扱いにも配慮が求められます。書架に過剰に詰め込むと取り出すさいに擦れて傷みますし、逆にゆるい排架でも本が斜めに傾いて型崩れします。常に適度な量を配し、資料が少ない場合には必ずブックエンドを使って押さえます。かなり大判で重量のある本は、立てておくと自重でノドの部分が壊れやすいので、例外的に横置き（平置き）で保管します。コピー機に見開き状態の資料を無理に押しつけることも損傷の原因となりますので、上向きに開いた状態で作業ができる複写機の導入が望まれます。

　書架から取り出すさいも注意が必要です。背表紙の天に指をかけて引き出すと、背から壊れてしまいがちなので控えましょう。本を傷めずに取り出すには、

①目的の本の背の上部を奥に押し、せり出た下部をつまんで引き出す、あるいは、②右隣・左隣の本の背をそれぞれ奥に押し込んでから、目的の本の中央部をつまんで引き出す、といった方法があります。

　利用されればされるほど摩耗するのは当然ですが、極力その進行を抑えるべく心掛けるのが予防的な保存措置です。ただ、心ない利用者によって、鉛筆での書き込み、こぼした液体のしみ、ページ角の折り込み、ページの一部切り抜き、紙葉じたいの破り裂き、粘着透明フィルムの取り剥がしなどが発生しているのは、非常に残念なことです。資料の盗難は人災の最たるものでしょう。

●2．修復的な保存措置

　資料保護のうちで修復的な保存措置（conservation）は、実際に劣化・損傷してしまった資料を手当てするためのものです。ＩＦＬＡ1979年版では、修復的な保存措置の原則を次の4点にまとめていました。この4原則は1986年版では削除されたのですが、資料保存の現場にはその思想が定着しています。第一は原形保持の原則です。資料の物理的なオリジナリティはとりわけ貴重書にとって最優先で保持すべきものです。どうしても外科的な治療を施さなければならないときは、長期にわたり安定していて破壊的とならない材料や方法を選択するという安全性の原則が、第二に求められます。しかもその材料や方法はいつでも原状回復が可能であるような可逆性の原則が、第三に望まれます。第四は記録の原則で、施した処置を後世に見直すことができるように詳細を書き残しておくことです。

　修復的な保存措置でもう一つ重要な考え方は「段階的保存（phased conservation）」というアプローチです。イギリスの修復家・ウォーターズ（Peter Waters）らが考案し、米国議会図書館で保存修復にあたるさいに初めて導入しました。1972年のことです。修復を要する大量の資料群に対し、まず調査を行なって劣化の程度を何段階かで把握し、どうしても利用に支障があるものに

対して優先的に徹底した対症法を施し、他の多くの資料群はとりあえず保存容器に収めて劣化速度を抑えるというものです。医療現場における識別救急（triage、トリアージュ）に通ずる発想です。このための保存容器として、中性紙の板紙でつくられた保存箱や外包み、中性紙の封筒、不活性のフィルムによるカプセルといったものが数多く開発されました。国内の図書館や文書館にも段階的保存のアプローチは導入されており、状態調査により劣化程度の全体像を把握し、優先順位を付して処置を施すという取り組みがなされています。

図書館員が一定の技術習得により一般図書に修復的な保存措置を施すこともあります。まず、ページが破れてしまった場合には、破れた個所よりも少し大きめで薄手の和紙を、正麩糊（しょうふのり、小麦のでんぷんを煮てつくる糊）で貼り、上下に吸湿紙を挟んで、重しを乗せてプレスします。ページの一部が欠けている場合は、厚手の和紙を欠けた境界線に合わせて型取りして芯紙とし、これを上記と同様に、薄手の和紙を用いて正麩糊で貼りプレスします。和紙のはみ出した部分は、乾いた後にカッターナイフで切り落とします。

破損・欠損の箇所をセロファンテープで補修するのは、よくありません。セロファンテープは接着面を劣化させてしまうだけでなく、貼った部分だけ強度が上がってしまい境界部分に負担がかかるからです。資料全体をおおう粘着透明フィルムも、一度使用すると元の状態に戻すことが困難であることから、長期的な保存には必ずしも最善の策と断定できません。

俗に「波打ち」と呼ぶのは、冠水したまま放置したことでシワが寄った状態をいいます。この場合は、噴霧器や水筆などで軽く水分を与えて生乾き程度にして伸ばし、やはり上下に吸湿紙を挟み、重しを乗せてプレスします。完全に水分がなくなるまで、挟む紙を交換しながらプレスを繰り返します。

鉛筆の書き込みは、プラスチック消しゴム、粉消しゴム、ケミカル＝スポンジ、練り消しゴム、ラバー＝クリーナーなどのいずれかを用いて慎重に消し去ります。消しカスは刷毛や筆で払います。

むろん、修復的な保存措置で図書館員のできる範囲は限られています。表紙が外れたりページが抜け落ちたりした場合の修理製本、パルプ分散液に紙葉を沈め虫穴などの欠損部分だけに紙の繊維を埋め込んで補塡するリーフキャスティング（leafcasting）、酸性紙にアルカリ性物質を定着させて中和し劣化を抑制する脱酸処理（deacidification）などは、業務委託すべきです。

　とりわけ酸性紙問題は、1959年にウイリアム＝バロー（W. J. Barrow）が論文「蔵書の劣化、原因と対処――書籍用紙の耐久性に関する二つの調査（Deterioration of book stock、causes and remedies: Two studies on the permanence of book paper）」で警告したことで表面化して以来、貴重書を多数所蔵する大規模図書館にとっては深刻な脅威となりました。和紙も洋紙も中世のものなどはそのまま保存されているのに、20世紀の本はわずか数十年で紙繊維が枯葉のように脆弱になり消滅の危機にさらされているのです。その対策は、①中性紙使用の普及、②脱酸処理の適用、③媒体変換の実施、です。

　媒体変換（media conversion）は、資料の内容を異なるメディアに記録し直すことですが、修復的な保存措置の一環としては、すでに劣化が進み利用不能となってしまった資料を代替物で保存する処置です。新聞原紙をマイクロフィルムに撮影したり、貴重書をスキャンしてそのデータを光学式ディスクに焼き付けたりといったように、コンテンツを別の媒体に移します。

　ただ、マイクロフィルムの基材であるトリアセチルセルロース（Triacetyl-cellulose、ＴＡＣ）は、高温多湿の状態が続けば徐々に加水分解をおこし、酸っぱい臭気（酢酸臭）を発して表面が波打ち状に変形してしまうように、新たな記憶媒体の寿命を予測することは容易ではありません。光学式ディスクの予測寿命は二十年ほど、ＵＳＢメモリなどのフラッシュ＝メモリは十年程度といわれています。パッケージ型の電子資料の利用には再生装置とソフトウェアが必要であり、システム環境も日進月歩の技術革新のなかでまたたくまに陳腐化していくことから、電子資料の長期的な保存を困難なものにしています。

電子資料の長期保存にはエミュレーションやマイグレーションの手法が開発されています。エミュレーション（emmulation）は、特定のシステム環境向けのプログラムを異なるシステム環境のもとで使うことです。プログラムを書き換えて新たなシステム環境に移植させるのではなく、エミュレーターと呼ぶアプリケーション＝ソフトウェアを介して擬似的に再現させるのです。最新の技術環境のもとで、古いシステムの仮想環境をつくりだすことによりデジタル情報の利用をはかります。マイグレーション（migration）のほうは、特定のシステム環境から別なシステム環境向けにデータを移し替えることです。古い記憶媒体の寿命がきてデータを読めなくなってしまう前に、そのデジタル情報を新しい記憶媒体へと移行させます。あるいは、利用されなくなった記憶フォーマットを、その時点で広く利用されている記憶フォーマットへと移し替えることで利用の可能性を確保するものです。

第2節　蔵書管理

●1. 書架整頓

蔵書管理（collection management）は、現行コレクションの恒常的な管理作業とともに、蔵書規模や利用実態から蔵書構成に評価を下す営為も含みます。具体的な作業としては、書架整頓、蔵書点検、蔵書評価があります。

書架整頓（shelf reading、書架整理ともいう）は、開架式の書架上での排列の乱れを正す日常の作業です。毎日の開館前に済ませておかなければなりませんが、非常に手間のかかる作業なので、役職にかかわらず図書館職員が全員で一斉に手がけます。

まず、資料が請求記号の順番どおりに並んでいるかどうかをチェックし、排列の間違いがあれば資料を入れ替えて本来あるべき場所に戻します。書架上の並びが窮屈でないか、逆にゆるすぎてブックエンドが間延びしていないかにも心を配ります。書架の後ろに小型本が落ちていないかにも気を付けましょう。

ブックポストから返却資料を回収して所定の位置に戻したり、展示期間の満了した新収図書を排架したりする作業も、書架整頓と一緒に行ないます。

　排列の乱れで見苦しいのは、排架資料と棚板との空隙に資料を寝かせてしまう横置きです。書架上での資料は（大判で重量のある本を除いて）、常に直立していなければ利用の点でも意味がありません。もしも資料が増加して書架に収容しきれなくなった場合は、一時しのぎで横置きするのではなく、配置換えをして書庫に移したり、前後の書架を対象に資料を移動し全体の収容量を均等にならしたりするなどの対策をこまめに講ずるべきです。

　棚板の標準的な有効高さには収まらないＡ４判以上のサイズの本も、前倒しにして小口（前小口）を底板につけ本の地をみせて排架してしまうのではなく、可動式の棚板であれば調整して収容を試みたり、必要ならば「代本板」を差し入れて大型本としての別置を考慮したりしなければなりません。

　もう一つ注意すべきは、背表紙を棚板の前端部に揃えることです。毎朝の書架整頓では棚板の奥に手を入れて資料を前方へ押し出し、もう一方の腕を横棒にして背表紙を一列にならします。背表紙が前揃いになっていて、しかも請求記号ラベルが同じ高さの位置で連なっていれば、利用者の眼の動きが上下・前後することなくラベルの印字を追うことができます。ましてや天地が転倒して排架されている資料などは論外で、必ず直しておくべきです。

● ２．蔵書点検

　蔵書点検（inventory）は、すべての蔵書の存在を点検し、管理状態を掌握する作業です。年に一回（通常は年度末の３月に）、図書館を二週間程度の閉館にし、図書館職員の総動員で実施されます。毎年すべての蔵書を対象とする場合と、年度ごとに分類項目別で実施し数年の周期で全蔵書の点検を終えていく場合とがあります。なお「曝書（ばくしょ）」とは資料を日干しにして虫害を防ぐことですが、転じて「書物の総ざらい」の意味となり、蔵書点検を指す言葉と

して使われることもあります。

　蔵書点検の実際の作業は、資料現物と目録データとを照合していくものです。かつては資料一冊ごとに対応するカード目録一枚ずつを挟み込んでチェックしていました。コンピュータによる資料管理の普及した現在では、資料に貼付されているバーコード＝ラベルを小型の読み取り機でなぞり、集積したデータをコンピュータ目録と突き合わせるシステムとなっています。近年ではＩＣタグの装着により、複数冊まとめてデータを読み取ることも可能です。

　照合作業の結果、目録に記載されていて貸出中でもないのに現物が書架上に発見されない**不明図書**の存在をあぶりだし、現物資料に対応していない目録データの不備を訂正します。不明図書の原因は無断帯出や盗難が疑われるもので、利用が多くなればなるほど、資料の紛失は避けられない傾向にあります。

●３．蔵書評価

　蔵書評価（collection evaluation）は、コレクションが図書館サービスに適合しているか、利用者の要求に合致しているか、資料費は有効に使われているか、といった観点から行なわれます。現行コレクションの過剰と欠落を把握することで、選定基準を見直したり除架を検討したりして、蔵書構成を適正化し継続的な充実をはかります。

　蔵書を評価する方法には、蔵書中心で行なうものと、利用者中心の視点で行なうものがあります。

　前者の「蔵書のあり方」の評価法には、①チェックリスト法、②観察法、③蔵書統計の分析、④コンスペクタスがあります。

　チェックリスト法（list checking method）では、基準となる資料リストを用意し、これと全蔵書を照合して所蔵率が高ければ望ましい状態にあると判断します。用いられる資料リストは、選択書誌や参考文献リストなどです。観察法（direct observation method）は、特定主題に詳しい専門家が、一人であるいは

チームを組んで、目視により分野ごとにコレクションを点検して蔵書構成を評価するものです。蔵書統計の分析では、蔵書密度や蔵書新鮮度の項目から評価を下します。コンスペクタス（conspectus、要点の抜き書きといった意味）は、コレクションを主題ごとに分割し、かつレベル（たとえば、入門書レベル・一般書レベル・専門書レベル）で階層化するもので、分類と等級とを組み合わせてどの程度の収集が達成されているかを評価します。

後者の「蔵書利用のされ方」の評価法には、①利用統計の分析、②利用可能性調査、③仮想評価法があります。

利用統計の分析では、貸出密度や蔵書回転率の項目から評価を下します。利用可能性調査（availability test）は、利用者がある資料を要求したときに、実際に図書館が提供できる可能性がどのくらいの確率かを調査するものです。資料の入手までには、その図書館で所蔵しているか、目録が正しく作成されているか、すでに貸出中でないか、書架上に正しく配置されているかなどの関門があり、どのポイントでつまずくのかを明らかにして改善につなげます。仮想評価法（contingent valuation method）は、公共的な財やサービスの経済的価値を利用者に直接尋ねて評価する手法です。たとえば、貸出1回にいくらの額を支払う意思があるか、図書館へ行くのに公共交通に支払う額はいくらまでなら許容できるかなど、仮想的な市場価値を利用者の意向として測定することで図書館サービスの利用上の意義を評価します。

2008年に改正された図書館法では、図書館の評価に関する条文が新設されました。第7条の3（運営の状況に関する評価等）において、「当該図書館の必要な運営の状況についての評価」を行なって改善のための措置を講ずるよう促し、第7条の4（運営の状況に関する情報の提供）では、それらの評価結果を地域住民など関係者に努めて提供すべしとしています。評価のガイドラインに「望ましい基準」（平成24［2012］年12月19日文部科学省告示第172号、正式名称「図書館の設置及び運営上の望ましい基準」）があります。改正された図書館

法の第7条の2（設置及び運営上の望ましい基準）にもとづき、市町村立図書館・都道府県立図書館・私立図書館の「望ましい状態」を示したものです。

　図書館界の国際的な評価の指標に、**図書館パフォーマンス指標**（library performance indicators）があります。図書館サービス全体の効果（目標を達成できた割合）と効率（達成に要した資源の量）を測定するための数値的な指標で、1998年に国際標準規格（ISO 11620-1998）となり、2002年に翻訳されて日本工業規格（JIS 0812-2002）となりました。蔵書のあり方や蔵書利用のされ方にとどまらず、広く図書館サービス全体に数値目標を設定して評価を行なうものです。

　この図書館パフォーマンス指標のなかには、蔵書のあり方の効果を評価する指標として「要求タイトル所蔵率」、「要求タイトル利用可能性」など、蔵書利用のされ方にかかわる効果の指標に「人口あたり貸出数」、「タイトル目録探索成功率」などが設けられ、図書館サービスの効率の評価としては「タイトルあたり目録費用」、「来館あたり費用」、「座席占有率」などの指標があります。そして、図書館活動が生み出した利用者側の変化を測る指標として「利用者満足度」が設定されているのです。サービス対象者にとって図書館が期待された役割を果たしているかどうかが重要視されており、図書館を利用した結果として、利用者側にどのような変化――たとえば、スキルの獲得やリテラシーの向上など――が生じたかを測定することで、短期の効果をみる蔵書評価にあきたらず、図書館の社会的使命の達成いかんが評価の対象となっています。

　　［注記］　図書館統計は、施設規模・職員規模・経費実態・蔵書規模・利用実態といった側面から数値データが採取・蓄積されており、ときに他の項目と組み合わせて演算を施すこともあります。このうち、蔵書規模にかかわるものをとくに蔵書統計、利用実態に関するものをとくに利用統計と称しています。以下は、蔵書統計・利用統計のなかの代表的な項目で、いずれもすでにある二つの項目のあいだで除算が施されて算出されています。

蔵書統計の項目で、蔵書密度（蔵書冊数÷サービス対象人口）は住民1人あたりの蔵書冊数を示し、蔵書新鮮度（年間増加冊数÷蔵書冊数）は蔵書に占める年間の新収図書の割合を示します。

利用統計の項目で、貸出密度（貸出冊数÷サービス対象人口）は住民1人あたりの貸出冊数を示し、蔵書回転率（貸出冊数÷蔵書冊数）は蔵書1冊あたり平均して何回貸し出されているかを示すものです。

第3節　除架

●1．配置換え

除架（じょか、weeding）とは、資料を書架から取り除くことです。そこでは配置換えや除籍の処置を行ないます。

配置換え（shelving shift）は、利用頻度を勘案して開架式の書架に適さないと判断した資料を書庫に移す作業です。「書庫入れ」と呼ぶこともあります。自館内の閉架式の書庫へ移したり、保存専用を目的として遠隔地に設立した自前の書庫施設へ収めたりします。場合によっては、配置換えで倉庫業者に業務委託することもあります。

注意すべきは、閉架式の書庫への配置換えが、利用者にとっては資料の隔離につながり一種のアクセス制限をともなってしまう点です。書庫入れは図書館運営の実務上から避けられない作業ではあるものの、目立たないかたちでの検閲行為を正当化してしまいがちなので、慎重な配慮が必要です。

配置換えの変形に「管理換え」があります。登録時の受入種別では「保管転換」と称します。会計の主体を同じくする他の機関に物品管理を移すことです。たとえば、公民館図書室の資料を同じ市町村の学校図書館が受け入れたり、同一図書館の本館から分館へ資料を移管したりします。管理換えは、その資料のより有効な利用をはかるために行なわれます。

［注記1］　書架の管理方式には、開架式と閉架式の別があります。開架

式は、利用者が制約なしに自由に書架に接して資料を手にできる方式、閉架式は、利用者が書架に接触できず、資料の利用は図書館員に申し出て（請求）、資料を持ち出してきてもらう（出納）という方式です。

　書庫は、資料の長期保存を目的とした場所なので、基本的には閉架式なのですが、こんにちでは全面的に開架式であったり、許可申請の手続きを経て入庫できる安全開架式であったりする図書館も多くあります。

　書庫内の書架の様式には、通常の固定式の書架以外に積層書架や集密書架があります。「積層書架」は、鋼鉄支柱のうえに鉄板床を張り、そこに複数の書架を積み重ねる構造です。書架じたいもいわば壁面となって鉄板を支え、鉄板は床となり天井となって2層から3層を形づくっています。ただし、防災の見地からは難があります。「集密書架」は、あらかじめ敷設したレールの上に書架を設置し、電動または手動で前後に移動させることのできる一群の書架です。スペースが大幅に節約でき、天井照明も人の動きを感知して自動的にスイッチが入るものが使われています。

　自館内の閉架式の書庫が、資料を自動で出納（すいとう）できるシステムの備わった、大規模な**自動書庫**（自動出納書庫システム）となっているところもあります。自動書庫では、ＩＣタグの付いた資料が分類に関係なくコンテナに収められ、巨大な鉄骨造りの格納棚に保管されています。出庫依頼があると、出納ステーションからの操作で自走式クレーンが動き、目的の資料の入ったコンテナがピックアップされ、自動搬送ラインを経て指定したカウンターまで配送されます。初期投資は大きいのですが、図書館職員が書庫内に立ち入ることなくスピーディに資料を出納できます。

　［注記2］　館内のエリアを青少年部門と成人部門に区切って双方の往来を規制する区分陳列（zoning、見たくない人が目にしないようにするため、特定の資料を一定の場所に囲い込むこと）は、読書の自由を奪うものです。年齢によって利用を制限することは、あってはなりません。子どもの図書

館利用を指導するのはその子どもの親の権利と義務であって、図書館は親の役割を引き受けることはできません。

●2．除籍

　除籍（withdrawal）は、資料を蔵書から除外してしまうことで、図書館資料としての登録を抹消する処置となります。事務手続きとしては、図書原簿の該当する記載を朱線で消して除籍年月日を書き入れ、目録からも該当するデータを削除、図書館統計にも訂正を加えます。現物資料には「除籍」、「廃棄図書」などの文字で示される除籍証明印を押し、請求記号ラベルやバーコード＝ラベルはシールでおおったり剥がしたりして無効とし、蔵書印には斜線を入れます。

　なお「払出（はらいだ）し」とは、会計用語で、物品が物品出納職員の保管を離れることをいいます。図書館では、除籍の処置に管理換えを含めて、払出しと称しています。

　除籍の事務手続きを経た現物資料は、焼却や断裁などの処分で廃棄してしまうか、資源回収業者に回収してもらいます。リサイクル活動として、希望があれば他の図書館に寄贈するか、利用者に公開して無料で引き渡してしまうこともあります。

　除籍は、資料そのものに起因する理由によって実施されます。それは、外装に重篤なダメージが蓄積されすぎたか、あるいは、内容上からの存在意義を明白に喪失したかで、いずれにせよ、これ以上の利用はもはや望めないとの判断が下せる場合です。つまり、不本意な亡失も含め、次のような資料が対象です。

　　①損傷がはなはだしく修復がもはや不可能と判断されたもの
　　②別途に改訂版などが出されたことで明らかに資料価値を失ったもの
　　③蔵書点検により三回以上続けて不明図書となったもの
　　④災害など止むをえない理由での亡失が確認されたもの
　　⑤「消耗品扱い」の資料で一定期間の保存年限を満たしたもの

除籍はことのほか慎重になされなければなりません。いったん資料が処分されてしまえば、その資料を目にする機会は永遠に失われてしまうからです。外部機構からの越権的な口出しや管理職からの職務権限による指示などで拙速な決定がなされてはなりません。担当職員の独断でやみくもに人知れず行なわれるのも論外です。除籍資料を見極めるときの判断の拠りどころとなる**除籍基準**を成文化しておき、館内の図書館員による除籍検討委員会での合議を経て、図書館長の最終的な決済を受けるといった、多くの人の目で閲（けみ）することができる「除籍手続き」の確立が求められます。

　本章は、エドワード・P・アドコック編、国立国会図書館訳『ＩＦＬＡ図書館資料の予防的保存対策の原則』（日本図書館協会、2003年）、国立国会図書館編『蔵書評価に関する調査研究』（国立国会図書館、2006年）、「特集　船橋西図書館の蔵書廃棄事件を考える」『ず・ぼん』11号（ポット出版、2005年）を参照しました。■

第13章　学問の分野別特性と情報資源

　図書館は、国立図書館・公共図書館・学校図書館・大学図書館・専門図書館と種類分けしますが、この五つの館種のおのおので目指す方向性は少しく異なります。たとえば、大学図書館では公表された研究成果を世界規模のネットワーク上であまねく流通させることに主眼をおいていますが、公共図書館であれば地域住民の生涯学習や社会教育を支援すべく努めており、域内の相互協力体制のもとでは現物資料の貸借がメインとなっています。

　この章では、大学図書館に一部の専門図書館も含めた、学術研究のための図書館を念頭におきながら、先の第6章「雑誌（2）　学術雑誌」での記述を引き継ぎ、学術系メディアの特徴を明らかにせんと試みるものです。すなわち、一般的には自然科学・社会科学・人文学と三区分される学術研究の、それぞれの分野別特性を論じ情報資源との相関を考察します。

> ［注記］　学問は、集団的な営みです。研究者個人の成果は研究者共同体（scientific community）ともいうべき集団のなかに蓄積されます。研究者共同体は、所属などにとらわれずに学問上の専門的な関心を同じくし価値観を共有する研究者の集まりです（「学会」よりも大きな概念と位置付けられています）。個人の研究活動は、研究者共同体に蓄積された先行研究を精査し、引用・参照を重ねながら自身の研究を続行させて、新たな成果を生み出すのですが、その研究成果は論文にまとめられ、学術雑誌に投稿され、査読制度を経たのちに雑誌掲載されて、公表に至ります。成果が公表されたことで他の研究者による評価を受け、その分野の発展にかなったものが再び研究者共同体に蓄積されて個々の研究者の活動にフィードバックされていきます。研究活動は、過去の多くの研究者が持ち寄った知識の累積のうえに成り立っているものなのです。

第1節　自然科学

●1．自然科学

　明治期に「science」の訳語として「科学」という言葉をあてたのは、人文学者の西周（にし あまね）だとされています。1874年の『明六雑誌』第22号に掲載された論文「知説」のなか、「学は人の性においてその智を開き、術は人の性においてその能を益すものなり。しかるにこのごとく学と術とはその主旨を異にすといえども、いわゆる科学に至っては、両相混して判然区別すべからざるものあり。」という件りに初めて登場します。この論文で「科学」の語は一度出てくるだけですが、その後の西周の著作のなかでは頻出しています。19世紀当時のヨーロッパでの「専門に分化した学問」という性格付けを反映し、さまざまな「科」から成り立つ「学」という意味合いが込められているのです。

　この「科学」という呼び名が登場する以前に、およそ「science」に対応する語としては「理学」がありました。1877年に東京開成学校と東京医学校が合併し日本で最初の総合大学として東京大学（いわゆる「旧東京大学」）が誕生したさいには、旧東京開成学校を改組して法学部・理学部・文学部の三学部、旧東京医学校を改組して医学部を設置しています。このときの理学部は、学科として数学物理学及び星学科、化学科、生物学科、工学科、地質及び採鉱学科をもっており、基礎研究と実用技術が混在していました。「理学」はまた、宇宙の根本を貫く「理（ことわり）」を追究する学問という意味合いのもとで「philosophy」の訳語を「哲学」と競い合った言葉でもありました。しかしながら、「science」の訳語として普及したのは「科学」であり、「philosophy」の訳語に定着したのは「哲学」だったのです。

　19世紀から20世紀のあいだに科学は著しい発展を成し遂げ、その研究上の方法論が人為的なものにも適用され始めたことから、自然界の現象を研究対象とする科学を自然科学（natural sciences）と限定的に呼ぶようになります。この

ことを踏まえて、こんにちの理学という言葉は、自然科学のなかで基礎研究の部門（物理学・化学・生物学など）を指し示し、狭い意味での自然科学という用い方をされます。基礎研究を区切った場合には、工学や医学は応用科学、数学は形式科学というように独立させることもあります。

●2．科学の考え方

　科学とは、端的にいえば、ものごとを理性的・合理的にとらえようとする考え方です。迷信や呪術に満たされた世界観を否定し、その蒙（もう）を啓（ひら）かんとして生まれた近代の精神です。その考え方にはいくつかの特徴があります。

　第一は、常に分析的だということです。まず、ものごとを二つに分けて考える二項対立の認識方法を採択します。主体と客体、自然と人間、理性と感情などのように対象を二つに分け、対置させてとらえます。それは、両者の差異を際立たせて理解の度合いを深めるためです。古代ギリシア以来、二つの対立する立場に分かれて問答しながら批判し合うことで、単なる思い込み（ドクサ、doxa-希-）からよく考え抜かれた知識（エピステーメー、epistēmē-希-）へ双方ともに至るという、弁証法（Diakektik-独-）と呼ばれる方法論の伝統にのっとっており、科学の分析は最小単位にまでさかのぼって続きます。複雑な現象を小さな要素に還元して解き明かそうと試みるのです。全体は部分の集合であることから、より細部に分け入って解明を施していけば、明らかにすることができた部分を再構成して全体も理解できるはずだと考えるからです（還元主義的決定論）。

　第二には、普遍性を求めています。一定の条件のもとで一定の範囲の予測を実現できるような、普遍的な法則性を構築しようとしています。アメリカでは成り立つが日本では成り立たないというような考え方はせず、特定の地域でおこる、一見、怪奇に思える現象であっても、そこに何らかの物質の変化を探り

定まった条件下での因果関係を見付けようとします。あらゆる事象はデータを積み重ねて解明され、数学的な計算によって把握されうるものと認識し、感情に左右されず価値観にとらわれず、世界をいわば均質な数字とみなして数理モデル（mathematical model、現象を数学の言葉に置き換えて表現した数式）に集約させるのです。電子のような知覚しにくい要素であっても、それを変数に組み入れた数理モデルが十分に機能し理論的に説明可能であるならば、その実在を信じる根拠があるとみなしています（科学的実在論）。

　科学は、あらゆる現象が「なぜそのようになるのか」を論ずるのではなく、その現象を組成する要因が「どのようにふるまっているのか」に的を絞っています。そこでは「WHY」を棚上げし「HOW」にのみ着眼しているのです。

●3．科学の方法論

　実際に研究を行なう場合の科学的方法は、①観察、②仮説、③実験、④検証という一連の系列的な段階を経て、法則や理論を構築することになります。

　まず、ものごとを観察し（あるいは調査し、または先行研究を精査して）、どのような現象や実態が未だ分かっていないのかを明らかにして研究目的を確立させます。次に、問題となっている新奇な現象や意外な実態を説明できるような仮説（hypothesis）を構築します。そして、仮説が正しいか否かを、実際に実験（experiment）を繰り返し行なうことによって検証（verification）するのです。実験は研究者が条件を人為的に制御し、意図的に状況を変化させることで、その変移から生ずる効果を測定します。その実験結果を詳しく解析して仮説の有効性を実証できれば、当初の仮説は法則に格上げされ、そのようにして生まれた複数の法則を体系化できれば、理論となります。

　端的にいえば、科学的方法とは仮説と検証の繰り返しです。未解決の現象を説明できるような仮説を立てて実験で確かめることができた場合に、その仮説は正しいと考えるものです。もしも実験から不整合な事実が立証されれば、当

初の仮説は反証（counterevidence）にさらされたことになり、正しくないものとして却下されます。このような論理の組み立て方は、仮説推論（abduction）と呼ばれています。

オーストリア出身の哲学者・カール＝ポパー（Karl R. Popper）は、1959年の著作『科学的発見の論理（The Logic of Scientific Discovery）』のなかで、反証することのできない仮説は科学的ではないと主張しました。科学は、反証可能な仮説を提起しそれを確かめる試みを通じて、試行錯誤的に一歩一歩真理に近付くものとポパーは述べています。

> ［注記］　論理（logic）を進める方法は、演繹法と帰納法に分けられます。
> 　演繹法（deduction）は、より一般的な事態からより特殊な事例を推論します。普遍的な前提から出発し、そこから推論を繰り返して個別的な結論に至るものです。
> 　帰納法（induction）は、より特殊な事例からより一般的な事態を推論します。個別の事例を集め、そこに共通する性質を推論して普遍的な法則を導き出すものです。
> 　仮説推論は、個別事例の集積からダイレクトに普遍的法則を導き出すのではなく、いったん仮定となる理論を打ち立てて、その仮説から個々の事態が説明できるのかを検証する、いわば論理を進める第三の方法です。

●4．パラダイム

科学の分野には、研究の最前線（research front）が存在します。新しい発見、最先端の成果が研究者のあいだの競争で求められており、常に一定方向を目指して拡大深化を遂げていくという性格をもっています。発表の場も、図書よりも雑誌、それも最新の論文、さらに紙媒体よりもインターネットというように、研究活動サイクルを短縮させ手早く先取権が得られるスピードを必要としています。人間の五感を超えた実験観測装置や検出方法を開発しながら、空間や時

間を巨視的にも微視的にも徹底させる方向に突き進んでいき、確固たる直線的な尺度に則して押し進められているのですが、その尺度の骨格を形づくるのが**パラダイム**（paradigm）という概念です。この考えはアメリカの科学史家・トマス゠クーン（Thomas S. Kuhn）が、1962年に物した『科学革命の構造（The Structure of Scientific Revolutions）』（初版）のなかで唱えました。

　パラダイムとは、もともとはラテン語などで動詞の変化を覚えるときに使われる「見本例」の意でした。定型変化を一つの動詞の例で代表させるときの、その範型のことですが、クーンはこの言葉を、研究を進めるうえでのモデル゠ケースとなるような、画期的な業績、という意味で用いました。

　パラダイム、すなわち当該分野の画期的な業績をお手本として学ぶことで、研究者は何をどのようにして研究を進めるべきかを会得するのです。その模範例は研究者たちのあいだでシェアされ、知らず知らずのうちに、研究活動とは「そういうものだ」と思い込む思考回路となり、認識の枠組みが形づくられます。そのなかにいる人間には自分が価値的選択をしていることすら意識していない、いうならば、金魚鉢のなかの金魚にとっての、水のようなものです。確立されたパラダイムは大学などの教育制度を通して次世代に伝授されていき、そのパラダイムを共有する後継者を次々と拡大再生産することによって、科学研究は巨大なピラミッドを築くように発展していくのです。

　このときクーンの意図は、科学の累積的な発展のなかに「不連続性」が存在することを世に問うことにありました。既存のパラダイムでは解決できない変則事例が生まれて、にっちもさっちもいかなくなる事態に陥ることがあるというのです。既成のパラダイムではどうしても説明することのできない自然現象が出現したことで、科学研究が確固たる土台を失って危機的状況に至ったとき、変則事例の多くを解決する具体的な業績が発表されて支持を集め、多くの研究者がそのもとに集まるようになると、それが既成のパラダイムを駆逐して新たなパラダイムとみなされます。これが、**パラダイム転換**（paradigm change）

とクーンが呼ぶ不連続性です。科学の発展は、実は途切れ途切れに続いてきたものだと主張しました。

おそらく20世紀最大のパラダイム転換は、物理学における量子力学の確立です。1900年にプランク（M. Planck）によって量子（quantum）の概念が提出され、アインシュタイン（A. Einstein）やボーア（N. Bohr）らが量子論を展開し、1920年代にハイゼンベルク（W. K. Heisenberg）やド・ブロイ（L. V. de Broglie）によって量子力学へと導かれました。素粒子レベルの現象はニュートンに始まる物理学の体系との根源的な乖離（かいり）が認められ、量子力学以後の物理学が「現代物理学」、それ以前は「古典物理学」と称されるようになったのです。

ただし、金魚を鉢から水槽に移し、さらに池に放すことはできても、完全に水の外に出してしまうことはできないように、パラダイム転換という不連続性が顕在化したとしても、科学研究者はパラダイムそのものから外に出ることはできません。

第2節　社会科学

1．社会科学

社会科学（social sciences）は、社会の仕組みを研究対象に、科学の方法論を適用して法則性や理論的枠組みを構築しようとする学問の総称です。その個別部門には、政治学・経済学・法学・社会学・文化人類学などをもちます。

社会科学の成立には、社会の仕組みそのものにかつてない変化がおこったことが要因としてあげられます。ヨーロッパの17世紀から18世紀にかけて、絶対君主制の国家体制を超法規的手段で解体し、近代的な市民が主体となった共和制の国家体制に変更する市民革命（Bourgeois Revolution）がおこったことです。イギリス革命（清教徒革命・1642-1649年、名誉革命・1688年）を嚆矢として、アメリカ独立戦争（1775-1783年）やフランス革命（1789-1794年）が続き

ます。秩序が破綻して社会が動態化し、人々の社会関係に劇的な変動が生ずる時代となり、国家体制や身分階級あるいは民族意識に対する関心がいやがおうにも高まったのです。

この時期に、ホッブス（Thomas Hobbes）は絶対君主制を擁護し、ロック（John Locke）は名誉革命を正当化したうえでイギリス的な立憲君主制を擁護し、ルソー（Jean-Jacques Rousseau）はこれらを批判して社会契約が行なわれた後も人民は依然として主権者であるとして共和制を主張しました。かれらに共通するのは、人間が元来おかれていた「自然状態」という仮説と、その状態を社会契約によって止揚することで「市民社会」が形づくられるという社会契約説の考え方で、このような政治学に相当する言説がいわば社会科学の祖といえるのです。同じころに、アダム＝スミス（Adam Smith）は「見えざる手（invisible hand）」という言葉を用いて、個人の利益の追求が社会公共の利益を有効に増進させると主張し、近代的な経済学の基礎を築きました。

その後の19世紀に、フランスの哲学者・オーギュスト＝コント（Auguste Comte）は、政治学や経済学などのどれにも属さないで、社会の全体を取り扱うような社会科学を構築すべく、その学問に「社会学（sociologie －仏－）」という用語を考案してあてました。『実証哲学講義（Cours de philosophie positive）』第4巻（1839年）においてです。

コントとほぼ同時代のドイツで、マルクス（Karl Marx）は、アダム＝スミスらが思い描いた市民社会が階級調和をもたらすのではなく、現実には資本家階級と労働者階級の不調和に満ちたものであるとの認識に至りました。三部作の『資本論（Das Kapital －独－）』（1867-1894年）のなかで、市民社会の発展を、経済的利害を異にする階級同士の闘争という側面から体系的に徹底して分析し、最終的には資本主義体制の崩壊が導かれなければならないという筋道を示そうとしました。歴史を共産主義に向かう決定論的運動ととらえるマルクスの考え方は、マルクス主義（Marxism）と呼ばれて世界中に大きな影響を与えました。

［注記１］　君主制とは一人の人間が多くは世襲により君主として国家元首に君臨し、終身にわたり支配する政治形態です。君主の称号には皇帝・国王・大公・首長などがあり、それによって帝制や王制とも呼ばれます。君主制は、民主主義とは矛盾しません。矛盾するのは、人権思想です。この君主制のうち、君主の権力が制限されない政治形態を絶対君主制、憲法によって制限されるのが立憲君主制です。そして、君主制の対義語は、共和制です。共和制において君主は存在せず、国家元首は国民により選出されて、大統領とか主席などと呼ばれます。

　［注記２］　石田雄著『日本の社会科学』（東京大学出版会、1984年）によれば、「society」の訳語に「社会」が初めて用いられたのは1875年ごろで、「sociology」の訳語が「世態学」、「交際学」、「人間学」などを退けて「社会学」に定着するのは、1882年にスペンサー（Herbert Spencer）著、乗竹孝太郎訳の『社会学之原理』が公刊されたあたりといいます。ただし、当時の「社会」の語は、急速な工業化の過程で既存の統一的な秩序から落ちこぼれた部分という意味合いをもっていました。つまり「社会」そのものが歪んだ発展の病理をはらむ「問題」であると認識されていたのです。社会に関する学術研究は、したがって日本の近代化の矛盾に焦点を定めることと等しく、石田の前掲書によれば、明治後期からマルクス主義の紹介が始まるとともに、「社会科学」の名称は、社会に関する諸科学を意味するものではなく、マルクス主義の別名に他ならなくなったといいます。そのことを決定的にした要因の一つに、共産党系の理論家を結集した『日本資本主義発達史講座』全７巻（岩波書店、1932-1933年）の発刊をあげています。このセットものは、マルクス主義が普遍性・体系的・批判性をもつ社会科学と同義であると強く印象付けたのですが、その半面、輸入もの・教条主義・内部対立といったマイナスも含んでいました。日本の社会科学がマルクス主義の影響力を脱していくのは、1960年代後半以降、敗戦からの経済

復興を果たし消費指向の増大によって階級意識が希薄化した「大衆社会」の出現を待たねばなりません。

　［注記３］　伝統的に日本の大学では、社会科学の新しい専門分野が現れると、既存の学部にそれぞれ割り当ててきました。このため、社会学や文化人類学は文学部におかれるなど分散しています。社会科学と人文学は、どちらも社会に占める人間個人の行動や役割に関わって親和性が認められることから、日本ではしばしば両者をまとめて「文科系」、「文系」、あるいは「人文系」、「人文・社会系」と呼び、自然科学は「理科系」、「理系」、あるいは「理工系」、「理数系」と別称して対比させています。こうした、人文学と一になって独立性を損なうような社会科学のあり方については、かつて1976年に経済協力開発機構（ＯＥＣＤ）の科学技術政策委員会が、報告書（『Social Sciences Policy: Japan』）を出して批判したことがあります。このＯＥＣＤ報告書は、文部省訳、矢野暢解説『日本の社会科学を批判する』（講談社、1980年）としておおやけになっています。

●２．社会科学の方法論

　社会科学は、社会に関する普遍的な原理を探究しようとしており、物理学や化学とまったく同じ意味で「科学」たらんとしています。ある要因が社会事象や個人の社会的行動をどの程度の「確からしさ」で説明できるか、そのことを外的に観測可能な現象のみから探るのは**社会調査**（social research、social survey）と呼ばれる研究上の手法──自然科学における実験に相当するもの──です。そのアプローチには、大別して統計的手法と事例研究法があります。

　統計的手法（statistical method）は、統計学の応用です。対象となる集団の構成要素を数字で表現し、これらの数量化されたデータを整理・分析することで、誤差とは考えにくい何らかの偏りを発見すれば、それは貴重な示唆に富む仮説となります。こうした有望な仮説をスピーディに精度高く抽出することに

よって集団の全体像を巨視的に把握し、そこに有意な法則性を見出したり理論的な枠組みを打ち立てたりするのです。

調査方法については、対象集団を構成するすべての要素を調べる全数調査（census）と、対象集団のなかから一部分を選んで調べ、その結果にもとづいて集団全体に関する推論を行なう標本調査（sample survey）とがあります。調査によってえられるデータには、数値でその値を測定できる量的データと、あるカテゴリーに属していることや、ある状態にあることだけが分かる質的データとがあります。質的データはダミー変数と呼ばれる変数によって数量化が可能です。また、対象から一つの観測値だけがえられる一次元データ、二つ以上の観測値がえられる多次元データがあり、同一対象の異なった時点での観測値からなる時系列データがあります。

研究者じしんが特定の目的をもって統計的手法による社会調査を行なうとき、もっとも一般的なのは**質問紙法**（enquete -仏-、アンケート）と呼ばれる標本調査です。まず、調査対象者の選定を、有意抽出法か無作為抽出法かによって行ないます。有意抽出法は、あらかじめ統計の目的にそった性別や年齢などの社会的な属性を決めておき、その属性に該当する個人を意識的に募っていくもので、無作為抽出法は、前提条件を設定せずに、選挙人名簿・住民基本台帳・電話帳・従業員名簿などの人名鑑から機械的に抽出します。調査対象者を抽出した後は、質問紙を設計します。問題意識に対応する質問項目を言葉遣いに留意して設定し、それに対する回答項目を用意します。回答項目の形式は、選択肢を選ばせる（単一回答・複数回答）、重みを反映した段階的な尺度を左右に振り分けて選択させる（偶数段階・奇数段階）などがあり、自由記述欄を設けることもあります。そして、実際に意見聴取が行なわれるのですが、その方法には、①郵便法、②留置法、③面接法（個別型・集団型）、④電話法などがあります。こうして、質問紙法による数値データが集計されるのです。

ただし、個人あるいは少人数が手掛ける社会調査は、規模が大きくなるほ

ど多大な費用や時間を必要とするのが常です。そのために、国や地方公共団体、大学や研究機関、あるいは調査を専門とする調査会社といった第三者がすでに行なった調査結果――「統計書（統計資料）」と一般的に呼ばれています――を利用することもあります。これらの統計書は、あらかじめ統計を作成する目的で調査を行なって、その結果を集計した調査統計と、日常業務で算出される記録や報告のデータを積み重ねて集計した業務統計とに分けることができます。既存の統計をさらに加工して作成された二次統計（加工統計）もあります。なお、世界規模の調査統計には、ＷＶＳ（World Values Survey、世界価値観調査、邦訳『世界主要国価値観データブック』同友館、2008年）と、ＩＳＳＰ（International Social Survey Programme、国際社会調査プログラム）があります。

　いずれにせよ、統計データが手に入れば実際の統計分析に入るのですが、こんにちでは汎用性の高い統計計算ソフトウェアが計算を行なって結果を示してくれます。むろん、統計上の誤差や数値の意味の取り違えなどを回避しつつ、解析結果を解釈してどのような意味をもっているのかを理解し、それを適切に表現する手段を考えるのは、あくまでも研究者じしんです。

　一方で、社会調査では対象の質的な側面に注目した定性的研究も行なわれており、統計的手法に対して**事例研究法**（case study）と呼ばれています。事例研究法は、一つの社会的単位に生起している社会現象を研究者じしんが客観的に観察して忠実に文章にまとめ、それをデータとして論理的な考察を加えるものです。少数の事例についての詳細な検討を通して仮説そのものを発見・生成し、そのうえで、さらに多くのデータを収集しながら、その仮説の妥当性について確認したり、場合によっては仮説そのものを再構築したりしていくという、探索的なアプローチとなります。

　事例研究法には次のような手法があります。文化の異なる社会について、現地を実際に訪れて直接に観察する野外調査（field work）、対象集団の成員とな

って内部から観察を行なう参与観察（participant observation）、生活する人々のごく日常的な活動に的を絞ったエスノメソドロジー（ethnomethodology）などです。具体的には、研究者がその集団の成員に聞き取り（hearing）や面接（interview）を重ね、その社会で生産された文献や映像の内容を分析し（内容分析）、メンバー同士で交わされている会話の流れを解析します（会話分析）。

事例研究法は、文化人類学——異文化を研究し、さまざまな文化を比較することで、人類の特質を明らかにしようとする、社会科学の学問——で、とりわけ盛んに行なわれてきました。宣教師の布教活動に端を発する、この学問の対象は、1920年代には文明の及んでいない未開社会でしたが、1940年代になると発展途上国の農村や漁村といった村落社会がフィールドに含まれるようになり、1970年代には先進国の都市部で、貧民窟や歓楽街を根拠とする犯罪集団や性的マイノリティにも焦点が移りました。1990年代にはカルチュラル＝スタディーズ（cultural studies）という研究分野が広まります。欧米文化を基準とする従前の方法論を批判し、文化の多様性と重層性を尊重する立場で、ジェンダー（社会的な性別）やエスニシティ（文化的な属性）が研究対象です。

> ［注記］　科学（自然科学）が「技術」と結び付いたように、社会科学は「政策」と結託しています。社会科学の研究者は、国や地方公共団体に付随する審議会や懇談会、民間組織に設けられる諮問機関や検討委員会などに参加を要請され、行政の運営方針や当面の検討課題などに対して研究成果から導かれる提言を開陳し政策形成に資することが期待されています。

第3節　人文学

●1．人文学

人文学（humanities）は、人為の所産（arts）またはそれを可能ならしめる人間の本性（human nature）を研究対象とする学問です。本性の発露あるいは本性そのものを論理的な整合性のもとに探究するもので、個別部門には哲学・

文学・歴史学などをもちます。本性とは人間が普遍的・必然的にもつ思考・感覚・関心などを指す概念です。いわば「人間のなかの自然」といってもよく、その超時間的な核心部分を探ろうとするのが、人文学といえます（本質主義）。その意味で、自然科学のうち脳科学など生物学に連なる啓蒙書は、人文学と親和性があります。一方で社会科学には、現実の社会現象は人間の頭のなかでつくり上げられたものだとする立場があり（構築主義）、社会の仕組みを変えれば人間も変わると考える点において、人文学とは相容れないところもあります。

　人文学が名称に「科学」の語を用いないのは、真・善・美のような数値に表せないものを研究対象に含み、科学の方法論を十分に適用しきれないからです。ただ、「人文科学」という呼称も存在します。たとえば、文部科学省などが審査・交付する研究補助金、いわゆる科研費では、研究内容に着目した「系・分野・分科・細目表」に「人文科学系」という分野項目が立っています。

　歴史的にみれば、人文学は哲学を源にもつのですが、明白な輪郭線を形づくるのは、いわゆる人文学研究からです。人文学研究（studia humanitatis -羅-）は、ルネサンス運動の基調になった思潮で、14世紀のイタリアに始まり15世紀以降ヨーロッパ各地に広がりました。古代ギリシア・ローマの古典の収集・模倣・書誌学的研究を通して古代文化を再生し、それを範として人間性の復興と解放、個我の自覚をはかろうとしたのです。日本語の「ヒューマニズム」が「人道主義」や「博愛主義」の意味で用いられるのは、人間のなかに倫理の源泉を見出そうとした人文学研究に由来します。

　人文学研究は、アリストテレス（Aristotelēs -羅-）など古代ギリシアの哲学思想をキリスト教の影響を受ける以前にまで立ち戻って再開しようという営みです。そもそも哲学（philosophy）とは、人間がこの世に生まれ落ちて直面する根源的な不条理に論理的な思弁で取り組む学問です。古代ギリシアでは自然の探究がもっとも重要と考えられたので自然が哲学の対象となり（自然学）、中世ヨーロッパでは神の存在を探究することが必須とされたところから哲学の

対象となりました（神学）。ペトラルカ（Francesco Petrarca）やエラスムス（Desiderius Erasmus）らルネサンス期の人文主義者たちは、敬虔なキリスト教徒でもあったのですが、古典研究を通して（神でもなく自然でもなく）人間そのものの本質を理解することに立ち返ろうと努めたのでした（人文学研究）。

> ［注記］　日本語の「哲学」という言葉は、ギリシア語の「philosophia」を共通の起源とする英独仏など近代ヨーロッパ言語の翻訳です。土台となったギリシア語は、「愛」を意味する「philo」と「知」を意味する「sophia」の複合語で「知を愛する」という意味でした。齋藤毅著『明治のことば』（講談社、1977年）によれば、この言葉に「哲学」の語をあてたのはやはり西周で、その初出は1870年の『復某氏書（ふくぼうししょ）』、より確信をもって定義したのは1873年の『生性発蘊（せいせいはつうん）』といいます。ただし、それより以前の1861年のころすでに、人文学者・津田真一郎（つだ　しんいちろう）が単独で、あるいは西周と協力のうえ、「philosophia」を起源とするオランダ語を訳して「希哲学」という言葉を案出しているのです。それは、道理なるものを「哲（あき）らか」にせんと「希（こいねが）う」という、語源であるギリシア語により近いものでした。西周は、この「希哲学」を簡略化して「哲学」の二文字に落ち着かせたもので、ほどなく文部省（当時）の採用するところとなり、1877年に「旧東京大学」が誕生したさいには文学部に「哲学科」が設置されています。

●2．人文学の方法論

自然科学に比べると、人文学では先取権をめぐる競争はほとんどありません。人文学の論文は、それまで未発見だった新事実の「報告」というよりも、事実に対する新しい解釈を「主張」するという色合いのほうが強いのです。そこでは、受験などで課される「小論文」と同様に、文章の技巧や読み手への説得力により力点がおかれています。

したがって、速報性のある媒体に論文を掲載することの重要性は低く、掲載されるにしても核となる雑誌にも周縁的な雑誌にも広く分散して掲載されますし、どちらかといえば雑誌論文よりも図書が好まれます。初学者もまずは自分の学位論文を書物として公刊し研究業績リストの先鋒を飾ろうとするように、人文系の出版物は一人の研究者が凝縮した思考を表現して物した、体系性と網羅性を備えた単行書が中心となっているのです。それらのなかで評価の定まったものは「古典」と位置付けられて次の世代に引き継がれていきます。学問的には完全に否定された著作であっても、学説史研究としての意味でのみ残るものもあります。日本では、外国書の翻訳も盛んに行なわれて先行研究となっていることから、翻訳書の元になった原書や邦訳されていない欧米の文献を率先して読解するために、語学の習得も強く求められています。

　すでに述べたように、論証には演繹法と帰納法という二つのタイプがあります（→ p.257）。端的にいえば、「法則的なもの（権威）」に訴えるのが演繹法、「経験的なもの（データ）」に訴えるのが帰納法ですが、人文学の論文で多く用いられるのは、前者の演繹法です。斯界（しかい）での権威の意見を引き合いに出して自分の論文の説得力を高めるというやり方、つまり「引用」（→ p.125）が活用されるのです。マスター＝ピースと目される書物が頻繁に引用されて自説を補強することに使われており、大家の作品を読み込んで受容し先行する研究を参照して精査しというような、過去の文献を尊重するものとなっています。

　人文学の方法論は、徹底した文献調査です。万巻の書の博捜を通じて多くの人の検証に耐えてきた古典の記述を引用しながら（参考文献リストもつくりつつ）、自分の主張に読み手の同意を取り付けるべく論理的に思弁を重ねていくというものなのです。

　　［注記］　日本で「評論」というと、ものごとの善悪や優劣などの価値を批判し論ずることで、その対象は文芸から時事にまで及んでいます。ただ、

文芸創作の一種である以上、個性（その人にしか成しえないオリジナリティ）が尊重されており、科学研究の論文とは一線を画すべきものです。

「文芸評論」は、文学作品について、どのようなテーマを扱ったかという主題性と、表現描写の巧拙という技術力との、両面から論じられます。日本では坪内逍遥（つぼうち　しょうよう）が明治期の1885-1886年に『小説神髄』を上下巻で刊行したことによりジャンルが確立したといってよく、以後は作品や作家に関する時評を中心に、新聞や週刊誌に掲載される書評やブックガイドのたぐいも含めて、文芸評論を専門とする人材も輩出しています。

「時事評論」は、新聞の「論評」と同様に、時の政府の施策を論じ、事件や事故の背後に潜む社会制度の歪（ひず）みを指摘します。その論調は、とくに大正中期から昭和前期にかけての1920年代に、当時の新興出版社を舞台に隆盛しました。1913年創業の岩波書店を始め、中央公論社（1886年創業、1914年中央公論社と改称、後の1999年に読売新聞社により新社設立）や改造社（1919年創業）が、『思想』、『中央公論』、『改造』といった月刊総合雑誌を相次いで刊行したことにより「在野知識人」に活躍の場が与えられたのでした。かれらはジャーナリズム市場で「論壇」と呼ばれる非公式なグループを形成し、学会誌や紀要などとは別ルートから、マルクス主義のみならず、欧米の尖端的な思想や気鋭の学説を積極的に紹介しました。それゆえ、帝国大学の「教壇」における「官学知識人」を凌ぐような印象を与えることがあります。

●3．リベラル＝アーツ

古代ギリシア・ローマでは、肉体労働から解放された自由人（liberi -希-）にふさわしい自由学芸（artes liberales -羅-）という素養が尊重されていました。自由人とは奴隷ではないという意味でもあり、民主的な討論を通して国家

の運営に参加できる成人男子で、家長である者に限られていました。自由学芸は、学ぶだけの余暇をもった自由人が修養を積むに足るものであり、実利性からは離れ職業志向からも無縁な基本的知識だったのです。

　5世紀ごろ、修道士のカッシオドルス（Cassiodorus）らがキリスト教の理念にもとづいて教育内容を整え、自由学芸の構成は七つの科目に定着して、**自由七科**（じゆうしちか、septem artes liberales -羅-）と呼ばれました。英語では「**リベラル＝アーツ**（liberal arts）」です。この自由七科は、言語に関する三学、すなわち文法学・修辞学・弁証学と、数に関連した四科、すなわち算術・幾何・音楽・天文という、「三学四科」の構成でした。神の「二つの書物」（→ p.107）のうち、人間の言葉で書かれている聖書をよりよく理解するためのものが、前者の三学であり、数学の言葉でしるされているはずの自然を理解するために求められたのが、後者の四科でした。四科の含むところは、算術は商取引での金銭計算、幾何は土地の測量、天文は暦の作成、音楽は音の調和を目指す音階の比率で、いずれも数理的な方法論を修得するものでした。

　イタリアのボローニャ大学（1088年創立）やフランスのパリ大学（1150年創立）を始め、1500年までにヨーロッパで八十校近くの大学（universitas -羅-）が創設されると、神学部・法学部・医学部という専門職養成の課程を修める以前に、一般教育の場として学芸学部（facultas artium -羅-）が設けられ、ここで自由七科を学ぶことが定められたのです。専門課程に入る前の学生の頭脳を「自由」に解き放ち、柔軟な思考を養うという意味にも解釈されるようになりました。

　こうした自由七科の精神は、個別職業人や専門研究者である前に「ゼネラリスト（generalist、多方面の知識を総合的に備えている人）」でなければならないという教育理念を育むとともに、人文学研究が追い求めた「人間らしさ」の理想とも融合し、後の18世紀ドイツで、人格陶冶を支える教養（Bildung -独-）の概念となって世に広まったのでした。

●4．シントピカル読書

　教養は、読書によって培われます。本項では読書論の一つとしてシントピカル読書とその提唱者を取り上げます。松田義幸ほか著『グレート＝ブックスとの対話（ダイアローグ）：「学習社会」の理想に向けて』（かながわ学術研究交流財団、1999年）を参照しました。

　シントピカル読書（syntopical reading）とは、一つの主題について複数の書物を読み、比較対照しながら理解を深めていく読書のことです。この言葉はモーティマー＝アドラー（Mortimer J. Adler）の造語で、接頭辞「syn-」と名詞「topic」を合成させ「トピックス（主題）のコレクション」という意味をもたせています。

　1920年にコロンビア大学に入学したアドラーは、そこで英文学教授・アースキン（John Erskine）の古典講読の授業（the classics of Western civilizaition）に学びます。3年生・4年生対象の2年間60回のコースでした。毎週1回、選ばれた書物を読み、2時間の討議を通して理解を深め、当時の四学期制の各学期末には少なくとも1本のレポート提出が義務付けられていました。アドラーは後にそのコースの講師を務めます。

　1930年にシカゴ大学に哲学の准教授として赴任すると、ハッチンス（Robert Maynard Hutchins）――かれは、前年の1929年に三十歳の若さでシカゴ大学の学長に就任し、1951年までの二十余年間その職にあって、大学の組織改革に尽力しました――と共同で、グレート＝ブックス＝セミナー（Great Books Seminar）をスタートさせます。コロンビア大学での経験を活かしたセミナーです。二人が選んだ百八十冊のグレート＝ブックスは、ホメロス、ヘロドトス、ツキディデスといったギリシア古典に始まり、ダーウィン、マルクス、フロイトまでと多岐にわたっていました。

　一方で、1937年にシカゴ大学の副学長に就任していたベントン（William Benton）は、1943年にブリタニカ社（Britannica）のオーナー兼発行者となっ

たとき、アドラーとハッチンスに西洋世界のグレート=ブックスを集めて全集を編纂する企画をもちかけます。

このとき、アドラーは基本となる概念によって索引をつくることを思い付くのです。たとえば「正義」について、プラトンは、アリストテレスは、ベーコンは、ベンサムは、マルクスは、何といっているのか。重要なトピックスを軸にして古典を相互に結び合わせるインデックスがあれば、単なる名著解題の全集にとどまらず、古典を活用しようという気持ちにさせる仕掛けとなるのではないか。そうすれば、グレート=ブックス=セミナーの実地の活動が本の形をとっても活かせるはずと考えました。当初の二千のテーマが百二件に絞り込まれていくなかで、事項ではなく、論題によって参照できるインデックスが編み出され、アドラーによって「シントピコン（syntopicon）」という造語で呼ばれました。ここから「シントピカル読書」という言葉が派生しています。

1952年、『Gerat Books of the Western World』全54巻が刊行されます。そのうち、第1巻はハッチンスによる総説、第2巻と第3巻がアドラーによって作成された索引「シントピコン」でした。シントピコンは、主題をキーにして、収録した作品を横断的に参照していく機能をもった索引で、まさに全巻の心臓部にあたるものです。その後、1990年には第2版（全60巻）が刊行されますが、シントピコンはやはり二巻分を占めています。英語圏では、町や村の小さな公共図書館にも、この『Great Books of the Western World』が並んでいるといわれていました。

教養への志向は、知・情・意が円満に調和して歪（いびつ）さや欠けたところがないという全人的な理念と結び付きました。それは、神の全知という属性を人間のうちに見出そうとしたものであり、人文学知識人にとっての、大いなる理想像となったのでした。■

おわりに

　日本図書館学会が「情報」の2文字を入れて「日本図書館情報学会」と改称したのは、1998年10月。図書館法施行規則は2009年4月に改正され（施行は2013年4月）、「図書館に関する科目」のカリキュラムが変わり、旧来の「図書館資料論」は、新たに「図書館情報資源概論」となりました。このかん、図書館でありながら、「情報館」や「情報センター」を名乗る施設も現れました。こんにちの図書館が「情報」を扱う場所であることは、学会の名称変更や司書資格カリキュラムの科目名などから、公然のものとなったのです。

　情報（information）は、データの集積体であるデータベースから、特定の条件に見合ったものとして選び取られます。データ（data）とは、自然現象や社会生活でおこるさまざまな事象を形式化し、コンピュータが扱えるように符号化したものです。それらデータを確たる目的のもとに集めて、後の検索に耐えうるように組織化した全体が、データベースです。情報検索は、このデータベースのなかから、指定した条件に合致する情報を選り好んで取り出す行為です。データそれじたいはニュートラルなのですが、意思決定の必要性から選び取られると、現状に何がしかの変化をきざす情報となるのです。

　情報は、多動性です。特定の相手に素早く伝達され、仲間内でスピーディに回覧され、不特定多数に向けて一気に拡散されます。受け取った情報は、一瞥して受け流すか、頭から無視するか、あるいは、いっとき心にとどまったとしても、次に到来する情報に上書きされるまでには、またたくまに忘れ去られます。一年前の大規模な火災の伝聞よりも、今朝がたのボヤ火事騒ぎのほうが、情報としての刺激の絶対値は大きく、誰かに話したいという伝播の力がかなり強力に備わっているのです。

　ただ、接触した情報のなかに、どこか心に引っかかるもどかしさを覚えるこ

とがあります。いつものように簡単に手放すことができず、わだかまりが残り、気分が重たくなったような感覚が芽生えるのです。多くの情報が交錯するなかで、自分の思考にこれまでとは異なる回路が動き出し、悶々とした気持ちをかかえたまま、別な情報と接触し、新たな情報を受容し、関連する情報を取得して——観念の世界に閉じこもるだけではなく、現実を相手にしたフィールドワークからも情報を得るのですが——そこから小さな発見や思わぬ気づきが生まれていきます。

知識（knowledge）は、たくさんのノイズを含んだ情報のなかから、微細な知見を拾い出しては積み重ね、ひとまとまりの体系性を見出そうとする過程で形づくられます。情報の断片と断片とを連結させて、相互に関連付けながら、一定のまとまりをもった秩序ある体系に構築しようとするパワーによって生み出されます。情報の引っかかりを感知した当事者が、自身の存在全体を満たすように思考し続けることのなかから、知識は組成されていくのです。

これまでの図書館は、試行錯誤を繰り返す人々が、少し背伸びして手が届く知識を経験する場所でした。知識の経験とは、書物を経験することです。書物という物質的な支持媒体に根拠をおいてこそ、知識はもたらされます。

創業者の伝記があり、簿記会計の本がある、ガーデニングの写真集も、料理の実用書もある。図書館で、さまざまな本の背表紙を一気に見せられると、人間は好奇心をあらゆる角度から刺激されます。こうしたブラウジングのさなかに、自分自身さえ知覚していなかった、知識に対する欲求がふわっと顕在化されるのです。欲求は、前もって存在しているわけではなく、欲求を満たしてくれると自覚させてくれるものが目の前に出現したときに、「そうそう」、「これこれ」と、そこで初めて発動するものだからです。

無論そんな瞬間は何度もやってくるわけではありません。必ず有るというものではないし、無いこともあります。稀にしか訪れないものでもあるのですが、そうした偶然と図書館で仕合わせることは、人生のかけがえのない幸福です。

日々の情報がもたらした小さな違和感を大事にかかえながら、答えのないものに答えをつくっていくプロセスにあっては、貫流した主張のある書物に触れることがブレイクスルーとなります。「触れる」とは、文字どおり、冊子体を手に取って、紙のページを繰り、インクの文字を目で追うことです。天がひしゃげた背表紙や、幾度となくこすられたカバー＝ジャケット、いまは弾力をなくした見開きのノドに、知識を得ようと悪戦苦闘した身体動作の痕跡が偲ばれます。簡易な並製本であっても、小型の文庫本でも、そこに著者の思いが十全に盛り込まれていれば、少しく満たされた心持ちにさせてくれます。

　電子書籍は、ハードとソフトに不具合さえおきなければ、十分な充電がなされてさえいれば、この上なく便利でかさ張らず融通のきくメディアです。それは確かなことです。ただ、スマートフォンやタブレット端末の画面で文字を追うのは、「読む」というよりは「見る」という感覚であって、すでに知っている言葉だけ選び、分かりやすい表現のみを受け入れがちです。「ピントを合わせる」よりは「斜めに流す」という視線の動きに近いかもしれません。何よりも物質性が希薄であり、したがって、選ばれた書体や文字の大きさ、行間やページの余白、紙の淡い色や質感、右開きや左開きといった造作を味わうのとは、明らかに別物なのです。書物の経験とは、本としての実体が現実に在るからこそ、そこに盛られた知識もまた確たるものとして実感できるのではないでしょうか。即時的なデバイスでの経験は、読書の疑似的な経験です。

　ところで、近年の図書館が大挙して「本屋のような図書館」を目指したように、書店という空間でも同様に、知識の経験はできるかもしれません。確かに書店もまた本の宝庫なのですが、そこに陳列されているのは「いま現在で売れている本」であり、販売目的に即したものです。図書館は営利や効率からは距離をおき、「ちょっと以前の本」が粒よりに選ばれて排架されています。図書館と書店とはよくよく似ているのですが、書店の棚の並びがカバーしきれていないところに、図書館の「良さ」は凝縮しているはずです。

いうまでもなく、知識をいくら文字で詰め込んだところで、体がそれを内面化して、知恵（wisdom）に昇華しようとしない限り、現実の行動には反映されません。人間は正しい知識を得たときに行動を変えるのではなく、感情が納得して初めて行動に移るのです。あらゆる知識は使えるか使えないか、役に立つか立たないかという、一人の人間の切実な判断で取捨選択されています。知識が事実にのっとって客観的に存在しているのに対し、知恵はその人の信念や技能、あるいは価値観やノウハウといった人格的な側面にとどまるからです。自分はどこへ行こうとしているのか、これからどうすればよいのか、といった指針は、知識を咀嚼して自己の血となり肉となった知恵の泉から、静かに湧きいでるがごとく、感受するものです。それは、図書館のゲートをくぐり、書架の前にたたずんで、書物の経験を重ねるところから始まります。

　東京都渋谷区神宮前四丁目に「ＮＯＷ　ＩＳ　ＦＯＲＥＶＥＲ」の文字が大書きされた壁があります。「今がすべて」とも意訳できる、この巨大なストリート＝アートが示すように、ただひたすらその瞬間に流れゆく現在という時間は、止められはせず繰り返しはかなわず、ましてや後戻りすることなどできません。ただただ現れては消え去っていく現時点の連なりのさなかにも、図書館は書物の経験をとおして──夜の空の星にまぎれてしまう生涯であったとしても──ひとときの悠久をかいまみさせてくれたのでした。

　これからの図書館はどのように時代の変化を受け入れていくのでしょうか。コンピュータでも出来ることと、人間にしか出来ないことを峻別しなければならない世紀にあってもなお、変わらない変わりえない「図書館的なるもの」があると信ずるのならば、沈黙する以外に何も言うことはありません。■

索　引

和文索引

あ

アーカイブズ　208, 211, 212
アーキビスト　208
青空文庫　189
あじろ綴じ　49

い

板紙　38, 50, 242
委託販売　53, 62, 64, 66-69, 73
一次資料　128, 134
一般コレクション　15, 16, 18, 237
一般紙　101, 139, 141, 169
異版　124, 206, 207, 210
インキュナブラ　171
インターネット　15, 151, 160, 170-172, 177-184, 188-191, 194-197, 257
インターネット=アーカイブ　189
インパクト=ファクター　132, 133, 136
引用文献　25, 125, 126
引用文献索引　131
引用文献索引誌　131-133

う

ウェブ=アーカイビング　157, 188-190
ウラ表紙　18, 38, 40, 50, 78, 84, 86, 97

え

映像資料　16, 17, 22

絵本　16, 27, 29, 78
エミュレーション　244

お

オーファン=ワークス　182
オープン=アクセス運動　193-195
オープン=アクセス雑誌　193-195
オープン=サイエンス　195
オープン=データ　195
奥付　41-43, 48, 71, 78, 86, 87, 123, 125
帯紙　39, 41, 65, 71, 85, 91, 92
オモテ表紙　18, 27, 38, 40, 42, 50, 87, 97, 123
折り込み　43
折込広告　142, 147, 205
折丁　43, 47-51
音響資料　16, 17, 22, 29
オンライン書店　54, 55, 181, 228

か

開架式　202, 229, 244, 249, 250
会議資料　17, 135
買切扱い　62, 67, 68
会計基準　232, 233, 238
外商部　72, 227, 228
改丁　42
改ページ　42
かがり綴じ　49, 50
学芸員　203, 204

角背　50
核となる雑誌　116, 117, 268
貸出密度　247, 249
加除式　20, 166, 235
仮想評価法　247
価値論　220-224
学会　110, 111, 113-116, 118-122, 127, 135,
　　　136, 194, 253
学会誌　121, 122, 131, 170, 269
合冊製本　51, 231, 237
合綴製本　51, 231
活版印刷　34, 36, 152, 171, 174, 206
合併号　98
カバー＝ジャケット　38, 39, 41, 65, 71, 78,
　　　84-86, 88, 91, 92, 227
紙の目　37, 45
カレント＝アウェアネス＝サービス　201
巻号次　19, 51, 102, 124, 125, 130, 188
観察法　246
巻次（巻冊次）　56
巻子体　18
官報　155-159, 163-165, 213
刊本　171, 206
管理換え　231, 249, 251

き

機関リポジトリ　194, 195
菊判　18, 46, 47
記者クラブ　148, 149
寄贈　86, 127, 219, 225, 229, 231, 251
寄託　219, 229-231
貴重書　16, 26, 92, 207, 236, 241, 243
「逆三角形型」（文章構成）　119, 145

キュレータ　203
紀要　121, 122, 127, 131, 133, 170, 269
郷土資料　16, 25, 26, 157
記録資料　209-212
禁帯出　23, 128

く

口絵　41, 43, 48
区分陳列　250
クリッピング　28, 152
くるみ製本　38, 50, 51

け

継続資料　20
継続図書　228
携帯電話　183, 184
計量書誌学　116, 117, 132, 136
ケータイ小説　184
欠号　127, 128, 230
欠本　230
研究者共同体　253
研究図書　228
現行法令集　165, 166
県紙　140, 150
原紙　45-47

こ

号外　147
公式判例集　169
更新資料　20
公正取引委員会　71, 72, 142-144
公貸権　223, 224
公文書　160, 211-214, 216

索　引　279

公文書管理法　213, 214, 216
告示　143, 144, 162, 163, 247
小口　40, 41, 65, 86, 245
国立公文書館　163, 212-215
国立国会図書館　124, 130, 136, 156-158, 165, 166, 186, 190, 191, 196, 202, 252
国立国会図書館デジタルコレクション　165, 190, 196
国立情報学研究所　131, 136, 187, 188
コミックス　16, 27, 60, 61, 63, 78, 95, 102, 105, 185, 203
古文書　25, 26, 211, 236
コンスペクタス　246, 247

さ

『最高裁判所　判例集』　169
最新号　127, 128, 133
再販制度　53, 67, 69-73, 142-144
雑誌架　128
雑誌記事索引　96, 118, 123, 130, 131, 188
雑誌記事索引誌　130
雑誌コード　102-105
冊子体　18, 21, 31, 44, 100, 130, 133, 144, 151, 152, 154, 160, 200, 235, 237
査読制度　120-122, 134, 135, 193, 253
参考書　25, 78
参考図書　16, 23-25, 196, 201
参考文献　25, 125, 126
参考文献リスト　41, 119, 125, 126, 188, 246, 268
残紙　148
参照文献　25, 125, 126
酸性紙　37, 243

し

『ジェントルマンズ＝マガジン』　111
磁気テープ（装備）　88-90
司書　201, 202, 223
事前製本　51
視聴覚資料　22
ジップの法則　117
質問紙法　263
自動貸出機　90
児童書　16, 27
自動書庫　90, 250
私文書　211, 212, 215
『市民の図書館』　222
社会調査　262-264
写真植字　174, 175
ジャーナリズム　138, 139, 149, 153, 269
自由七科　270
収集方針　217-220, 225, 228
集成法令集　165
集密書架　250
修理製本　51, 243
『ジュルナール＝デ＝サバン』　109, 110
純広告　99, 147
商業的学術雑誌　121, 122
抄紙機　34-37, 45
上製本　27, 38, 40, 50, 51, 89, 97
小説投稿サイト　184, 196
常備寄託　63, 64, 156
情報検索サービス　201
情報公開　213
情報サービス　201
正味　59
「消耗品扱い」　100, 151, 236, 237, 251

抄録　119, 120, 129
抄録誌　129
除架　202, 239, 246, 249
書架整頓　244, 245
書庫　16, 26, 245, 249, 250
書誌学　207, 266
書誌コントロール　186
書誌ユーティリティ　187
除籍　202, 237, 249, 251, 252
書籍JANコード　18, 75, 79, 83, 84, 93, 105
除籍基準　252
書店ルート　54, 55
シリアルズ゠クライシス　192, 193
シリーズもの　18, 55, 56, 228
史料　207, 211
資料保護　202, 239, 241
事例研究法　262, 264, 265
四六判　18, 46, 47
新古書店　61
新収図書　16, 200, 245, 249
シントピカル読書　271, 272
新聞原紙　151, 236, 243
新聞縦覧所　154
新聞縮刷版　151
新聞電子版　150
新聞特殊指定　142-144, 162
新聞販売店　140-144, 148

す
スタンディング゠オーダー　228
スピン　40, 50
スマートフォン　151, 182, 184, 185
スリップ　39-41, 65, 78, 84, 85

せ
請求記号　87, 88, 92, 244
請求記号ラベル　27, 87, 91, 227, 245, 251
静止画資料　16, 17, 20
政府刊行物　16, 17, 25, 155-157, 159, 216
「席貸し」　221
積層書架　250
セットもの　18, 55, 56, 228, 230, 261
背バンド綴じ　49
背表紙　27, 38, 41, 49-51, 87-89, 240, 245
セルフ゠アーカイビング　193-195
全国紙　139-141, 150, 151
全国書誌　186, 187
先取権　114, 118, 120, 134, 257, 267
選書ツアー　223
選定基準　28, 218-220, 225, 246
専門紙　101, 139

そ
増刊号　98, 102, 103, 130, 170
蔵書印　86, 87, 231, 251
蔵書回転率　247, 249
蔵書管理　202, 239, 244
蔵書新鮮度　247, 249
蔵書点検　75, 88, 90, 226, 244-246, 251
蔵書票　86
蔵書評価　202, 239, 244, 246, 248, 252
蔵書密度　247, 249
装備　75, 85, 87, 92, 93, 200, 201, 227, 230
即売　58, 141

た
第三種郵便物　102, 105, 106

索　引　281

タイト＝バック　50, 89
代本板　245
宅配　141
多冊もの　18, 55, 56, 230
脱酸処理　243
タブロイド判　140, 153
単行書　18, 55, 84, 114, 121, 225, 268
団体貸出　221

ち

地域紙　140
地域資料　26, 196
チェックリスト法　246
逐次刊行物　16, 17, 19, 20, 95, 124, 137, 157, 237
地図資料　21
地方議会図書室　158
地方行政資料　25, 26, 156-158
地方紙　25, 139, 140
『中小レポート』　221, 222
帳合　58
朝刊単独紙　141
調査報道　149
重複調査　226
朝夕刊セット紙　140, 141
ちり　38

つ

通巻号数　102, 125, 147
通信社　132, 138, 149, 150
突き付け　50
付き物　41, 85, 100
つめ　41

て

定期刊行物　19, 104, 109, 111, 112, 128, 133
定期刊行物コード（雑誌）　102-106
定期購読　105, 127, 138, 154, 228
テクニカル＝レポート　17, 134
電算写植システム　175
電子辞書　22, 176, 177
電子ジャーナル　124, 135, 188, 191-195, 198, 237, 238
電子書籍　181, 183-185, 189, 196-198, 227, 237, 238
点字資料　16, 29, 30, 106
電子資料　16, 17, 22, 23, 157, 176, 243, 244
電子図書館　198

と

統計書　20, 24, 155, 264
統計的手法　262-264
同人誌　19, 95, 121
登録　230, 231, 236, 251
登録番号　87, 88, 231, 237
独占禁止法　69-73, 142, 143, 164
特定コレクション　15, 16, 21, 23
とじつけ製本　50
「図書扱い」　20, 234-237
図書館員　27, 158, 188, 202, 218, 220, 226, 229, 242, 243, 250, 252
図書館コンソーシアム契約　192
図書館情報資源　15, 172, 199
図書館職員　91, 202, 218, 236, 244, 245, 250
図書館資料　15-17, 19, 23, 26, 85, 87, 88, 92, 199, 200, 202, 205, 207, 210, 215-218, 225, 230-233, 235, 236, 239, 251, 252

図書館送信資料　196
図書館長　218, 225, 226, 229, 252
「図書館の自由」　218, 219
「図書館の自由に関する宣言」　218, 219, 221
図書館パフォーマンス指標　248
図書原簿　230, 231, 237, 251
取次　54, 55, 57-59, 61-63, 65-68, 72, 75, 78, 102, 104, 157, 181, 226-228

な
中綴じ　49, 97
並製本　38, 40, 42, 51, 89, 97, 134

に
二次資料　107, 128-131, 133
にじみ止め剤　36
日本ＡＢＣ協会　101, 106, 139
日本図書館協会　20, 79, 136, 186, 198, 200, 218, 219, 221, 222, 224, 226, 252
日本図書コード　75, 78, 79, 83, 84, 93, 105

ぬ
抜き刷り　134

ね
ネットワーク情報資源　15, 25, 128, 157, 171, 180, 186, 191, 198
年鑑　19, 20, 24, 95, 237
年月次　19, 51, 102, 125, 130
粘着透明フィルム　91, 92, 227, 241, 242

の
納本制度　156-158, 190, 196

「望ましい基準」　162, 247
ノド　41, 49, 51, 86, 89, 150, 240
ノンブル　47, 48, 99, 125, 210

は
バーコード　18, 75, 79-84, 88, 93, 103-105
バーコード＝ラベル　75, 87, 88, 90, 91, 227, 246, 251
ハーティ＝トラスト　189
灰色文献　17, 156
媒体変換　15, 243
配置換え　202, 245, 249
配本　58, 59, 65, 66, 68
白書　20, 155, 158-160, 213
曝書　245
博物館　189, 190, 199, 202-205, 216
博物館資料　26, 203-205, 207
函　39, 85, 92
柱　48, 119
パソコン通信　178
パターン配本　65, 228
花布（はなぎれ）　40, 50
パピルス　32
パブリック＝ドメイン　188, 189, 196
払出し　251
パラダイム　257-259
パラダイム転換　258, 259
パルプ　32, 34-37, 243
版　124, 146, 147, 206, 207
判型　18, 27, 44, 46, 47, 140
番線　58, 59, 227
半導体集積回路　89, 90, 93, 173, 174, 177
パンフレット　28, 47, 86

索　引　283

版本　26, 206
判例　166, 167, 169, 170

ひ

被引用回数　132
引当金　66
非再販本　71 ,72
標題紙　41-43, 48, 86-88, 123
平綴じ　49, 97

ふ

ファイル資料　16, 28
『フィロソフィカル＝トランザクションズ』
　　109, 124
複本　223, 224, 226
ブダペスト宣言　193
不明図書　226, 246, 251
ブラッドフォードの法則　116, 117
ブランケット＝オーダー　228
ブランケット判　140
フランス装　51
フレキシブル＝バック　50, 89
プレプリント　134
付録　86, 100
プロジェクト＝グーテンベルク　189
ブロック紙　140, 150
文献　16, 17, 23-25, 75, 125, 126, 131, 132,
　　188, 204, 207, 265, 268
文庫活動　221
文書　44, 46, 156, 178, 208-216, 235
文書館　189, 190, 199, 202, 208, 209, 216,
　　242
文書館資料　208, 209, 214, 215

へ

閉架式　221, 249, 250
平版オフセット印刷　174, 175
ベストセラー　53, 65, 92, 184, 221, 223-225
別紙（べつがみ）　42, 43, 86
別冊　98, 100, 102, 103, 130, 170
別置　16, 23, 26, 28, 229, 245
別丁　43
別版　207
返品　55, 62-69, 71, 73, 92, 97, 230

ほ

包括契約　191, 192
『法令全書』　165
ホロー＝バック　50, 89

ま

マイグレーション　244
マイクロ資料　16, 17, 21
マイクロフィルム　21, 22, 151, 243
枚葉紙　37, 44, 45
巻取紙　37, 146
丸背　50

み

「見えない大学」　110
見返し　40, 42, 43, 50, 86, 92, 97
溝付き　50
見計らい　228, 229
ミミ　50

む

ムーアの法則　173

無線綴じ　49, 97
ムック　18, 63, 78, 102, 105, 237

め
面（新聞）　144, 146
面陳　27, 128

も
目次速報　133
目次速報誌　133
木版印刷　36, 206
文書（もんじょ）　211

や
ヤング＝アダルト資料　16, 27

ゆ
夕刊専門紙　141

よ
ヨーロピアーナ　189
要求論　220, 222, 223, 225
洋紙　36, 46, 243
洋書　18, 227
予約　90, 91, 201, 220, 222, 223

ら
落丁　48, 230
乱丁　48, 230

り
リーフキャスティング　243
リーフレット　28, 41, 85
リクエスト　100, 200, 220-224, 226
リベラル＝アーツ　269, 270
略誌名　124
利用可能性調査　247
リンプ装製本　50

る
ルリユール　51

れ
歴史資料　25, 211, 214, 216
レコード＝マネジャー　208
レター＝サイズ　47
レター誌　134
レター論文　134
レビュー誌　129, 130
レビュー論文　129-131
レファレンス＝サービス　23, 201

ろ
録音資料　29, 30, 106, 196
ロジン＝サイズ法　36, 37
ロトカの法則　117
ロングテール現象　118, 181
論文　16, 19, 24, 35, 96, 114, 116-123, 125, 126, 129-136, 188, 190-195, 243, 253, 254, 257, 267-269

わ
和紙　32, 36, 46, 242, 243
和本　26, 36

欧文索引

A
A列規格判　44-46
ARPANET　177, 178

B
B列規格判　44, 45

C
CD-ROM　22, 30, 86, 151, 176, 186
CiNii Articles　131, 188
CiNii Books　188
CIP　42
CVSルート　54, 55

D
DAISY　30, 196
DOI　135, 136
DOI登録機関　135, 136
DRM　157
DTP　175, 176
DVD-ROM　22, 151, 176

E
EANコード　76, 79, 81, 82
ENIAC　173

G
Google Books　182, 183, 189
Google Scholar　132
GTIN　82

I
ICタグ　89-91, 93, 246, 250
ICA　214
ICOM　205
IFLA　30, 186, 187, 239-241, 252
IIPC　190
ILLサービス　75, 188, 201, 222
ISBN　43, 75-79, 84, 93
ISBD　187
ISSN　124
ISSN-L　124

J
JaLC　136
JANコード　82, 83, 103, 104
JAPAN／MARC　186
J-BISC　186

M
MLA連携　216

N
NACSIS-CAT　187, 188
NDL-Bib　186
NDL ONLINE　130, 186, 190
NDL Search　190

O
OCLC　187
OCR　76, 84

OPAC 200, 227

P
POSシステム 81, 82, 104
Publish or Perish 121

S
STEM雑誌 192

T
TCP／IP 178

TRC 58, 227

U
UPCコード 81, 82
UNIMARC 187

W
WARP 190
WorldCat 187
WWW 178, 180

著者紹介

宮沢　厚雄（みやさわ　あつお）
　1952年神奈川県藤沢市生まれ、東京大学文学部卒、大学非常勤講師
　関心領域　知識論、資料整理業務、タイポグラフィ
　主な著作
　『情報整理論ノート』（開成出版、1997年）、『図書館情報学の創造的再構築』（共著、勉誠出版、2001年）、『図書館資料論』（愛知学院大学司書講習事務局、2004年）、『資料の整理・資料の整理演習』（愛知学院大学司書講習事務局、2004年）、『コミュニケーション論』（東京農業大学学術情報課程、2004年）、『図書館経営論』改訂版（勉誠出版、2006年）、『情報サービス論』（共著、理想社、2010年）、『図書館概論』（理想社、2011年）、『目録法キイノート』（樹村房、2016年）、『分類法キイノート』増補第2版（樹村房、2017年）、『検索法キイノート』（樹村房、2018年）

図書館情報資源概論（新訂第4版）

　2010年 7月15日　　第1版第1刷発行
　2012年10月31日　　改訂版第1刷発行
　2015年 3月 5日　　全訂第3版第1刷発行
　2018年 3月31日　　新訂第4版第1刷発行
　2021年 4月30日　　新訂第4版第2刷発行

　　　　　著　者　宮沢厚雄

　　　　　発行者　宮本純男

　　　〒270-2231　千葉県松戸市稔台2-58-2
　　　　　発行所　株式会社 理想社
　　　　　　　　　TEL 047(366)8003
　　　　　　　　　FAX 047(360)7301

ISBN978-4-650-01093-0 C3300　　　製作協力　モリモト印刷㈱